# 钱基博

## 教育思想与实践研究

彭桂芳 著

九州出版社 JIUZHOUPRESS | 全国百佳图书出版单位

**图书在版编目（CIP）数据**

钱基博的教育思想与实践研究 / 彭桂芳著. —— 北京：
九州出版社，2022.5
ISBN 978-7-5225-0926-6

Ⅰ．①钱… Ⅱ．①彭… Ⅲ．①钱基博（1887-1957）
－教育思想－研究 Ⅳ．①G40-092.6

中国版本图书馆CIP数据核字(2022)第088852号

**钱基博的教育思想与实践研究**

| | |
|---|---|
| 作　　者 | 彭桂芳　著 |
| 出版发行 | 九州出版社 |
| 责任编辑 | 肖润楷 |
| 地　　址 | 北京市西城区阜外大街甲 35 号（100037） |
| 发行电话 | (010)68992190/3/5/6 |
| 网　　址 | www.jiuzhoupress.com |
| 印　　刷 | 北京九州迅驰传媒文化有限公司 |
| 开　　本 | 720 毫米 ×1020 毫米　16 开 |
| 印　　张 | 14 |
| 字　　数 | 200 千字 |
| 版　　次 | 2022 年 6 月第 1 版 |
| 印　　次 | 2022 年 6 月第 1 次印刷 |
| 书　　号 | ISBN 978-7-5225-0926-6 |
| 定　　价 | 42.00 元 |

# 前　言

当前，我们面临着新的时代任务和国内国际局势，教育作为社会变迁较为敏感的神经面临着新的机遇和挑战。任何事物都如同链条一般有其历史延续性，而民国教育无疑是中国教育链条上承上启下的重要一环。综观当今教育界的许多重要理论和思潮，常常呈现出与民国阶段相因袭、交杂和渗透的痕迹。民国教育虽然一直处在新与旧的矛盾斗争之中，然而因为无数文化教育先驱为创立适合中国国情的现代教育体制而进行着不断地探索、试验和调整，故而使得民国时期虽然政治动荡，经济衰退，然而教育领域却百花齐放，人才辈出。这些所留给我们的无论是经验还是教训都是一笔宝贵的财富，为当今的教育实践提供了颇有价值的参考。

近些年来关于民国教育史的研究取得了长足的进展，关于民国教育先驱个人教育思想的研究成果更是层出不穷。然而，通过检索不难发现，这些研究成果主要集中于对教育行政官员和著名大学校长的教育思想和实践的探寻，从而形成了以精英人物思想为纲的教育思想史研究范式。然而曾有学者将教育家总结为三大类：第一类是"教育学家"，他们对于"教育理论有深邃的贡献之研究，独创之见解，彼等探讨教育本质与原则，缔造教育学说，虽未实际从事教育工作，而有影响于教育之发展"。第二类是"教育实干家"，他们"基于教育（之）爱，有教无类，以培养人才为其职志，而在实际工作上有卓越成就"。第三类是"教育运动家"，"此类人物多属

3

政治家、教育行政者、思想家，或社会改革者，凭其睿智与魄力，领导教育改革，于教育实际之影响宏拒，惟彼等所推动之教育，非以教育自身为鹄的，而为达成其他社会理想之手段"。① 很显然，目前大家关注的焦点大致局限于第一类和第三类。诚然，一些知名大学的文化风格、文化传统和文化精神的形成，确实在很大程度上受益于著名校长的学识修养、人格魅力和办学理念。如蔡元培在北京大学坚持的"学术自由、兼蓄并包"方针，张伯苓在南开大学提出的"允公允能"的校训，梅贻琦在清华大学推行的"通识教育、教授治校与学术自由"三原则，竺可桢在浙江大学力倡的"求是"校风，都为这些名校奠定了厚实的文化底蕴，使学校逐步形成了自己的文化传统。然而，战斗在教育第一线的相当一部分教育实干家们在传道授业解惑的同时，也同样在思考着什么是教育、教育的目的和宗旨究竟是什么、如何为师、如何爱国等问题。他们这方面的言论、主张和实践，同样有着丰富深刻的思想内涵，值得我们研究和借鉴。在这方面，重写中国思想史的葛兆光先生给了笔者启示，虽然葛先生通过梳理民间思想脉络，以期形成新的思想史研究范式的想法在学界引起了很大的争议，然而无论如何这不失为一种新的尝试。其实，张舜徽先生晚年所著的《中华人民通史》也是为人民写史的一种尝试。我们既要关注教育学家和教育运动家的教育思想及实践，也应关注教育实干家的教育思想和实践。钱基博先生是民国教授中的一员，他始终以强烈的爱国情怀和高度的历史使命感战斗在教育的第一线，是一位名副其实的教育实干家。更为难能可贵的是，在长期的教学生涯中钱基博先生有着自己对教育的理解和感悟，形成了自己独特的教育思想，对我们今天的教育实践依然具有重要的借鉴意义。笔者选取钱基博先生作为自己的研究对象主要基于以下考虑：

一是钱基博先生的最后 10 年是在笔者的母校华中师范大学（原华中大

---

① 参见台湾师范大学教育研究所编著的《中国教育思想史》，复文出版社，1990 年版，第 604 页。

学）度过的，且创建了我院（历史文化学院，原历史系）的历史博物馆，让我们这些后学受益匪浅，对这样的一位长者，笔者一直抱着尊敬的态度和探求的心理。母校继1987年出版钱基博纪念专刊后，又于2007年钱基博先生诞生120周年之际举行了"钱基博与国学研讨会"，营造了一定的研究氛围。

二是钱基博先生的教育实践不仅时间长，而且层次也极为丰富。具体表现在：按阶段分，先生执教过小学、中学、大学；按性质分，先生执教过国立大学、私立大学、教会大学；按类型分，先生执教过女子学校和师范院校。有如此丰富教学经历的人在民国教授中并不多见，因此，选取钱先生为研究对象也就有了较为特殊的代表性。

三是钱基博先生生前所教过的学生和所交往的朋友大多年事已高，抢救这部分活资料成为当务之急。

笔者以为，研究钱基博先生的教育思想与实践至少具有以下意义：

（一）有助于丰富民国教育史的内容。清末民初，内忧外患，中国传统的文化基脉遭遇严重危机，一批有良知、有责任心的中国知识分子勇敢地站在了时代洪流中，在中西、古今文化的激荡中，寻找着现代精神的新泉，探索着中国现代教育之路。无论是何身份，居何地位，他们的努力都是值得我们尊敬的，他们的思想与实践都是值得我们挖掘和研究的。目前，关于梁启超、章太炎、蔡元培、严复、陶行知、陈鹤琴等知名人士教育思想的研究已经全面铺开，推出了不少研究成果。然而，关于钱基博这样的教育实干家的教育思想与实践的研究还非常的欠缺，以致后人对他们的教育思想和实践活动知之甚少。这当然与他们为人低调、不与世争等因素有关，但也反映了我们学术研究上的一些不足。事实上，教育史是教育理论家、运动家和实干家共同谱写的。缺少了教育实干家研究的教育史是不完整的教育史。对于钱基博等教育实干家的研究正好可以有效丰富教育史的研究内容。

（二）有助于推动钱基博教育思想与实践的研究。长期以来因为种种原因，人们对钱基博先生教育家的地位认识不足，对钱基博先生的教育思想和实践研究不充分。虽然有学者对钱基博先生的教育生涯做了或整体或片段式的追寻与整理，也有学者对钱基博先生某一方面的教育思想与实践做了探索性的研究，还有寥寥几个学者开始尝试对钱基博先生的教育思想做整体研究。但是总体来看，学界对钱基博先生的教育思想研究尚处于廓清和复原阶段。相对于钱基博先生丰富的教育实践来说，研究才刚刚起步。主要表现在以下方面：一是对钱基博先生的教育实践经历缺乏纵向全景式的展现；二是对已有的史料挖掘和分析不够；三是关于钱基博先生教育思想的现实意义挖掘不足；四是关于钱基博先生教育思想的系统性研究需要进一步加强。本研究希望推动人们对钱基博先生的教育思想进行更系统、更深层次的探索，如：钱基博先生有哪些教育思想；钱基博先生为什么会有这样的教育思想，其思想的来源有哪些；钱基博先生教育思想的主旨是什么，其目标如何；我们该怎样评价钱基博先生的教育思想，他给我们当代教育的启示是什么等。

（三）有助于理解清末民初的知识分子。清末民初是一个特殊的转型时期，不仅社会性质发生了巨大的改变，教育也随之变革，更为重要的是人们的民族心理和文化结构发生了巨大的变化。在这一系列的巨变中，中国的知识分子，尤其是受传统教育影响至深的知识分子在其中抱着什么样的态度，发挥着什么样的作用都是值得思考的问题，透过本书的探讨可以管中窥豹，从钱基博个人辐射开去，审视社会转型的大背景下传统知识分子这一群体的精神风貌。

（四）有助于推动课程思政建设。钱基博先生作为读经科和国文科的老师，始终坚持将国学教育与立德树人相结合，心系国家、关注国事，让国家和国学一起进入学生的耳、脑、心，为我们处理人与社会、人与人、人与自身、物质与精神、新与旧、中与西的关系提供了更多线索，也为我们当今的课程思政建设提供了诸多启示。

本研究的基本思路是：以历史唯物主义为指导，对现有的资料进行认真的搜寻与耙梳，通过研读钱基博先生的个人作品和他人对其作品与生平的研究成果，全面阐释钱基博教育思想产生的个人背景和主要来源，力图对钱基博的主要教育实践做一个较全面的回顾，并在此基础上，剖析其教育思想的价值取向、教育主旨和目标，对当代课程思政的启示等深层次问题。

具体而言，全书共分六章。第一章介绍了钱基博先生的个人教育背景。主要包含三个方面，即江南地区浓厚的教育氛围，典型的家塾化传统教育以及非典型的新学启蒙。第二章分析了钱基博教育思想的主要来源。分为理论来源和现实来源两个部分。其中理论来源包括孔孟思想，清季民初的资产阶级教育思想，西学的影响。现实来源包括外部刺激、内在要求和现实前提。第三章回顾了钱基博教育思想的主要实践。包括其在江苏省立第三师范学校、光华大学、无锡国专、国立师范学院、华中大学的执教经历。重点介绍了其教学、行政、科研等方面的实践活动。第四章分析了钱基博教育思想的价值取向。主要表现为"四个中心"，即以社会为中心，以学术为中心，以道德为中心，以教师为中心。并指出这些价值取向的选择直接或间接受到中国传统文化哲学的影响。第五章分析了钱基博教育思想的宗旨及其教育目标。认为钱基博先生主张的教育宗旨为：以现代人的心理去了解古中华民族的精神，在中华民族古代文化中找出精神的新泉，而产生一种现代化的中国教育，以图整个民族的团结和统一。其教育目标为造就"现代世界之中国公民"。第六章总结了钱基博教育思想与实践的特征，指出了钱基博教育思想对当今课程思政的启示。永不满足的学术追求，是钱基博教育思想与实践的不竭源泉；中国固有的士人精神，是钱基博教育思想与实践的真正动力。当今的课程思政建设应该以精神教育为先导，以文化自信为底气，以国性自觉为基础，以师道自觉为前提。

本书系统梳理和客观评价钱基博先生的教育思想，不仅有助于拓展民国时期教育界历史人物的研究，丰富民国教育史的内容；而且对当前的课程思政建设具有重要借鉴意义。但是，因为资料和学识所限，本书对钱基博先生的教育思想和实践的研究，还存在很多不足，这是笔者今后研究中需要努力的方向。希望本书能够抛砖引玉，期待有更多的学者关注和研究钱基博先生的教育思想与实践。

# 目　录

# 第一章　钱基博的个人教育背景

钱基博先生是中国传统文化优良品德的卫道者，是国学知识的传授者，国学精神的传承者。他是一个自觉的知识分子，苏南地区浓厚的文化教育氛围、典型的家塾化传统教育和非典型的"新学"启蒙基本决定了钱基博的教育思想和实践轨迹。

## 第一节　苏南地区浓厚的文化教育氛围

1887年（清光绪十三年）夏历二月二日午时，钱基博与弟钱基厚孪生于江苏无锡县（今无锡市）城内连元街吴氏寓庐（当时钱家租住的寓宅）后进东偏之左室。无锡地处苏南，属于吴文化圈。与全国其他区域相比，吴地的尊师重教、以文"化"人之风异常突出。南宋以来历代科名仕宦之数均名列全国前茅。这一方面是因为在历史上，大约自东汉，特别是在东晋以后，全国政治、文化中心出现南移倾向，以苏州为中心的江南地区的社会经济迅速发展，相对安定的社会环境也为"安心读书"创造了"良好环境"。于是，吸引了大量外地的士大夫、文人墨客寓居于此，其中不乏满腹经纶之士。在这种情况下，读书风气逐步兴起，优秀人才、优秀文学作品不断出现，尊重知识，敬仰有德有才之士的社会风气逐渐兴盛。

另一方面，苏南地区浓厚教育氛围的形成与苏南家学传统不无关系。

在我国古代，家族历来是文化传递的重要载体。尤其是在汉代学校制度废弛，博士传习之风气止息以后，学术中心逐步移于家族，而家族复限于地域，苏南地区是我国家族文化较为发达的地区，特别是随着南宋以来经济重心的南移，加上北方连连征战，南方较为安定，不少士族大家纷纷南迁，家学逐步成为传递、延续政治优势的媒介，自然也就承担起了文化、学术等的传播责任，这也就在一定程度上进一步增强了江南地区的文化教育氛围。苏南家族尤其是望族特别重视劝学，翻开苏南望族的宗谱，几乎每个家族的家训、家规、族约中都有关于教育的规定。诸如"读书最高""子孙读书最要""子姓读书最为训族第一事"的训诫比比皆是。

苏南地区文化教育氛围的浓厚很显著的一个表现就是当地的读书风气非常浓厚。读书，被看作是提高自身修养、增长知识、改善生活质量的重要途径，成为苏南士人最普遍的爱好。徐乾学说："有志之士，当移其嗜古之心，一之于书，得其片言，足以益神智，治身心，见其行事，足以广学识、辨理义。"① 在这里，读书不仅是为了获得知识，考取功名。读书已深深地渗透到江南士人的生活当中，以至于当他们遇到痛苦或失意时，即以读书来作为解脱的工具，他们从书本中，甚至就从读书这件事情中找到慰藉，找到心理平衡的支点。在民族危亡的关头，他们更是善于从书中获得信心和力量，从书中寻找方向。"老屋三间傍水滨，摊书却喜绝嚣尘。"② 读书能使他们杜绝世间一切无谓的应酬，在遇到烦恼时，读书又成了安定心灵的良药。所谓"隐几垂帘似坐禅，遣愁聊复阅残编"。③ 钱基博先生一生手不释卷，酷爱读书与江南文化的这种熏陶不无关系。

提到苏南的文化教育不得不提到历史上的一个重要人物——范仲淹，在这里，范仲淹不仅以个人道德、文章、事功而受到人们尊重，而且他十分重视教育，他说："善国者，莫先育才；育才之方，莫先劝学。"范仲淹

---

① 徐乾学：《澹园集》卷三六《好古》。
② 黄廷鉴：《第六弦溪诗钞》卷一《冬日杂咏》。
③ 黄叔灿：《籁鸣诗钞》卷三《书怀》。

在苏州设立州学，大力倡导教育，开东南兴学之风，此后县学、书院、义塾、私塾层出不穷，为明、清时期，这里形成"风流文物，冠映古今"之奇观，和"父教课、母劝子、妻促夫苦读应举"之动人情景做出了重要贡献。

更为难得的是，到了近代，苏南地区重教向学的传统在新的历史条件下焕发出了新的生机。饱读传统诗书的苏南士绅清醒地认识到西学对于近代社会政治经济发展具有重要的启迪与推动作用，从而自觉开始接受新式教育。不仅如此，在民族危亡之际，苏南士绅奋而觉醒，不再仅仅将教育视为求取个人功名进而致仕的捷径，而把兴办教育视为提高民族素质、振兴国家的必由之路。与过去热心私塾教育不同，他们开始热心捐助基层教育事业，大量捐资办新式初级学堂。在社会转型之际，苏南士绅始终是基层教育近代化的主要创办者与承担者，成为推动苏南教育近代化的深层力量。他们一方面加速自身转型，另一方面领导民众教育近代化，使苏南地区在近代教育发展历程中独领风骚，为苏南地区教育事业的发展奠定了坚实的基础。关于这一点，钱穆在《八十忆双亲·师友杂忆》中有比较明确的叙述。据他回忆"凡属无锡人，在上海设厂，经营获利，必在其本乡设立一私立学校，以助地方教育之发展"。[①]以当时的无锡巨商荣家和唐家为例，荣家创办了荣巷中学和江南大学，唐家则力邀太仓唐文治来无锡创办了国学专修学校，为让他安心教学，甚至为其建造了别墅。他们自己的生活却并无富家气派。荣家富甲天下，荣德生的个人生活，如饮膳、如居住、如衣着，皆节俭有如寒素，他常言"人生必有死，即两手空空而去。钱财有何意义，传之子孙，亦未闻有可以历世不败者"。[②]他的这种观念在江南富商中具有一定的代表性。有了这种认知，实业家纷纷表现为重名尤过于重利，重公尤胜于重私。而兴办教育成为他们造福一方，留名后世的不错

---

① 钱穆：《八十忆双亲·师友杂忆》，生活·读书·新知三联书店，2005 年版，第 255 页。
② 同上。

选择。这在客观上促进了富裕的苏南地区教育事业在很长时间内都走在全国前列。

## 第二节 典型的家塾化传统教育

钱基博兄弟出生之时，中国在洋务运动中引进了一些新的教育内容和形式，然而，从全国范围来说，传统的私塾化教育依然占据着重要位置，尤其是有着深厚文化积淀的家族更有条件实施这种家塾化的教育。

### 一、知识的传授

（一）传授者

家塾化教育的一个重要特点就是知识的传授者为有学识的家庭成员或家族成员。钱基博的母亲出生于无锡有名的世家大族，自然具有一定的学识修养。因此，钱基博兄弟俩的启蒙教育是由母亲完成的。在他们五岁的时候，母亲孙氏开始教他们认字，之后，大哥钱基成归来，便由母亲和大哥一起教兄弟俩读书。后来，因为母亲家事日繁，不能亲自教兄弟俩，于是便又请来堂兄子绍与钱基成分授钱基博和钱基厚两人读书。[1] 钱基博兄弟十岁的时候，因为堂兄子绍另去别馆教书，大哥钱基成则专心于举业，所以家中便为兄弟俩请来同族的心葵先生。到兄弟俩十二岁的时候，开始学作史论，每天晚上由大哥基成为他们点授清代吴乘权等辑的《纲鉴易知录》，所作之文则由父亲批改。第二年，他们开始向二伯父颂眉公（钱熙元）问业。直到1902年（光绪二十八年），钱基博兄弟十四岁，问学于邑人许国凤，其兄弟俩基本都是在家人或族人的指导下学习。

（二）传授的内容、步骤与方法

纵贯钱基博兄弟俩整个学习经历，其学习的主要内容依然是"四

---

[1] 钱基恩，字子绍，钱福瑛之四子。

书""五经"。当他们可以认识五百字的时候，母亲便开始为他们授读《孝经》。之后在堂兄子绍和大哥基成的指导下，用几年的时间先后读完了《大学》《中庸》《论语》《孟子》《礼记》《尚书》《毛诗》《尔雅》《周易》《周礼》等书。其后，同族的心葵先生为兄弟俩讲授了《四书》，并读《左传》。至于学习的步骤和方法，遵循的是传统的先识字、后背书、再讲解，最后学习作文。至于读书的程序，基本是：每日饭前，读隔日所授生书、带书、带熟书、熟书，各两遍，皆以能背为度；饭后，由母亲和伯兄各背一人，有踬字，必令重读，再授生书，读二十遍，始许散学。[①]

（三）传授的动机与结果

虽然，在钱基博、钱基厚兄弟俩师从许国凤期间，中国的科举制度已几乎走到了尽头。然而通过考试得功名，依然是当时读书人的主要目的。所以，兄弟俩于此期间曾几次参加了县试，但都未被录取。其中在1902年，钱基博参加了县学的复试，作《李忠定上十事论》，陈古讽今，凡一千多言，最后因"语多伤时"而未被录用，但其作却得到老师许国凤的大加赞赏，认为此文可作名臣奏疏读。1903年，江苏在苏州开设优级师范，基博、基厚兄弟前去应考，当时虽然办的是新学，然而考试内容依然是《四书》义，题目是《孟子》中的"亲亲而仁民，仁民而爱物"二句，监督是当时的著名学者罗振玉，然而因为种种原因，兄弟俩依然落榜。至此，钱基博兄弟俩通过读书、考试从而得功名的道路基本宣告失败。然而，机遇总是偏爱有准备的人。扎实的学术素养注定了兄弟俩终有发光的时候。钱基博先生正是凭借多年的知识储备，才能在19岁写出《中国舆地大势论》与梁启超进行直接对话，并得到后者的亲笔信褒奖。之后，又一鼓作气，参加了由刘光汉主编的《国粹学报》征文活动，以己意阐发文章利钝，仿陆士衡《文赋》，撰《说文》一篇，刊于《国粹学报》第十二期，并得奖金

---

　　① 钱基厚：《孙庵年谱》，转自傅宏星：《钱基博年谱》，华中师范大学出版社，2007年版，第8页。

银元二十元。先生正是凭借着这些文章为江西提法使陶大均所赏识，从而入幕陶大均行署，开始了自己短暂的从政生涯。

## 二、家风的传承

虽然钱钟书先生从不认同自己出生于名门望族，而说自己只不过是一个清贫教师家的孩子。但是，钱基博却比较重视家族传统，特于1948年借暑假空闲之机，编著了《堠山钱氏丹桂堂家谱》一书。家谱是家族的行事指南，从家谱中我们可以看到钱氏家族的文化积累程度和稳定性，为我们研究钱基博先生的家族出身提供了第一手的资料。

人们评价望族的标准有很多种，但有几项是必备的。一是家族文化素养，所谓"诗礼传家"；二是道德品行，道德的标准对于望族是十分重要的，一个无道德的家族，无论其仕宦文章取得多大的成就，也无法被人们公认为望族。洪亮吉在《开沙于氏族谱序》中，提出了以功德显、以文章著、以孝友称这三个标准。[①]功德主要指事功，并不是世其官的家族才有功德可言，如虽无一官半职，但热心乡里公益，在地方建设方面做出重要贡献的也可称为有功德；文章也是一个综合性的概念，既指广泛的文化修养，也包括在科举应试方面取得的成绩；孝友纯粹是一种道德观念，对家族来说，处理好祖孙父子兄弟等各方面的关系，也是关系到家族是否团结稳固的大事。由此可见，苏南望族不是一般意义上的大家族，而是一种以内在文化质量为稳固核心的家族，他们尤其重视家族成员的质量，所谓"子孙不患少而患不才"。[②]而且事实证明，家族中的核心人物，对培育和组织家族文化起着至关重要的作用。

毫无疑问，钱氏家族是苏南望族。曾悬挂于复建后的钱王祠上的一副对联足以说明钱氏家族的渊源和荣光：

① 洪亮吉：《更生斋文甲集》卷二《开沙于氏族谱序》。
② 《江阴章氏支谱》卷一《太傅公家训》。

西临惠麓，东望锡峰，祠宇喜重新。吴越五王，亿万年馨香俎豆。

派衍梁溪，源分浙水，云礽欣愈盛。墽湖两系，千百年华贵簪缨。

钱氏故居绳武堂（现名为"钱钟书故居"）的竹丝板门两侧，至今仍挂着钱基博所撰的对联——"文采传希白，雄风劲射潮"。从中我们可以看到钱基博先生强烈的家族荣誉感和使命感。

（一）正德修身，孝友为先

钱氏家族在乡里、州府，热心公益事业，领头办学，架桥修路，创制垂法，博施济众，拯厄除难，功利于民，广受敬重。以至于后来江阴吴达人在为钱维桢立传时也主要以其事功为重。然而，钱熙元在读该传时却批评说："此非所以传吾父也。"并明确陈述："盖吾父生平以德量胜，不以事功显，固已然吾父蹈道践仁，数十年自有本末。子曰：我欲载诸空言，不如见诸行事之深切著明也，奚以虚事饰说为耶。"① 可见钱维桢主要是以德量传家。何谓德量呢？钱福炯曾特意写了一篇《贾谊论戊戌示余儿作》来阐明这一问题。此文开宗明义便说："吾闻良贾深藏若虚，大智外容若愚。富者未尝以富示人，智者不以智骄人，盖蕴蓄然也。人之于才亦然，有才必有量，夫所谓量者何也？斗之量足以受升，以斗受升，其迹泯然；斛之量足以受斗，以斛受斗，其迹泯然；推此而上，量愈大，其所受愈无迹，天下大物也，惟其量足以相容，而后可以治，可以安。"② 这就是所谓德高者其量乃大。贾生虽然有才气，然其才气皆表现于外，矜才使气，故既不能容诸侯，也不能善容自身，福炯先生读贾生之文，有感于贾生志大而德量小，才有余而识不足，故著文以示后人。作为长子的钱福炜更是以身作则，坚守家训。福炜一生不慕名利，本来他以举人身份经官考取为咸安宫

① 钱基博：《先大父述略》，见《墽山钱氏丹桂堂家谱·行述》。
② 钱福炯：《贾谊论戊戌示余儿作》，见《墽山钱氏丹桂堂家谱·文征》。

教习、议叙知县，可是他不愿意在官场上追求步步高升，而甘愿以家世儒者教为己职，任长州县学教谕十余年，率历多士，每以县品行后文艺相勖勉。在职期间，他对诸生的馈赠都婉言相拒，并以《左传》之言晓之曰："国家之败，由官邪也，官之失德，宠赂章也。况吾教官之腼颜为人师者乎？"也正因为祖辈父辈严守以德量传家的家风，钱基博先生一生不仅自己一身正气，而且对子女的教育也尤其注重先品行后文艺，要求他们"立身务正大，待人务忠恕"。

（二）清廉自守，一心向学

作为江南地区典型的文化型家族，钱氏家族具有以下基本特征：家族以实现本家族的文化性作为自己的追求目标，家族成员具有强烈的文化意识，他们所从事的职业也以文化型为主，或具有文化特征；家族具有良好的文化环境和文化习惯，充满浓厚的文化氛围；家族具有相当的文化积累，并有一定的文献储存；家族内进行着广泛的文化交流。

根据《堠山钱氏丹桂堂家谱》记载，钱基博属于堠山城西支永义派丹桂堂，祖父钱维桢属于武肃王钱镠以下第三十世。钱氏传至此，以富极而弊，渐成寒门。经济条件虽不如从前，但是，"清廉自守、一心向学"的家风没有丝毫改变。钱基博曾说："我祖上累代教书，所以家庭环境，适合于'求知'；而且，'求知'的欲望很强烈。"[1]钱基博先生一直自豪于家族中文采风流的长传不衰："自以始得姓于三皇，初盛于汉，衰于唐，中兴于唐宋之际，下暨齐民于元明，儒于清，继继绳绳，卜年三千，虽家之华落不一，绩之隐曜无常，而休明著作，百祖无殊，典籍大备，灿然可征也。"[2]钱基博的祖父钱维桢是钱氏家学的承前启后者。钱维桢先生虽然只是前清的贡生，但是他既得祖传家学之熏陶，又得李兆洛、冯桂芬、陈三立等名师益友之切磋，故其生平学识在东南州府也负有声望。在他的影响下，长

① 钱基博：《自我检讨书》，《天涯》，2003 年第 1 期。
② 钱基博：《无锡光复志·自叙篇第六》。

子福炜是乡试举人，次子福煐是乡试副举人，三子福熥为郡庠生，四子福炯（钱基博的父亲）为副贡生，五子福祉为国学生；他们都长于制举文，承袭前几代人的传统，都曾专研经史之学，故都学养深厚。这也使得钱基博先生虽然没有进过学堂，但其早年所受的教育在一定程度上依然是完整的、严肃的。

对此，钱基博先生自己曾有过总结，他认为他们兄弟之学得益于二伯父仲眉公（钱熙元）尤多。他在《先仲世父述略》中曾有这样的回忆：当时，科举制度尚未废除，人们普遍还是将科考当作走向官宦之途的敲门砖，因此将主要精力放在诵读经史、习作制举文上。但是，钱熙元认为："科举文代圣贤立言，岂仅以资干禄希荣之用。匪穷经不足以阐其理，匪读史不足以尽其变。"又说："曹子桓云：'文章者，经国之大业。'经解史论，亦当援古以证今，使人有所取法；谭经说史，不过借以托讽，譬诸诗人之比兴、说书之楔子耳。贾谊作《过秦论》，为后世史论之祖，其下篇必上推先王、下述秦衰，又引野谚'前事不忘，后事之师'，而极之余君子为国，观之上古，验之当世，参以人事，察盛衰之理，审权势之宜，其意断可识矣。"① 这对于受业于钱熙元的钱基博、钱基厚兄弟俩以后学史作论、知人察事是有很大的指导意义的。对此，钱基博曾说："今日粗识事理，幸勿陨越贻当世羞，亦何？莫非穷经治史，得力于当日仲父教者为多也。"② 钱基厚也在《孙庵年谱》中说："后来自己'粗辨事理，不轻俯仰随人，亦自少时学作史论、独抒己见来也'。"③ 而且钱熙元生性泊然，平生除设塾课徒外无他事，除读书作文外无他好。钱基博一生不喜应酬，除授课之外就是读书写作应该也是受到了其二伯父的影响。

值得一提的是，钱氏家族因为钱福炯娶了无锡石塘湾孙元楷的次女而使得钱氏家族与江南望族的文化交流空间更为扩展。孙家是无锡赫赫有名

---

① 钱基博：《先仲世父述略》，见《堠山钱氏丹桂堂家谱·行述第三》。
② 同上。
③ 钱基厚：《孙庵年谱》"光绪二十五年"。

的世家大族，杨绛曾说："锺书的祖母娘家是石塘湾孙家，官僚地主，一方之霸。"[1] 如果依当时两家的经济条件来讲，钱孙联姻不能算是"门当户对"，但是这也正说明了对于苏南望族来说，在联姻的选择中，政治、经济、社会地位等方面的因素固然很重要，但是，家族的文化背景同样重要，有时甚至可能起到决定性的作用。钱孙的联姻，不仅有利于提高钱家的社会地位，而且钱家的"福""基"辈与孙家的"烈""圻"辈以亲缘为基础的文化交往更为密切。

（三）热心公益，博施济众

钱氏家风，不慕荣利，不畏强御，从不为个人私利斤斤计较，每遇与百姓利益有关的事情则敢于挺身以赴。钱家人热心公益，博施济众，尤其热心于地方教育、文化事业的发展。钱维桢少时寄居江阴，与余治创办江阴全县义塾，制定规章，以垂久远。晚年徙归无锡东亭，又倡办崇仁、向义两义塾，且屡得常州府褒奖，东亭之人，守遗规勿替者三十年。受父亲的影响，钱福炜平生也热衷于乡邑内外的公益慈善事业。光绪戊戌（1898）、己亥（1899）年间，徐淮一带闹灾荒，东安教谕唐桐卿主持赈灾，唐桐卿素与钱福炜相知，便以赈册寄于钱福炜，福炜不负所托，在短时间内就募集了千金以响应之。又光绪三十年（1904）日俄战争爆发，致使东北三省遭灾，中外协力成立红十字会，募捐急赈，钱福炜同样积极响应，很快募集了一定善款。除此之外，但凡乡邑有修缮宗祠、扩展义塾、造桥修路等于民有益之事，钱福炜无不热心参与，始终其事。钱基博的父亲钱福炯虽然屡试不第，只是一个秀才，但是其慷慨尚志节，宽仁沉厚而又刚正性急，恬淡荣名而又急公好义，与父兄一样热心公益事业，每遇荒乱都不遗余力投身赈灾。钱基博在《先府君行状》中自豪地回忆起某年，钱福炯因江南饥，谷价腾跃而只身赴皖购赈米，途中智斗奸猾船工的事情。

---

[1] 杨绛：《记钱钟书与〈围城〉》，《将饮茶》，生活·读书·新知三联书店，1987年版，第119页。

正是在这种文化型家族文化的熏陶和家族成员的教导下，钱基博才得以在十一岁读毕《四书》《易经》《尚书》《毛诗》《周礼》《礼记》《春秋左氏传》《古文翼》，且皆能背诵，后又问业于伯父仲眉公，教为策论，课以熟读《史记》，储氏唐宋八家文选。更为关键的是激发了钱基博学习国学的兴趣，使钱基博明白了学习国学的路径，同时钱基博也从父辈兄辈的国学教育方法中吸取了精华为日后自己的国学教育所用。

## 第三节　非典型的"新学"启蒙

江苏历来是全国教育的领头羊，且无锡的教育事业自晚清以来，也往往开全国风气之先，早在戊戌变法之前就已开始尝试创办新式学校。钱基博的表兄孙靖圻就曾任无锡金匮二县劝学所总董，在城区成立了竢实、东林两学堂，在乡区成立了石塘湾慧北、荡口果育等六所小学，并联系武进、阳湖、宜兴、荆溪、江阴、靖江等县设立了常州府中学堂。①然而，钱基博的父亲祖耆公"以家世儒者，约敕子弟，只以朴学敦行为家范，不许接宾客，通声气。又以科举废而学校兴，百度草创，未有纲纪，徒长嚣薄，无裨学问，而戒基博杜门读书，毋许入学校，毋得以文字标高揭己，沽声名也"。②后来，南洋公学开办，苏州也成立了高等学堂，裘葆良先生曾劝钱福炯送钱基博、钱基厚兄弟俩去投考，但是因为学费问题，钱福炯踌躇，懂事的兄弟俩知道家庭的经济情况，也不敢要求。故而，钱基博始终未能进入学校接受过正式的"新学"或"西学"教育，他所仅有的西学启蒙来源于特殊时代背景下的一种自觉学习。对此，钱基博先生曾经不无遗憾地在《自我检讨书》中这样写道："我们那时做青年，不比现在青年，能够得到社会重视，政府的照顾；所以我始终未受到学校教育。一切知识，只靠

---

① 刘桂秋：《无锡时期的钱基博与钱钟书》，上海社会科学出版社，2004年版，第21页。
② 钱基博：《自传》，《光华大学半月刊》，1934年第3卷第8期。

我自己力量去追求。"①笔者认为，钱基博先生此处所说的"一切知识"应该指的是"西学"或者说是自然科学方面的知识。毕竟，对于中国传统的人文知识，钱基博的家族文化是能够提供给他足够支持的。

## 一、初识时务

光绪二十四年（1898年），钱基博十二岁，戊戌变法发生。此次运动虽然以失败而告终，但是其宣扬的思想改良、变法维新观念却深入人心。受其影响，眼光敏锐的钱福炯想让儿子们在读古书的同时也了解一些时务，便订了一份《申报》，每天晚上督责钱基博用朱笔在报上点论说一篇，作为馀课。偶尔，钱基博的长兄钱基成还从别人家借回一些由上海徐家汇天主教堂发行的《格致新报》，该报月出一期，上面登载了严复翻译的《天演论》。钱基博读后，感觉耳目一新，从此开始对生物学乃至整个自然科学产生了兴趣②。

## 二、自学理化知识

如果说《申报》《格致新报》为钱基博打开了古书以外的世界，那么兄弟俩在无锡城外钱业公所商会的演讲会和商业补习学校的初为人师、小试身手，则让兄弟俩感到了新学日盛的时代大潮前，自己在旧式教育中形成的知识结构之不足，于是开始自学理化知识。有人告诉他们"研究自然科学，必懂算学"，然而苦于闭门家里，无人传授，所以钱基博和钱基厚兄弟俩决定自学。他们向母亲要钱，到书铺里买来《笔算数学》《代数备旨》《几何备旨》和《八线备旨》四种书，并将书中所有习题演算一遍，遇到不会演算的题目，则兄弟俩互相切磋。为此，他们曾一度舍弃经史，认为是不切时务之学，转而一心想研究科学。因为无钱买科学书，有时他们甚至

---

① 钱基博:《自我检讨书》,《天涯》, 2003 年第 1 期。
② 同上。

会瞒着父兄，取家中藏的经史书到书铺换取上海制造局出版的各种物理化学书来看。从此，求知之范围，推而益广。钱基博也时常向书铺借阅戊戌亡命客及国内留学生在日本出版的各种杂志，其中，梁启超主编的《新民丛报》尤合钱基博的口味，也才有了16岁那年作《中国舆地大势论》与梁启超的《中国地理大势论》进行切磋并得赏识之事。

钱基博学习自然科学的兴趣日益浓厚，钻劲也越来越大。因为他曾读了同乡丁福保著的《东文问答》一书，所以略懂一些日文。因此，当他得到《国粹学报》征文奖金时，立即将其寄往上海日本书店购买了20多册日文自然科学书。其中包括饭盛挺造的《物理学》，三厚册；三好大的《植物学》，两巨册。钱基博在自学的过程中，虽然感觉日文尚无大的困难，但内容理解起来却比较难，尤其是物理学，得不到实验仪器进行实验。至此，钱基博自学自然科学之路遇到了瓶颈，也促使后来他与人组织理科研究会之举。

### 三、组织理科研究会

正当钱基博先生的理化自学之路遇到障碍时，其姊丈曹仁化来约他组织理科研究会。① 据钱基博先生在解放初期思想改造运动中所写的《自我检讨书》回忆，我们可以得出以下信息：他们共纠合同志四十人，每人出会费四十元，用于买仪器，请讲师。华实孚先生主讲物理和化学，顾绍衣先生讲动植矿物和地质学，② 此二人都是老理化研究会的优秀会员。教材用日文版，由会员和讲师协定，物理学即用饭盛挺造版。但是，因为会员中懂日文的不多，所以教材由钱基博先生翻译成中文，再用誊写版印发。会员中年龄最大的有四十多岁，钱基博先生在会员中是最年轻的。白天听讲

---

① 理科研究会的前身是理化研究会，最先是由钱基博后来的儿媳杨绛女士之父杨荫杭与蔡文森、顾树屏等人于1902年发起的。旨在研究学习自然科学，培养近代师资与科技人才。

② 顾绍衣先生为中国最早研究飞机制造之人，民国元年《东方》杂志登载了多篇先生关于飞机的论文。

六小时，晚上先生就译书，而且有时还会替会中同学补习代数和几何。原定两年毕业，无寒暑假，但因为教材多，故延长了半年。这次组织理科研究会，钱基博先生虽然也为学员翻译日文教材、补习代数几何，但他主要的身份也是学员，以学习为主。钱基厚先生关于此事有这样的记载：

　　叔兄并约集同志吴君锦如干卿昆季、沈君西苑、赵君抱清、曹君仁化、黄君蔚如、孙君燕宾、蔡君栽函、张君佩纫、秦君卓夫、黄君星若、许君瀑如、高君涵叔等八十余人，组织理科研究会……其办法一如理化研究会，亦自为学员。延华实甫先生为都讲，任物理，顾绍衣先生任化学、博物，华纯甫先生任生理卫生，兼授日文，均为讲师，皆邑名流，而理化研究会之俊髦也。两年后，叔兄及吴君锦如、秦君卓夫、沈君西苑、孙君燕宾、蔡君栽函等，更招学员，自认讲师，组织理科学堂。[1]

　　兄弟俩的回忆在某些方面略有出入，如在组织理科研究会的人数上，在延请老师的授课分工上。依笔者看，钱基厚先生的记述似乎更为翔实，毕竟钱基博先生在写《自我检讨书》时年事已高。从钱基厚先生的记述中我们可以得知钱基博曾和第二届研究会的一些老会员后来还招学员，自认讲师，组织了理科学堂。虽然，笔者目前还没有其他资料来证实这一信息的准确性，但是笔者相信与钱基博先生关系亲密的钱基厚先生这一记载绝非空穴来风。

　　从理化研究会到理科研究会，培养造就了不少理科教育的人才，其中不少人后来都成为无锡及邻近地区中小学理科教育的骨干力量，正像蔡文森所言："两学会毕业生分任旁近数省小学校，沾溉学子不少。"[2]钱基博先生这段短暂的有人指导的理科学习经历对他的一生受益匪浅。

---

　　① 钱基厚：《孙庵年谱》"光绪三十一年"。
　　② 见《锡金游庠同人自述汇刊·蔡文森自述》，转自刘桂秋：《无锡时期的钱基博与钱钟书》，上海社会科学院出版社，2004年版，第45页。

在某种程度上说，这一经历开启了钱基博先生的职业生涯。因为就在先生参加理科研究会的第二年，即被无锡商界巨子薛南溟聘请为算学教师，为其子育津、汇东兄弟演授陈文所译查理·斯密的《小代数学》，每日下午去三小时，月薪二十元。对此，钱基博先生在《自我检讨书》中曾自豪地说："（会费）我可以自己出了！那时，我年十九岁，从此打开职业的门，直到现在六十六岁，总算社会照顾我，没有一天许我闲过。"之后的1913年，"二次革命"失败，先生出任了无锡县立第一高等小学国文、历史和理科教员，此后谢绝了直隶都督赵秉钧的聘任，宣告弃政从教，自此委身教育44年，心无旁骛。

然而，短暂的理科学习所获得的自然科学知识毕竟不能与长期形成的国学功底同日而语，理科学习虽然开启了钱基博先生的教育生涯，然而最终他还是凭借扎实的国学知识从小学、中学一直登上了大学的讲台，成为一名受人敬仰的国学教育大师。

# 第二章　钱基博教育思想的主要来源

研究钱基博的教育思想首先要探讨他的思想来源，只有弄清楚来源才能更好地理解他的思想和实践。笔者认为钱基博先生的教育思想既有理论来源，也有现实来源。

## 第一节　理论来源

钱基博教育思想的主要理论来源既包括古代的孔孟思想，也包括当时的资产阶级教育思想，还包括西方新人文主义与实用主义思潮的影响。

### 一、孔孟思想

孔孟思想是中国文化的主要基石，钱基博认为孔孟之教为中国之魂，他尤其重视孔孟关于仁的思想，孔子的人才观和他的国学运动。

（一）孔孟之教为中国之魂

钱基博先生历来重视精神教育。何谓精神教育？他的回答是"孔孟之教，即我国人民数千年沦肌浃髓之精神教育"。[1]孔孟之教之所以重要是因为"夫吾国无宗教，国中人民无同一之信仰，而教育感化之力又不能遍及。幸数千年来谈学术者，无不知宗孔孟"。故"处今日之中国，既不若欧美

---

[1]　曹毓英选编：《钱基博学术论著选》，华中师范大学出版社，1997年版，第347页。

16

之有宗教，而欲于人民数千年风习得人人可以信仰者，以齐天下之不齐，非孔孟其谁？此非强侪孔孟于宗教之列也"。[①] 钱基博先生更进一步明确指出"孔孟之教之浃洽于人心，即中国之国魂也"。有宗教的国家之魂即为各国宗教，欧风东渐之际，各国以宗教之手段而施其侵略政策。如果我国不固守孔孟之教则唯有呼牛呼马惟人所命，且国之无魂，魄将安依？而我们"治《论》、《孟》而兼及群经固佳，即治《论》、《孟》而不及群经，于道德政治，固已有所援据以为剖断。不至于任人牵鼻，全处于盲动地位"。很显然，关于"国魂"的认识正是钱基博先生在一生的教学中始终坚持以"四书"尤其是《论语》《孟子》为主要教育资源和内容的重要依据。

（二）孔孟之仁

"仁"是孔孟特别强调，并被后人当作孔孟中心学说而加以发扬光大的思想。仅《论语》中记载孔子论仁的就有五十八章，提到"仁"字有一百零九次之多。孟子说："孔子曰：'道二，仁与不仁而已矣。'"朱子在解释孔子的仁说时也认为："语心之德，虽其总摄贯通无所不备，然一言以蔽之，则仁而已矣……人之心其德有四：曰仁、义、礼、智，而仁无所不包。"[②] 就连蔡元培在其《中国伦理学史》中也认为"仁"之一字，实为"统摄诸德，完成人格"的总称。更为难能可贵的是，孔子论仁，是对当时礼的极大修正，他把道德的标准不是放在礼的形式上，而是放在个人的真情诚意和对人民利益的关注上。对此，钱基博先生是极为推崇的。从某种意义上说，正是仁的这种内在精神使得钱基博先生极为重视"仁"的学识，甚至使得他自信地认为"仁"的学识足以代替英德教育而成为救国之策。从某种意义上来说，孔孟的仁学直接影响了钱基博先生对于教育模式的选择。具体原因，后文将有所论及。

---

① 曹毓英选编：《钱基博学术论著选》，华中师范大学出版社，1997 年版，第 346 页。
② 陈景磐：《孔子的教育思想》，湖北教育出版社，1985 年版，第 39 页。

（三）孔子的人才观

孔子教学的主要对象是士，他所认为的理想人才大致可概括为"圣人"和"君子"两种。对于"圣人"这一最高人才标准，孔子说的并不多，我们姑且把它视为如同"共产主义"最高理想去追求。然而，孔子对于"君子"的品格却有明确的论述和要求。在《论语》中论到君子的有一百余次之多。从某种意义上，我们甚至可以说孔子的教育目的就是培养君子。"子路问君子，子曰：'修己以敬'。曰：'如斯而已乎？'曰：'修己以安人。'曰：'如斯而已乎？'曰：'修己以安百姓。'"（《论语·宪问》）由此可见，孔子眼中的君子至少需要具备两个条件：对内能"安己"，对外能"安人""安百姓"。且要"安人"必先"修己"，而"修己"之道有三，即智、仁、勇。孔子再三强调："君子道者三：仁者不忧，知者不惑，勇者不惧。"（论语·子罕）这就是《中庸》所记载的："知、仁、勇三者，天下之达德也……知斯三者，则知所以修身。"钱基博先生作为饱读诗书之士，自然是以"君子"的品格来要求自己，而且他也以"君子"的标准来要求自己的学生，既要注意自身的修养和发展，也注重以自身带动他人，共同促进社会的进步。

（四）孔子的国学运动

钱基博先生关于孔子的定位也是值得我们关注的。1923年钱基博先生在《孔子诞辰演说》一文中明确表示不赞同将孔子视为教育家加以纪念，而应该学习孔子作为一个国学运动家所做的努力，当年孔子的努力主要包括三步功夫：一是诵百二十国宝书；二是周游列国；三是整理国学。然"运动者，运转亡已，推陈出新之谓。有运动而后国学有生气"。故今日之国学运动的参与者需有以下自觉："第一不可不极深研几国学之内容，此非于国学切实下一番功夫不可。第二须觉悟国学之不如欧美之学何在？其胜于欧美之学者又何在？而因以考见欧美今日需要国学之所以然。此又非综合世界各国之国学以参伍比较不可。"①虽然钱基博先生自愧"未尝治欧美学问文字，不能究此大业"。然而，我们可以看到钱基博先生在以后的国学教育中基本上是以此为目标和行动指南的。于"第一"做得非常出色，于"第二"也做了诸多尝试。但是，这里需要指出的是，虽然钱基博先生不赞同将孔子视为教育家，且认为当时教育之失败与"好为人师者，不学孔子之学；而妄学孔子之教"不无关系。但是，教与学本来就是密不可分的，孔子的国学运动实践其实也就是国学教育的过程。钱基博先生此处强调孔子的"国学运动家"身份只是为了唤起人们对国学研究与教育的重视，其实在大部分时间里，他是认同孔子的教育家身份的。

## 二、清季民初的资产阶级教育思想

清季民初，资产阶级登上了历史的舞台，无论是以康、梁为代表的维新派，还是以章太炎、孙中山为代表的革命派。他们不仅提出了一系列的政治思想，而且也相应提出了新的教育思想，这些思想对整个民国教育乃至现今教育都依然发挥着不容忽视的影响。钱基博的教育思想也或多或少地从这些思想中获得了某些养分。

（一）康有为的"教育救国"论

中国自古有重视教育的传统，在康有为之前，已有不少开明人士主张通过重视培育人才来求得国家富强，这也是近代教育转型的一个重要推动力。然而这些论述不够系统，也缺乏应有的高度。康有为第一次全面深入地阐明了"穷理劝学"与国家强弱兴衰的关系，强调应把教育置于国家的战略地位。梁启超的《变法通议》正是其理论的延伸，所办时务学堂也是以万木草堂为蓝本。梁启超赞扬其师的教育活动说："当中国教育未兴之前，无所凭借，而自创之。其心力不亦伟乎！至其重精神，贵德育，善察中国

---

① 钱基博：《孔子诞辰演说》，原刊于 1923 年 10 月 16 日《无锡新报·思潮月刊》，转自《大家国学·钱基博》，天津人民出版社，2008 年版，第 54 页。

历史之习惯，对治中国社会之病源，则后有起者，皆不可不师其意也。"①

康有为因为上书言变法失败，放归西樵山。然而这并没有浇灭康有为的斗志，反而让他更加重视教育救国的信念。他于光绪十七年，在长兴创设万木草堂。陈千秋、梁启超等青年俊杰先后投奔其门下。

钱基博先生在《现代中国文学史》中论及康有为时，详细地介绍了万木草堂的教旨（激厉气节，发扬精神）、学纲（志于道，据于德，依于仁，游于艺）、学目（义理之学，考据之学，经世之学，文章之学）及其课外作业（演说，札记，体操，游历），并认为康有为的主要教育思路是"以孔学、佛学、宋明学为体，以史学、西学为用"。② 这从某种意义上来说就是洋务派"中学为体，西学为用"思想的延续。钱基博先生始终坚持既不"执古"，也不"骛外"，主张中西会通。然而，他始终坚持以"中学"为根本，在他的教学中也不难捕捉到以"中学为体，西学为用"的影子。而且，从其行文和实践中也不难体认到钱基博先生对于康有为万木草堂教旨、学纲、学目及其课外作业等的认同和借鉴。

（二）梁启超的"新民"教育

梁启超不仅是近代颇有影响力的政治家，而且也是一位出色的教育家，有人认为他是最早撰文论述教育目的重要性的教育家。且梁启超的教育目的随着认识的深化而发生着改变。早在戊戌变法时期，梁启超就明确提出教育的目的应该是培养中西贯通的政治人才。但是随着戊戌变法的失败，梁启超认识到仅靠少量的政治人才是不够的，只有大多数民众国民性的觉醒才能彻底使中国焕发新面貌。于是，他把教育目的从"政学为主义"改为以"新民"为第一要务。所谓新民，也就是梁启超心目中的现代国民，具体说来就是具有新道德的新式国民。这样的国民必须具有国家思想、进取冒险精神、权利义务思想、自由思想、自治能力，并且要具有独立、自

---

① 梁启超：《南海康先生传》，《饮冰室合集·文集之六》，中华书局，1989年版，第66页。

② 钱基博：《现代中国文学史》，中国人民大学出版社，2004年版，第304页。

尊、合群、尚武等意识。总之，就是要通过教育培养出"备有人格，享有人权，能自动而非木偶，能自主而非傀儡，能自治而非土蛮，能自立而非附庸，为本国之民而非他国之民，为现今之民而非陈古之民，为世界之民而非陬谷之民"。[①]他认为只有这样的国民才能"自立竞存于优胜劣败之场也"。[②]钱基博先生关于教育目的的认识深受其启发。他认为普遍一般中国人所需要的教育，其目的就在于造就"现代世界之中国国民"，因为现代中国已投入世界漩涡，而非闭关时代可比，印度、犹太可为现代世界之一民族，而不得为现代世界之一国民，梦想复辟、迷信神权的中国人虽为中国国民，但属于"不适于生存现世界者"。可见，钱基博所说的"现代世界之中国国民"也就是梁启超主张的"新民"。

（三）章太炎以爱国主义为核心的"国粹"教育思想

章太炎先生是国粹派的代表人物，在那个西化风起云涌的时代，他响亮地发出了"用国粹激荡种姓，增进爱国的热肠"的呐喊。在章太炎眼里国粹就是历史，"这个历史，是就广义说的，其中可以分为三项：一是语言文字，二是典章制度，三是人物事迹"。[③]他特别尊重和强调民族文化自身的"特性""特别精神"，也即"国粹""国性"。而且，这种源于种族和历史的"国性"不是凝固不变的，而是随着时代发展而发展，有着旺盛生命力的。在他看来作为中国的知识分子就应该以民族主义为出发点，以国学为主体，以民族精神为支撑，融合中外文化的精粹，重振中国。

钱基博先生与章太炎先生一样有很强的民族认同和对民族精神的自觉，他们都注重民族精神在中华民族世代繁衍发展中的精神支柱和灵魂地位。章太炎提出"教育的根本要从自国自心发出来"，其核心就是要立足于中国

---

① 梁启超：《饮冰室合集·文集之十》，中华书局，1989 年版，第 61 页。
② 梁启超：《变法通议·论科举》，陈学恂编：《中国近代教育文选》，人民教育出版社，2001 年版，第 53 页。
③ 章太炎：《东京留学生欢迎会演说辞》，见汤志钧编：《章太炎政论选集》上册，中华书局，1977 年版，276 页。

国情，尊重自己民族的历史，热爱自己的文化传统，确实增强民族自尊心、自信心和民族自豪感。并在此基础上创建有中国特色、适应时代要求的近代民族教育体系。钱基博先生对此极为赞赏，他曾将章太炎的《教育的根本要从自国自心发出来》一文收入其重要著作《国学必读》（下）中，文中提到"大凡讲学问，施教育的，不可像卖古玩一样，一时许多客人来看，就贵到非常的贵；一时没有客人来看，就贱到半文不值。自国的人，该讲自国的学问，施自国的教育；像水火柴米一个样儿，贵也是要用，贱也就要用，只问要用，不问外人贵贱的品评，后来水越治越清，火越治越明，柴越治越燥，米越治越熟，这样就是教育的成效了"。[①] 这是钱基博先生所坚持的，无论时势如何变化，钱基博先生始终坚持战斗在国学教育第一线，因为他认为所谓国学就是"国性之自觉"，只有通过国学教育来提高国民国性之自觉，才能培养现代世界之中国国民。"爱国以学""教育救国"是国粹派大力倡导的，也是钱基博先生一生所践行的。

（四）孙中山的三民主义教育思想

钱基博先生不仅主张青年学子应该读经典古籍，而且曾将谭嗣同的《仁学》、康有为的《大同书》和孙中山的《中山全书》誉为中国维新以来的三部奇书加以推荐。声称如果将这三部书贯通读一遍，则可以将胸中的急功近利，鄙思念想，统统荡涤干净，然后则可以以旷阔之眼界观天地之所以大，知宇宙之所以久。其中钱基博对《中山全书》评价尤高。他认为《仁学》精深，《大同书》精辟，《中山全书》既平实又博大。谭嗣同、康有为以佛学和基督教为根基，而附以孔学；孙中山则以孔孟之道为骨干而错综以欧化。他甚至将《中山全书》与黄帝、孔子两大圣人之功做比较。他说："黄帝之功，在集空间文明之大成。孔子之功，在集时间文明之大成。而

---

① 章太炎：《论教育的根本要从自国自心发出来》，载《革故鼎新的哲理——章太炎文选》，上海远东出版社，1996年版，第360页。

《中山全书》，则竖尽千古，横亘五洲，纵贯时空，博学详说。"[①] 正因为如此，所以对读此书的要求也甚高："非尽读孔子《四书》、《五经》，不能贯彻其中心思想；非博考现代英、美、德、法、日、俄政情利弊，亦不知其损益时措之宜。"钱基博先生能做出如此见解，想必是对《中山全书》喜爱有加，读通读透了。至少他读出了他所需要的东西。

作为一个国学家，钱基博最需要从《中山全书》中读出什么呢？很显然，他最需要读出国学教育存在的必要性和合理性。在当时关于读经问题的大讨论中，他充分利用了《中山全书》里"三民主义"的观点。毕竟，由中华民国的缔造者孙中山提出的三民主义是中华民国立国之"主义"，虽然后来的"三民主义"教育思想已经成为"党化教育"思想，沦为了国民党一党专政的工具之一，然而，它依然是中华民国政府办理教育的指导方针。围绕以民族、民权、民生为主旨的教育方针，国民政府制定了实施方针与原则；国民党要员对三民主义教育作了种种论述与诠释，形成了纵贯中华民国后期文化教育的主要思潮。正因为这股思潮的影响，国民政府起草并通过了数百个教育法规，如《小学法》《中学法》《大学规程》《大学组织法》《大学法》《师范学校法》等，试图使学校的发展步入正规化、法制化的轨道，对于政府专制独裁、无知官吏无端干涉教育，有一些约束作用，对于中国教育现代化，不乏启迪作用。也使得钱基博先生在关于读经问题的讨论中能理直气壮地提出以下两个理由：第一，中国复兴教育，是以中国文化为本位；第二，现代中国教育，是在三民主义之下谋复兴。在三民主义教育思潮的笼罩下，国民党当局不得不承认这两个理由的正当性。既然如此，那么孙中山先生在《民族主义》第六讲说："恢复了我们固有的道德、知识和能力，一切国粹之后，还要去学欧美之所长。"也就是说作为一

---

① 参见钱基博：《潜庐读书目录之一 ——〈中山全书〉》，原载《光华期刊》，转自《华中师范大学学报·纪念钱基博先生诞生百周年专辑》（1987 年），第 107 页。钱先生写此文时间尚早，否则以他后来对《毛泽东选集》的评价来看，他很可能会将此书与前三书并列誉为"四大奇书"。

个中国人首先要学习本国的"国学""国粹"。而"国学"古训之"学"字为言"觉"也。"国学",就是国民之自觉,孙中山先生"三民主义",以"民族主义"为先立乎其大本,尤力言:"中国固有的道德,首是忠孝,次是仁爱,其次是信义,其次是和平,这种特别的好道德,便是我们民族的精神。我们以后对于这种精神,不但是要保存,并且要发扬光大。"而这种民族精神往往蕴含于我国古代的优秀典籍之中,需要我们去读去体会。 同时,钱基博先生认为"三民主义最重要之意义,厥为一切合理化,'理'之一字,就是'国学'之中心,一切求合理,是我们中国圣经贤传所阐发特有的精神,三民主义,就是发挥中国圣经贤传所阐发一种合理的精神,民族主义,是合理化人伦道德。'民权主义',是合理化平民政治。'民生主义',是合理化科学经济。"① 至此,钱基博先生基本完成了国学学习和践行三民主义之间关系的链接,也为国学教育的存在与发展找到了最坚实的理论后盾。

### 三、西方新人文主义与实用主义思潮的影响

#### (一)"人文主义"为国学教育之正轨

白璧德与杜威学说皆与中国传统思想与文化有诸多相似之处,并且这种思想间的关联很容易进行比附,这就为钱基博先生充分发挥自身对传统文化了解的优势,最大限度地利用中国文化包容性的特点对这些学说进行理解和诠释提供了空间。

钱基博先生在论述"国学之两主义"时,直接将国学之"义"比附为"人文主义",将国学之"数"比附为"古典主义"。很显然,"人文主义"与"古典主义"都属于"舶来词"。"古典主义"一词钱基博先生学自何处尚无从考证,但是,据钱基博先生将"人文主义"理解为究明"人之所以为人之道",可以推断钱基博先生"人文主义"的概念理应是从白璧德的

---

① 钱基博:《读经问题》,刊于 1935 年 5 月 10 日《教育杂志》第 25 卷第 5 期。

中国弟子的宣传中得来。同一篇文章中在论述"言国学者以何种主义为宜"时，有这样一段话，印证了这种推断，兹摘录如下：

抑吾闻之也：美国哈佛大学文学教授白璧德氏（Irving Babbit）者，尝倡人文教育以申儆一世。其大旨以为："西洋近世物质之学大昌，而人生之道遂昧！科学工商日益盛，而人之所以为人之道愈失！于是熙熙攘攘，唯利是崇！而又激于感情，中于诡辩，群情激扰，人奋其私；是非善恶，无所准绳！而国与国、人与人之间，则常以互相残杀为事！科学发达，人心益不静，而为神明之桎梏哉！此其受病之根，在人之昧于所以为人之道。盖物质与人生，截然两途，各有其律。科学家发明物质之律，非不精能也！然以物质之律，施之人生；则心为形役，玩物丧志！私欲横流，人将相食！盖人生自有其律。今当研究人生之律以治人生。人文教育者，即教人之所以为人之道。"（见《学衡》第三期胡先骕译白璧德《中西人文教育谈》）可谓有慨乎其言之也！[①]

由上可见，钱基博先生对白璧德"人文主义"思想的了解主要来自白氏弟子的译文，这些译文大多发表在当时的《学衡》杂志上。基于这些了解，钱基博先生将"人文主义"思想的精髓确定为"教人所以为人之道"。至此，钱先生找到了"人文主义"与中国传统文化之"义"的链接点。同时也为国学找到了"主义"，正式将"人文主义"定为国学之正轨。他认为：国学者，"人文主义"之教育也；舍"人文主义"之教育，则无所谓"国学"！盖唯"人文主义"足以发吾人之自觉；亦唯"国学"为能备"人文主义"之至德要道。舍"人文主义"而言国学，则是遗其精华而拾其糟粕，祛其神明而袭其貌！另外，从国学之所由起言，钱基博认为："古典"

---

① 钱基博：《今日之国学论》，原刊于1929年1月《国光》第1卷第1期。转自《大家国学·钱基博》，天津人民出版社，2008年版，第20页。

者，"人文"之遗蜕也。春秋以前，我国有政无学，有君卿士大夫而无师儒。周辙既东，官坠其职；于是百官之守，一变而为百家之学。盖"百官之守"者，谨守其"数"；"百官之学"者，宣究其"义"。春秋时期，百家争鸣。然钱基博认为其间可得而名家者，仅儒、道、阴阳、法、名、墨、纵横七家而已。其中独儒、道二家，囊括群流，为一切学术之所自出。且儒、道虽不同学，然而归于人文主义。儒家留意于仁义之际，为"人文主义"，自不待言。观道家之流则是以"古典主义"为途径，而亦以"人文主义"为归宿。孔孟之教作为国学教育的主干既然皆归于"人文主义"，那么国学以人文主义为宜自然是顺理成章的事情。

然而，需要指出的是，钱基博先生将中国传统文化之"义"直接比附为"人文主义"虽有可取之处，然而也有失之偏颇的地方。因为"人文主义"本产生于西方的文化语境中，事实上白璧德先生从未来过中国。中国人包括钱基博先生所接触到的白璧德"人文主义"已经不是美国的白璧德"人文主义"，而是经过"学衡派"阐释的中国化了的白璧德弟子之"人文主义"。《中西人文教育谈》是白璧德先生应"中国留美学生会"之邀进行的专题演讲，可以看作是他关于人文教育观的一个总结性表述。也是他关于中国针对性最强的一种"人文主义"阐释。因为在这篇文章中，除了我们在白璧德其他文章中常见的"教育""文明""领袖"等关键词外，"中国"也成了文章的关键词。显然，白璧德也非常希望这篇文章能在中国引起重视，所以他把自己的这篇演讲稿寄给了自己最得意的中国弟子吴宓，然而遗憾的是吴宓在很长时间内并没有注意到这篇文章的重要性，[①]反而是后来胡先骕在吴宓处看见了该文后表示出了极大的兴趣，并将其按照自己的理解翻译后发表在《学衡》上，成为当时不少中国人理解白璧德人文主义的一个重要窗口。

---

① 对此，张源在《从"人文主义"到"保守主义"〈学衡〉中的白璧德》一文中列出了两个理由：一是白璧德作这场演讲时，吴宓已回国；二是吴宓对"美东中国学生会"及类似学生组织一向报有不以为然的态度。

（二）杜威"实用主义"的影响

杜威对现代中国的影响是巨大的。梁启超在杜威先生启程回国的践行宴讲话中曾将杜威同千余年前来华的印度学者鸠摩罗什相比，认为杜威在中国学术界的饥荒期来中国两年多，时间尚短，不能遽见效验，但前途却很远大。[①] 杜威的高足胡适则认为："自从中国与西洋文化接触以来，没有一个外国学者在中国思想界的影响有杜威先生这样大。我们还可以说，在最近的将来几十年中，也未必有别个西洋学者在中国的影响可以比杜威先生还大的。"[②] 虽然胡适的后半句话确实如他所言有点武断，因为不久之后马克思主义思想席卷整个中国，所产生的影响肯定比杜威大。但是，从这二位的言论中确实可以窥见杜威对当时中国的影响之大。

与白璧德先生从未到过中国不同，杜威先生于民国八年5月1日（1919年5月1日），也就是五四运动前三天抵达上海，之后在中国度过了两年零两个月。在这期间，他带领妻女奔波于中国的大江南北，曾先后在奉天、直隶、山西、山东、江苏、江西、湖北、湖南、浙江、福建、广东十一省作过演讲。《民国日报》《时事新报》《申报》《晨报》《新青年》《新潮》《每周评论》《新教育》《民铎》《学衡》等著名报刊，都对杜威做过长期大量的介绍。其中，对杜威思想宣传介绍最为得力的当属胡适、陈独秀、蒋梦麟、陶行知等人。胡适从杜威的哲学根底出发，侧重宣扬了"教育即是生活"的总体原则，并强调平民教育的民主含义，即要"打破从前的阶级教育"。陈独秀则在区分新旧教育的基础上，具体发挥了教育即生活，特别是教育与实业关系的理论，态度鲜明地批判俄"教育的闭关主义"。蒋梦麟则着重探讨了杜威的道德教育学说，并注重与中国传统庄学与心学相关思想的比较，较为准确地把握了道德的社会功能、自动原则，以及需要与快乐

---

　　① 见《五团体公钱杜威席上之言论》，原载1921年7月1日《晨报》，转自张宝贵编《实用主义之我见——杜威在中国》，江西高校出版社2009年版，第21页。

　　② 见胡适：《杜威先生与中国》，原载《觉悟》，1921年第7卷第13期，转自张宝贵编《实用主义之我见——杜威在中国》，江西高校出版社2009年版，第19页。

的关系。陶行知则在杜威"教育即生活"的原则基础上，结合中国多年的教育实践，提出了"生活即教育"的新主张，并把自己的主张应用于广泛的社会实践中，从而创立了中国教育的新体系。

与这些时代的弄潮儿相比，钱基博先生对杜威思想的反应可以说是"非主流"的。

根据《杜威在中国年表》可知，杜威先生于1920年6月20—26日在无锡。① 此时的杜威来中国已有1年多，先后在上海、杭州、北京、天津、南京等多处做过演讲，报纸上的宣传报道也已全面展开。钱基博先生在论述演讲者与听演讲者之间，基于人格互相契合不期而生一种催眠学上"拉卜"之关系时说："今杜威博士之人格卓越，久为吾人所崇信，则其演说之陷吾人于催眠，固易易尔。"② 可见，在杜威先生来无锡演讲之前，钱基博先生对杜威就有一种基本的人格认同。听完演讲后钱基博先生发出如此感慨："博今听博士之言，最为欣慰者，即足以证明吾思想之不谬是也。惟博士之言，足以证明吾思想之不谬者。云易言之，即吾之思想足以证明博士之言不谬而已。"可见，钱基博先生很重视杜威演讲所言，在听演讲之前很担心自己的思想和杜威的思想是否能够契合。更为确切地说钱基博先生是担心杜威的思想与中国传统文化思想是否能找到契合之处。从某种程度上说，在他的心目中，是否存在这种契合是"谬与不谬"的一个潜在标准。因为在其固有的观念中，中国自身的教育精神是不可取代的。

钱基博先生在《我听杜威博士演讲之讨论》一文中，将杜威在无锡的演讲归为四大主题，三大主旨。四主题，即试验主义；学生自治；学校与社会；近代教育之趋势。三主旨，即试验主义；自动之教育；社会之学校。以上也是杜威在中国宣扬的主要教育思想。然而与胡适、陈独秀等人通过宣扬杜威的这些教育思想与传统文化作切割，从而努力推动新文化运动和

---

① 见张宝贵编《实用主义之我见——杜威在中国》（附录六），江西高校出版社，2009年版，第218页。

② 钱基博：《我听杜威博士演讲之讨论》，刊于《无锡县教育会年刊》，1921年版。

教育改革进一步发展不同，钱基博先生在努力寻找着杜威的这些教育思想与中国传统文化教育思想的某种契合，从而为自己选择的传统文化教育之路寻找支持。

如果说钱基博先生关于"人文主义"与中国传统文化思想的契合之处是通过《学衡》译文的阐发而做出的水到渠成的判断。那么钱基博先生关于杜威思想与中国传统文化思想的契合则是他在亲历讲座后所做出的一种自觉思考。

历史就是如此有趣，白璧德先生毕生与杜威先生理念不合，曾多次在著作中就其"实用主义"学说加以批判，而且其中国弟子梅光迪、吴宓等人也以《学衡》为阵地对杜威的中国学生胡适集中进行了批驳。但钱基博先生却无视这些纷扰，一头扎进中国传统文化的海洋里，努力寻找着"人文主义""实用主义"与中国传统文化思想的内在契合，通过比附，来完成互证，不仅为"人文主义"与"实用主义"在中国寻找存在的合理性，也为自己的教育思想寻找到了更为开阔的发展空间。

## 第二节　现实来源

在那样一个纷繁复杂的年代里，任何人的思想都不可避免地受到现实因素的影响，那么钱基博的教育思想究竟受到哪些因素的影响呢？

### 一、外部刺激：西学东来与旧学窘境

（一）西学东来

在中国，西学观念最初是随明末耶稣会士传入的西方科技而来的。艾儒略撰有《西学凡》一卷，"所述皆其国建学育才之法"。[①] 分六科：文科、理科、医科、法科、教科、道科。显然，艾儒略的所谓"西学"，是包括了

---

① 《四库全书总目》，卷125，杂家类存目二，《西学凡》条。

自然科学与社会科学在内的西方学问，而为中学的对应之词。但其时耶稣会士仅传入天文、算学、水利等自然科学，并未介绍社会科学。时人因之通常称之为"西法"或"西术"。

从文化角度看，鸦片战争是西方资本主义文化对中国封建文化的一次严重挑战。而义和团运动和八国联军侵华之后，西学的先进性为大多数中国人所承认，富强程度成为人们判断文化优劣的主要标准。时人由夜郎自大排斥西学转变为"尊西人若帝天，视西籍如神圣"，这一变化在古书这一学术载体的命运上表现得最具象征性，以前广被收藏的古书被视为"故纸"而弃若敝屣。一位署名南械的江南士人壬寅年（约1902年）到北京发现：庚子"丧乱之后，士大夫若梦初醒，汲汲谈新学、倡学堂，窃喜墨守之习之由是而化也"。但对八国联军注重搜括之古籍，"我国人默然无恤焉。以为是陈年故纸，今而后固不适于用者也。心又悲之"。两三年后其返回南方，则此情形更甚："南中开通早，士多习于舍己从人之便利，日为卤莽浮剽之词，填塞耳目；而欲求一国初以前之书于市肆，几几不可得。比来海上风会所至，乃益灿然。至叩其新体新型之所以回复我精神、发皇我爱国心者何在，往往匿笑不欲言。"[①]鲁迅在辛亥革命前夕的观察印证了这一趋势仍在发展，他因发现"吾乡书肆，几于绝无古书"而慨叹"中国文章，其将陨落"！[②]

其时，充当西学东来桥梁和纽带的主要有两股力量：一是西方的传教士；二是归国的中国留学生。很早的时候，传教士就开始在中国活动，但那时中国的大门还没有打开，他们的活动受到诸多限制。19世纪末，随着国门和心门的逐步打开，传教士在中国的活动越发活跃起来，他们除继续将自然科学带到中国外，也开始格外重视西方社会科学在中国的传播。对他们来讲，最便捷、最高效的做法就是办教会学校，开设西方教学课程。

---

① 南械:《佚丛序》,《政艺通报》,丁末17号,第38张。
② 见鲁迅致许寿裳,1911年1月2日,《鲁迅全集》(11),人民文学出版社,1981年版,第331页。

传教士们在推广西方教育方面做了许多实际工作。他们先后在中国大地上建立起多所教会大学，如圣约翰大学（1894年）、金陵女子大学（1913年）、福建协和大学（1915年）、齐鲁大学（1917年）、燕京大学（1919年）、上海震旦大学（1903年）等。据统计，民国六年（1917年），外国创办的初等学校占中国学校总数的4％，中等学校占11％，高等学校则占80％。[①] 钱基博先生曾任教的圣约翰大学是开办得比较早，影响力比较大的教会大学。这段执教经历使得钱基博先生对于中国师生所受"西化"的影响有了更为直观的认识，也对提高国民的"国性"自觉有了更加紧迫的使命感。据钱基博先生后来回忆：

　　一上课，方才知道学生上国文课，只自管自手里拿一本英文书读；国文老师则在讲台上，摊一本国文，低着头，有声无声的自管自咬文嚼字……乃至点起名来，则正襟危坐着，叫"密斯托某！""密斯托某！"一六十多岁的老孝廉公，也不能例外。不但学生忘记掉自己是中国人，即国文老师，也自己忘其所以。我第一堂点名，不喊"密斯脱"，学生便觉听不惯。"[②]

　　此事对钱基博先生的触动很大，第二堂课，钱基博先生不点名，他开口的第一句话便问"诸位，请问是哪一国的国籍？"见学生们无言以对，他又意气愤昂地指出：

　　诸位！毫无问题是中国人；然而诸位一心读英文，不读国文；各位的心，已不是中国人的心！我听说诸位到圣约翰读书，每年花费须五百多元；我想诸位家里，花了五百元一年，卖掉你们做外国人！我想诸位祖宗有知，在地下要哭！我今天已不是圣约翰雇聘的一个国文教员，而是以中国父老的身份，

---

　　① 佚名：《我们工作的目的》，《教育季报》1917年7月，第9卷第3期。
　　② 钱基博：《自我检讨书》，《天涯》，2003年第1期。

看你们作子弟，挽你们的心，回向中国！我想你们不愿也得愿；因为你们身上有中国人的血！①

　　学生们深受震动，自此圣约翰大学国文学习风气渐趋好转，这也让钱基博先生意识到，中国学生的国民性，终是没有泯灭，只是需要机会去启发。

　　早在洋务运动时期，一批有识之士就已认识到了中西技术上存在的巨大差距，为了更好地"师夷长技以制夷"，从19世纪70年代开始，洋务派派出了多批学生赴西方留学，最著名的是留美幼童和闽厂生徒。有数据表明，1901—1911年间，出国留学人数达到2万余人，仅1906年在日本的留学生即达12000余人。②然而洋务运动的失败，使得清政府认识到了仅仅学习西方的自然科学不足以挽国家于颓败之势，因此，后期派出国的留学生不仅学习西方的自然科学，也学习社会科学。他们中的很多人与胡适一样成为后来新文化运动的主力。当然，因为他们中的很多人自身具有相当程度的中学功底，所以回国后他们主动承担起了反思中国文化、复兴中国传统文化、融合中西文化的历史责任，从而在一定程度上推动了国学和国学教育的发展。与钱基博交好的唐文治、孟宪承、吴宓等皆是其中优秀代表，与他们的交往，在很大程度上扩展了钱基博先生的视野。

　　（二）旧学窘境

　　1. 新文化运动的冲击

　　新文化运动干将的基本理路为：西方的繁荣和富强依靠的是民主与科学，中国之所以历经洋务运动、维新变法、辛亥革命而始终无法走上富强之路，主要是因为中国的传统文化缺乏民主科学精神，故欲救中国必先推广科学民主观念，而欲推广民主与科学必先抛弃中国传统文化，尤其是要

----

① 钱基博:《自我检讨书》,《天涯》,2003年第1期。
② 李喜所:《近代中国的留学生》,人民出版社,1987年版,第127页。

彻底打倒孔学。

事实上，中国人追求民主与科学并非始自民国。早在鸦片战争结束后不久，作为近代中国第一批开眼看世界的先进人物，魏源、徐继畬、梁廷柟、姚莹等人在他们各自的著作中，就曾以赞赏的态度介绍过西方的民主制度。戊戌变法时期，维新派主张"兴民权"，"设议院"，实行君主立宪，不仅着力宣传过西方资产阶级的自由、平等、民权思想，而且也对科学知识、科学方法进行过提倡和介绍。然而民主与科学作为大旗鲜明地树立在华夏大地上，被当作近代新文化的核心观念或基本价值加以追求和崇尚，从而逐渐深入人心，成为促进思想解放、社会变革的有力武器，确切地说，应是从五四新文化运动开始的。这既是历史的必然轨迹，也有着历史的偶然因素。

中山大学哲学系李宗桂教授认为：旧学的主体是儒学，儒学虽然也有趋新的功能，但是，从根本上来说它还是守成的。因为它的基本价值取向是"祖述尧舜，宪章文武"，征圣、崇古、宗经。经权关系，继承是经，变革是权，"权必返于经"！故所有革新的结果总是在传统的基础上进行的。所谓损益，重视的只是局部的调整，而不是后来意义上的革命。[①] 即便如此，历史证明，在一千多年的封建社会内部，儒家思想的种种微调是成功的，能够满足社会变化的需要。但是，到了明代中叶以后，随着生产力的发展，资本主义生产关系开始萌芽，社会转型已经成为必然，儒家思想的局部微调已经完全不能够适应社会发展的需要，日益凸显其窘态。到了五四前夕，传统的儒学在内忧外患的挤压之下，出现了严重的生存危机。所以，五四新文化运动提出打倒旧思想、打倒孔家店也就是历史的必然了。因为孔家店在一定意义上就是传统文化的一个符号。

然而，直接点燃陈独秀、胡适等新文化健将反孔情绪、并将矛头对准

---

① 梁枢主编：《国学访谈 光明日报国学专刊精选》，光明日报出版社，2008 年版，第 20 页。

孔家店，却是袁世凯的倒行逆施，以及随之而来的封建遗老遗少们推动的复古逆流。

1912年9月，袁世凯就任中华民国临时大总统不久，即颁布了一个《整饬伦常令》，提倡封建礼教，号召尊崇伦常。1913年6月，他正式登上大总统宝座后，复发布《尊孔令》，要求各省"根据古义，将祀孔典礼折中至当，详细规定，以表尊崇而垂久远。"次年9月25日，袁世凯又颁《祭孔令》，规定每年旧历中秋上丁，举行祀孔典礼。3天后（1914年9月28日，亦即中秋上丁日），举行了民国以来第一次全国性的大规模的祀孔活动，袁世凯亲自率领文武百官到孔庙行三跪九叩大礼。在此前后，袁世凯还颁发了几道提倡和维护封建纲常名教的告令。袁世凯恢复祀孔、提倡纲常名教的目的，无非是想利用这些封建时代的礼仪制度和伦理纲常来维系人心，消除资产阶级民主共和思想的影响，以便自己在政治上实行专制独裁，并复辟帝制。孙中山当时就一针见血地提出：袁氏"祭天祀孔，议及冕旒，司马之心，路人皆见"。与此同时，封建遗老遗少们也活跃起来。1912年10月，由陈焕章、沈曾植等人出面发起，在上海成立了孔教会，由已转变为保皇派的康有为出任会长，极力主张"发扬国粹，维护国俗，定孔教为国教"。各地的尊孔团体，也纷纷登场，如"洗心社""宗圣会""孔道会"等。

新文化运动旗帜鲜明地反对这股思想逆流，集中火力批判孔子学说。新文化运动中，率先举起"科学"与"民主"大旗的无疑是陈独秀。1915年9月，陈独秀在标志五四新文化运动兴起的《青年杂志》[①]创刊号上发表《敬告青年》一文，向国人疾呼："国人而欲脱蒙昧时代，羞为浅化之民，则急起直追，当以科学与人权并重。"不久，他又生动地将民主与科学称之为"德先生"与"赛先生"，并明确表示，"西洋人因为拥护德、赛两先生，闹了多少事，流了多少血，德、赛两先生才渐渐从黑暗中把他们救出来，

---

① 从第二卷起改称《新青年》。

引到光明世界。我们现在只认定只有这两位先生，可以救治中国政治上道德上学术上思想上一切的黑暗。若因为拥护这两位先生，一切政府的压迫，社会的攻击笑骂，就是断头流血，都不推辞"。① 表明了自己追求科学与民主的决心。陈独秀之所以决心如此之大是因为他认为，辛亥革命之所以功败垂成，主要原因有两个：一是存在"守旧之武人及学者"这样的社会基础；二是广大民众缺乏自觉的民主意识和科学精神。只有启发广大民众的民主科学的"最后之觉悟"，才能从根本上解决社会政治的现代化问题。他的这种认识得到了文化巨匠梁启超的认同，梁认为："革命成功将近十年，希望的件件落空，渐渐有点废然思返。觉得社会文化是整套的，要拿旧心理运用新制度，决计不可能，渐渐要求全人格的觉悟。"②

　　第一个点名批驳孔子的是1916年在《新青年》一卷六号和二卷一号上发表《孔子平议》上、下篇的易白沙。易白沙认为专制君王之所以独尊孔子实"不能不归咎于孔子之自身"：其一，孔子尊君权，漫无限制，易演成独夫专制之弊；其二，孔子讲学不准问难，易演成思想专制之弊；其三，孔子少绝对之主张，易为人所借口；其四，孔子但重做官，不重谋食，易入民贼牢笼。"五四"时代批孔的代表人物，还有被时人称为"只手打孔家店的老英雄"吴虞。他在《家族制度为专制主义之根据论》中，将孔儒伦理学说与君主专制制度和封建家族制度的内在联系揭示出来，予以猛烈批判：详考孔氏之学说，孝为百行之本，故其立教，莫不以孝为起点，所以"教"字从孝。凡人未仕在家，则以事亲为孝；出仕在朝，则以事君为孝。……由事父推之事君事长，皆能忠顺，则既可扬名，又可保持禄位。……孝之范围，无所不包，家族制度之与专制政治，遂胶固而不可以分析。③ 吴虞一针见血地指出，孔儒伦理学说的"孝弟"二字，正是"两

---

① 陈独秀:《〈新青年〉罪案之答辩书》,《独秀文存》,安徽人民出版社,1987年版,第243页。

② 梁启超:《五十年中国进化概论》,见《〈申报〉创刊五十周年纪念文集》。

③ 吴虞:《家族制度为专制主义之根据论》,《新青年》2卷6号。

千年来专制政治与家族制度联结之根干"，"其流毒诚不减于洪水猛兽"。吴虞的结论是："儒教不革命，儒学不转轮，吾国遂无新思想，新学说，何以造新国民？悠悠万事，唯此为大已吁！"[①]当然，对孔教批判最为猛烈的莫过于鲁迅的《狂人日记》：我翻开历史一查，这历史没有年代，歪歪斜斜地每页上都写着"仁义道德"几个字。我横竖睡不着，仔细看了半夜，才从缝里看出字来，满本都写着两个字是"吃人"！[②]一时间，一部分先进的知识分子似乎达成了共识"要拥护德先生和赛先生，便不得不反对孔教、礼法、贞洁、旧伦理、旧政治"。

在这种共识的指导下，复古的声音渐渐湮灭，中国传统文化得到前所未有的唾弃，再也没有人敢公开非难或反对民主与科学。民主与科学开始贯穿于社会的各个方面。平民主义教育运动兴起和发展，"启发式""个性化"教育方法得到提倡和推广；各类报刊如雨后春笋般涌现。

但是，值得注意的是，新文化运动"打倒孔家店"的根本目的，不是要否定孔子个人，而是要彻底批判传统的专制主义意识形态，从而为政治民主和思想民主扫清障碍。正如李大钊表白的那样："余之掊击孔子，非掊击孔子之本身，乃掊击孔子为历代君主所塑造之偶像的权威也；非掊击孔子，乃掊击专制政治之灵魂也。"[③]然而，正是因为这种批判本身带有鲜明的目的性，所以，难免存在偏颇。他们只是运用进化论而非科学的历史唯物论作为理论基点，因此，多表现出强烈的全盘否定文化传统的非历史主义倾向，未能从科学的意义上对孔子孔学进行全面的分析和评价。而是把孔子，孔学与专制主义简单捆绑，进行批判，事实上犯了"倒洗澡水连同孩子一起泼出去"的错误。对此，钱基博先生坚决反对，他在是否应该读经的问题上始终态度坚决。他以"未尝间一岁废《四书》不讲"的实际行

---

① 吴虞：《儒家主张阶级制度之害》，《新青年》3卷4号。
② 鲁迅：《狂人日记》，《新青年》4卷5号。
③ 李大钊：《自然的伦理观与孔子》，《李大钊全集》第1卷，人民出版社2006年版，第247页。

动表明了自己对于读经的重视，并且专门写有《读经问题》一文与当时反对读经的人士进行商榷。

2. "旧学"在教育改革中失势

教育是社会变迁最为敏感的神经，西学东来尤其是新文化运动的冲击，导致在教育领地长期占有绝对统治地位的"旧学"在教育改革中不得不让出越来越多的领地，直到全面的失势。

清代教育制度基本上因袭明制，学校和科举相辅相成。中央的国子监及八旗子弟的官学、各地的府学、州学、县学、小学及大小书院，以及私人设立的私馆和经馆，不是为取得科举资格，就是为科举做准备和补习，学校实际上是科举的附庸。然而，伴随着清政府统治的江河日下，科举制度更加腐化。考试作弊已经习以为常，甚至老师冒充学生下场顶替考试，也已经不足为奇。至于买取贡生、监生、举人等名额的事更是屡见不鲜，并美其名曰捐纳。加之统治者大兴文字狱，提倡义理、考据和词章等无用兼无实的学问，士林风气败坏，旧学已成为强弩之末，旧的教育制度已远不能满足时代的要求了，变更传统教育成为大势所趋。

真正意义上的近代教育，是从洋务运动开始的。在曾国藩、左宗棠、李鸿章、张之洞等有识之士的倡导下，掀起的这场学习西方，自强求富的洋务运动，其中一项重要内容，便是以"中体西用"为指导思想的洋务教育。其中包括西文、西艺和留学等方面的内容。但是从教育发展的角度看，洋务教育虽然引进了一些新的教育内容和形式，突破了传统教育长期以经史禁锢人心的沉重氛围，但是这毕竟只是在科举制度上开了一个小缺口，从全国范围看，"旧学"依然在教育领域占据着主体地位。

之后，戊戌时期的维新运动在更新的意义上突破了传统的教育制度。维新派认为变法迫切需要开民智，所以后来实施的变法内容多涉及教育的革新，如：废八股，改试策论；筹办高、中、小各级学堂，兼习中学和西学；改各级书院为中西学兼修的大小学堂，民间的祠庙一律改为学堂，奖励捐建学堂者；筹办京师大学堂等。这些措施在一定程度上掀起了办学热，当时已出现了私人办学的现象。

如果说洋务运动和维新变法时期的教育改革预示着科举制度已经不能适应社会发展的需要，那么1905年，清政府明谕停科举以广学校，从而废止实行了1300年的科举制度则标志着"旧学"在教育改革中的全面失势。

其实，早在19世纪末20世纪初，对于中国文化潮流的迅猛转折，即使作为旁观者的外国人也已有所察觉，有人注意到：自义和团动乱以来，包括政府官员、知识界、绅士及商人阶级在内的人士，几乎普遍地确认，向西方学习是十分必要的，反对西式教育的人几乎不见了。[①]作为局中人的梁启超，更是对庚子前后"世风"变化之剧烈表示惊讶：丁戊之间，举国慕西学若膻；已庚之间，举国避西学若厉；今则厉又为膻矣！[②]

科举取士与学校教育的彻底脱钩满足了当时的中国人对西学的渴求和欢迎，统治阶级的转变使得文化争论的中心迅速从应不应该接受西学转移到是不是应该"全盘西化"，"国粹"还应不应该保存等问题上来。当时普遍的现象是旧学日益遭人唾弃，传统典籍的地位江河日下，"六经且视同刍狗，凡事之近于古者，必欲屏绝之以为快"。[③]而西学被普遍接受为救国之策，因此广受追捧，"趋时之士或走四方以求师，争购西书唯恐不及"。[④]

西学对中学的全面胜利正是以"旧学"在教育领域的全面失势为标志的。

首先，是旧学在宫廷教育中的失势。封建的宫廷可以说是封建文化最为核心、最为坚固的堡垒。然而，堡垒最容易从内部攻破。光绪三十年（1904年），慈禧竟命人在京师南海创办了一所女学，并亲自赐名"毓坤会"，令在京的王公贝勒之福晋、格格、三品以上京官之命妇、女儿，均报

① 《海关十年报告之三（1902—1911）》，徐雪筠等编译：《上海近代社会经济发展概况——海关十年报告译编》，上海社会科学院出版社1985年版，第164页。
② 梁启超：《新民说》，《饮冰室合集·专集之四》，中华书局，1989年版，第48页。
③ 贺涛：《题陈少室先生印存》，徐世昌编：《贺先生文集》卷三，民国三年刊本。
④ 贺涛：《复吴辟疆书》，徐世昌编：《贺先生文集》卷三。

名入学，学习东西洋文字。①不少王公、贝子、贝勒聘请了教习，在自己家中教授格格学习西语。②慈禧还请人入宫给她讲述西洋史。作为封建文化另一代表的翰林院，本是研究经史的专职机构，这一时期也发生了变化，直接参与了引进西学的工作。1902 年，翰林院成立了编书处，汇集历年已译的东西各国书籍，编辑《钦定各国政艺通考》，至 1909 年时已编成 775 卷，其中包括农学、化学、法律、官制、地理、学校、兵政、财政、各国历史等。并在此基础上成立讲习馆，为翰林诸臣研究西国政学之所。③其次，皇宫大门和翰林院对西学的相继敞开，使得西学在神州大地上的传播更加畅行无阻。有数据表明，1901—1911 年间，全国创办新式学校达到了近代以来的最高潮。至 1912 年，全国各类新式学堂总数达到 87272 所，在校学生 293 万余人。④从引进的学科门类看，已经不仅局限于刚开始的自然科学、军事学、政治学、社会学等门类，而且逐步扩展到哲学、经济学、法学、逻辑学、教育学、文学、历史学、伦理学、心理学、美学等，学科门类逐步趋于完整。至此，"西学"以新式教育为载体在中国大地上取得了全面胜利，"旧学"的显赫地位则随着科举制度的废除而成为了历史的记忆。这也使得钱基博这样的主要受旧学熏陶，对传统文化非常热爱的知识分子开始积极在新式教育中寻找能够"安置"传统文化的位置和方法。

## 二、内在要求："臣民"向"国民"的转换

中华民族多元一体的格局事实上早就存在，但是因为相对封闭的地理环境和相对稳定的经济形态使得长期以来以"夷夏"之辨为核心的种族观念始终未能发展成内涵更为丰富的民族观。然而，自鸦片战争以来，西方

① 金梁：《四朝佚闻》下卷，民国二十五年（1936）铅印本，第 25 页。
② 佚名：《各省教育汇志·京师》，《东方杂志》第 2 年 1 期，1905 年 2 月。
③ 《钦定各国政艺通考》，刘锦藻撰：《清朝续文献通考》（三），浙江古籍出版社 1988 年影印本，第 10093 页。
④ 王苗：《清末近代学堂和学生数量》，《史学月刊》，1986 年第 2 期。

列强对中国的侵略和凌辱与日俱增，尤其是甲午战败的奇耻大辱和随之而来的列强瓜分狂潮，刺激着中国人脆弱而敏感的神经。在钱基博的笔记体小说《技击余闻补》中多次提到甲午海战对中国民众的影响。在《嘉定老人》中，钱基博借老人之口表达了普通百姓对这场战争的看法："汝吾敌也，吾国将士死于辽阳之役者不知几何，吾今授子以武术，子或尽吾技以授子国人，而反刃于我国，子之计则得矣，而吾何以对国人哉？吾不忍也！"这充分说明当时中国与外国的矛盾已被每个民众所感知。人们逐步意识到，目前，摆在面前的危机，绝非满汉、夷夏哪一个种族的危机，而是全中国的危机，中国人的民族自我认同感和民族一体意识开始逐步清晰和强烈。而德国、法国、意大利等先后在民族主义的指引下走上独立、民主的道路，也使得中国人民强烈地意识到要挽救民族危亡，必须全民动员，而动员全民的凝聚力就是民族主义精神。梁启超明确指出："今日欧洲之世界，一草一石，何莫非食民族主义之赐？读十九世纪史，而知发明此思想者功不在禹下矣。"① 因此，有人呼吁："今日者，民族主义发达之时代也，而中国当其冲，故今日而不再以民族主义提倡于吾中国，则吾中国乃真亡矣。"② 可见当时人们对民族主义的重视。

随着人们从"种族"观念到"民族"观念的跨越，中国人的身份认同也逐步实现了从"臣民"到"国民"的转化。满汉矛盾是统治"族"与被统治"族"的矛盾，是"君"与"臣"的矛盾。而到了20世纪初，随着中国大门彻底被迫敞开，西方列强诸国纷纷来中国抢占势力范围，这也在一定程度上激活了中国人"国"的意识。建立民族国家成为民族主义的直接目标导向。人们开始认识到"民族之所以生，生于心理上道德与感情之集

① 梁启超:《国家思想变迁异同论》,《饮冰室合集·文集之六》,中华书局,1989年版,第19—20页。
② 余一:《民族主义论·绪言》,《浙江潮》第1期,1903年2月。

合；因道德与感情之集合，而兴起政治组织之倾向"。① "道德与感情之集合"是民族自我认同和内在凝聚力的保证，而"兴起政治组织之倾向"是由民族认同而导向的对国家的认同。中国自古就有"兄弟阋于墙，外御其侮"的传统。（《诗经·小雅·常棣》）在时局危艰之时，满、汉的知识分子都自觉地提倡要超越以血统为本位的种族主义，这实际上是一种"小民族主义"，从而建立以民族融合为特征以国家观念为本位的"大民族主义"，也就是后来为各族人民所认同的"中华民族"，当时很多人也称之为"中国民族"。一位满族御史曾在其奏折中说："时至今日，竞言合群保种矣，中国之利害满与汉共焉者也。夫同舟共济，吴越尚且一家，况满汉共戴一君，共为此国民，衣服同制……"这里值得注意的是，此御史用到的是"共为此国民"，而非惯常所说的"共为此臣民"，这明显是为了淡化国内种族之间的统治权之争，而重点强调中外矛盾。至于合小民族为大民族的主张，梁启超所论最为清楚："吾中国言民族者，当于小民族主义之外，更提倡大民族主义。小民族主义者何？汉族对于国内他族是也；大民族主义者何？合国内本部、属部之诸族，以对于国外之诸族是也。……自今以往，中国而亡则已，中国而不亡，则此后对于世界者，势不得不取帝国政略，合汉、合满、合蒙、合回、合苗、合藏，组成一大民族，提全球三分有一之人类，以高掌远跖于五大陆之上，此有志之士所同心醉也。"② 面对外国列强对中国主权的侵犯，更多的人站起来说："中国者，中国人之中国，非外国人说得而干涉也。具此精神，具此气魄，用文明排外之手段，则中国庶几为中国人之中国乎！"③ "今日欲回吾民族之厄运，非以中国为中国人之中国不

---

① 《民族主义之教育》，张枬、王忍之编：《辛亥革命前十年间时论选集》（一）上，生活·读书·新知三联书店，1977 年版，第 405 页。

② 梁启超：《政治学大家伯伦知理之学说》，《饮冰室合集·文集之十三》，中华书局，1989 年版，第 75—76 页。

③ 《论中国之前途及国民应尽之责任》，张枬、王忍之编：《辛亥革命前十年间时论选集》（一）上，生活·读书·新知三联书店，1977 年版，第 466 页。

可，非以中国主权为支那人种全体之主权不可。"①"中国者，中国人之中国也，惟中国人能有中国，他人不能有也，他人而欲有之，吾中国人当竭力反抗，至死不变也。"②随着这类大民族主义言论在报刊、时人论著上的频频出现，中国人的民族意识被完全唤醒，"中国民族""中华民族"的概念逐渐深入人心，被全体中国人所认同。

民族主义建立独立、民主的"民族国家"的价值取向和当时中国半殖民地半封建社会的社会性质决定了，民族主义精神必然会外化为爱国主义。有人明确指出民族主义"乃为爱国心之源泉"。③在民族主义精神指引下的爱国、救国运动成为近代中国文化运动的历史主题。至此，中国人传统观念下的"家""国"同构的朝廷观念逐步被淡化，主权意义上的现代国家观念逐步清晰起来。"国家主权""国家利益"成为人们关注的对象，"爱国"取代"忠君"成为人们的最高道德标准和教育、军事、政治等一切活动的中心目标。人们的"臣民"意识渐趋淡化，"国民"观念逐步深化，"国民之资格"成为人们自觉的修炼。"权利""责任""自由""独立"等成为人们热议的话题。这些都为后来辛亥革命彻底推翻几千年的封建统治打下了良好的思想基础。也为邓实等人将中学分为"以人君之是非为是非"的"君学"和以经世致用为核心的"国学"区分开来提供了观念基础，为使"国学"从封建腐朽的躯壳中解脱，重新得以阐发做了有效的铺垫。

中国人由"臣民"到"国民"的改变实现了国人作为个体在地位上的本质的飞跃，而与之相适应的必然是国民教育的跟进。人们逐步认识到国家的盛衰强弱归根结底与国民素质的优劣密切相关，要实现民族的复兴、国家的富强就必须造就高素质的达到近代文化自觉的新型国民。而实现这一目标，教育是唯一的途径。所以"教育救国"一时成为时代的最强音。

---

① 《列强在支那之铁道政策译后》，张枬、王忍之编：《辛亥革命前十年间时论选集》（一）上，生活·读书·新知三联书店，1977年版，第379页。
② 高自立：《中国灭亡之大问题》，《童子世界》第31号，1903年5月。
③ 飞生：《国魂篇·国魂之定义》，《浙江潮》第1期，1903年2月。

而教育救国的首要任务就是要"觉民""启民智"。所谓"夫积民而成国，断无昏昏沉醉之民，而能立国于竞争之世。欧美之所以雄长地球者，人人有觉民之责任，若士、若农、若工、若商，皆有主人翁之资格。……吾侪堂堂男儿，觉民之责任不容放弃。……欲扫数千年蛮风，不可不觉民！欲刺激国民之神经，使知合群爱国之理，不可不觉民！欲登我国于乐土，不可不觉民！欲为将来实行地方自治之制，不可不觉民！欲破大一统之幻想，不可不觉民！欲尊人格，以尊全国，不可不觉民"！[1] 然而，当时中国人民的知识水平实在让人堪忧。据清政府统计，当时全国民众识字者远不足 1%。[2] 在所谓"乱拳"的当年，梁启超也曾对中国人普遍"愚昧"的现状作了描述，认为在四万万中国人中，"略知中国古今之事故者"不到 10 万人，其中"知有地球五大洲之事故者"不满 5 千人，"能知政学之原本，考人群之条理，而求所以富强吾国，进化吾种之道者，殆不满百数十人也。"[3] 中国民众知识水平的全面贫乏，决定了这场旨在"觉民"的文化启蒙运动必须是多层次、立体全面的。这就要求无数像钱基博这样的有饱满的爱国热情、扎实的知识功底和高尚的道德情操的中国知识分子投身教育事业，为中国文化的复兴"培养读书的种子"。

## 三、现实呼唤：国学教育在民族主义思潮中发展

"国学"一词最早的含义是指国家一级的贵族学校。西周时期的学校分为"国学"和"乡学"两种，设在周王朝都城和诸侯国都城的学校为国学，是大贵族子弟的学校；各地所设的乡学也是一般贵族子弟的学校。后来

---

[1] 《觉民发刊词》，高旭等编：《觉民月刊整理重排本》，高旭等编《〈觉民〉月刊整理重排本》，社会科学文献出版社，1996 年版，第 7—8 页。

[2] 依据是光绪三十三年宪政编查馆的《逐年筹备事宜清单》谓：至宪政筹备第七年（即所谓光绪四十年，1914 年）争取"人民识字义者，须得百分之一"。参见故宫博物院明清档案部编《清末筹备立宪档案史料》上册，第 66 页。

[3] 梁启超：《中国积弱溯源论》，《饮冰室合集·文集之五》，中华书局，1989 年版，第 21 页。

"国学"泛指"京师官学",主要是"太学和国子学"。

晚清以来,"国学"被赋予了新的意义。对于近代"国学"概念的形成时间,桑兵教授曾进行了专门的分析,[①] 他认为近代最早使用"国学"一词者有三:一是,1902 年秋梁启超在日本谋创《国学报》,此事虽然议而未成,但是却让梁启超成为"国学"概念的始作俑者,也让"国学"一词平添了几分东洋背景。曹聚仁就认为近代意义的国学一词,19 世纪末 20 世纪传自日本。[②] 二是,1902 年吴汝纶赴日本考察教育,曾担任《时务报》东文翻译、出版过号称世界上最早的《支那文学史》的古城贞吉明确劝其"勿废经史百家之学,欧西诸学堂必以国学为中坚"。三是,传闻 1900 年王均卿、沈知方、刘师培、宋雪琴等人在上海创立国学扶轮社。[③] 由此可见,虽然目前还无法确定"国学"一词最早使用的确切时间,但是可知在 20 世纪初期近代意义上的"国学"已经开始较普遍地使用。值得注意的是,虽然"国学"一词在一定范围内已被人们所普遍使用,然而,其具体意义却并不明确,"对一般人而言,国粹、国学、国故这几个名词在清季民初二三十年间大致为许多人互换使用(清季时一度流行的'国魂'意思也相近)"。[④] 然而,笔者认为可以确定的是"国学""国故""国粹""国魂"这些词本身都带有民族主义色彩,是在民主主义思潮的大背景下酝酿而成的。这些词的产生、传播和被替代本身就见证了国人从自昧到自卑再到自醒最后到自强的历史过程。

其一,近代西方军事侵略与文化侵略相伴随的本质,决定了中国政治民族主义与文化民族主义情绪的合流。

鸦片战争后,西学东来,固然为中国的近代化提供了新鲜的血液,然

---

① 桑兵:《晚清民国的国学研究》,上海古籍出版社,2001 年版,第 2 页。
② 曹聚仁:《中国学术思想史随笔》,生活·读书·新知三联书店,1986 年版,第 3 页。
③ 此事,桑兵教授认为时间上尚有可疑,依据是,国学扶轮社的出版活动,可查证的多在 1905 年以后。
④ 罗志田:《国家与学术:清季民初关于"国学"的思想论争》序语,生活·读书·新知三联书店,2003 年版,第 5 页。

而，这并不能掩盖西方殖民主义者借文化手段以达到政治军事侵略目的的客观事实。其实，当年的西方侵略者对此并不讳言，甚至津津乐道，自鸣得意。1897 年 3 月英国陆军大臣就公开就说："军事之兴与文化实有相维之益者……无论何处，但悬有我国之国旗者，我必设法教化，导之以规矩，示之以公道，此即文化之本也……一言以蔽之曰：因战而扩充边界，得新属地，实皆传教及为之法律、文化之力有以维持而罗致之也。每谓吾之商务若随吾旗之所至而兴，殊不知吾之教会文化，盖多好处，足以挈吾之旗及商务同趋而并进……吾之陆军确因文化而生色，信可称矣。"①他们的这种"醉翁之意不在酒"也早被我国的有识之士所察觉，邓实就注意到，"海通以来，形势遂异。扬骊挝鼓来者，拉丁、条顿、斯拉夫聪强之人种，而非犹夫前日契丹、女真、蒙古犬羊之贱种矣。其性冒险，其气魄雄厚，其希望伟，其谋虑深。其亡人国也，必先灭其语言、灭其文学，以次灭其种姓，务使其种如堕九渊，永永沉沦。故昔中国之受侮于外族也，其祸仅于变易朝庙、更改玉步而止，不数十年而光复矣。今之受侮于外族也，其祸必至于种族灭绝、神灵消丧，越千万年而未能苏。是故其传教也、其敷设铁路也、其开凿矿山也，夺吾利权、吸吾膏血，无一而非灭种之具。"而其"亡人之国，必先灭其学；埋人之种、覆人之宗、去人之人伦，必先灭其学"。②虽然，邓实将拉丁、条顿、斯拉夫视为聪强之人种，而将契丹、女真、蒙古当作"犬羊之贱种"，有失偏颇。但是，他能很早就看出"变易朝庙"与"种族灭绝"这两种完全不同的危机类型，也可谓是具有远见卓识的。而另一位国粹派代表人物黄节也从英俄等国灭印度裂波兰中察觉出某些端倪，"皆先变乱其言语文学，而后其种族乃凌迟衰微。"他认为"立乎地寰而名一国，则必有其立国之精神焉；虽震撼挼杂，而不可以灭之也。

---

①　［美］兰比尔·沃拉：《中国：前现代化的阵痛——1800 至今的历史回顾》，辽宁人民出版社，1989 年版，第 185 页。

②　邓实：《国学保存论》，《政艺通报》甲辰 3 号，第 6 张。

灭之则必灭其种族而后可，灭其种族，则必灭其国学而后可。"①

由此可见，此时先进的中国人不仅感受到了民族危机，而且还看到了民族危机与文化危机的一致性，相信文化危机是更本质更深刻的民族危机。他们认为一个国家之所以能自立于世界民族之林，不仅在于武力，更重要的还有赖于自立的民族"元气"，这就是各国固有的"文化"。而正如罗志田教授分析的那样：近代中西学术文化的碰撞与竞争是与中外"国家"本身的冲突与竞争紧密相连的，西潮进入中国实际采取了入侵的方式，其中武力的作用尤大，而西人试图从思想观念到社会生活全面改变中国的愿望和努力也彰明较著，故无论西学给中国带来多少可借鉴的思想资源，其以入侵方式进入中国及其明确欲"以西变中"这两点在很大程度上又阻碍着中国士人坦然接受这些新来的思想资源。② 换句话说，作为对西方政治与文化侵略的双重回应，近代中国的政治民主主义与文化民族主义同时并兴，是历史的必然选择。

其二，国学被看作是激发爱国主义情绪的源泉。

在西方列强用鸦片和大炮轰开中国国门之前，中国的士大夫普遍夜郎自大，用利玛窦的话说："因为不知道地球的大小而又夜郎自大，所以中国人认为所有各国之中只有中国值得称羡。就国家的伟大、政治制度和学术的名气而论，他们不仅把别的民族都看成是野蛮人，而且看成是没有理性的动物。在他们看来，世界上没有其他地方的国王、朝代或者文明是值得夸耀的；这种无知使他们越发骄傲，一旦真相大白，他们就越发自卑。"③ 这种自卑使得他们极容易简单地将支撑统治大厦几千年的"中学"等同于"落后"，而将"西学"等同于"先进"。

此时的中国知识分子不得不面临这样的心理冲突，一方面他们"睹神

① 黄节：《国粹学报序》，《国粹学报》第 1 年（1905 年）第 1 期。
② 罗志田：《国家与学术：清季民初关于"国学"的思想论争》，生活·读书·新知三联书店，2003 年版，第 59 页。
③ ［意］利玛窦：《利玛窦中国札记》，中华书局，1983 年版，第 181 页。

州之不振，悲中夏之沦亡，则疾首痛心于数千年之古学，以为学之无用而至于此也。"① 另一方面人们在批判传统的同时，又不能不强调传统，以维护民族的文化认同。正如梁启超所说："欲实行民族主义于中国，舍新民未由"，但是新民不能尽脱传统，因为固有的文化传统是"实民族主义之根柢源泉也。"② 邓实的"君学"与"国学"之辨在一定程度上解决了这一冲突。早在 1897 年，梁启超就提出"有君史，有国史，有民史。民史之著，盛于西国，而中土几绝"。③ 邓实受梁启超的影响，认为中国两千年来只是君有学而民无学。"古史"的六经，"所纪皆人主之事；其书全体，则以君为纲，以臣为目而于民十不及一二"。④ 可以说"吾神州之学术，自秦汉以来，一君学之天下而已"。于是，邓实根据"知国家与朝廷之分"这一近人"政治之界说"提出一种"别乎君学而言"的"国学"概念，⑤ 邓实给"国学"下定义说："国学者何？一国所自有之学也。有地而人生其上，因以成国焉。有其国者有其学。学也者，学其一国之学以为国用，而自治其一国者也。"中国之国学内容包括经学、史学、子学、理学、掌故学、文学。故"国学者，与有国以俱来，本乎地理、根之民性而不可须臾离也。君子生是国则通是学，知爱其国无不知爱其学"。⑥ 国学与君学的一个重要区别就在于它们所代表的利益中心不一样。国学不仅有"族性"之特征，更有"政治之界说"，它是与君主专制相对立的，是以国家、民族、国民利益为中心的新文化。

与"君学"相区别的"国学"脱离了与"封建专制"的捆绑，而更多地披上了民族主义色彩，所有不是"皆君学之无用有以致之，而国学不认

① 邓实：《国学无用辨》，《国粹学报》第 3 年（1907 年）第 5 期。
② 李华兴、吴嘉勋编：《梁启超选集》，上海人民出版社 1984 年版，第 211 页。
③ 梁启超：《续译列国岁计政要叙》，《饮冰室合集·文集之二》，中华书局，1989 年版，59 页。
④ 邓实：《鸡鸣风雨楼民书·总论》，《政艺通报》甲辰 5 号，第 8 张。
⑤ 邓实：《国学真论》，《国粹学报》第 3 年（1907 年）第 2 期。
⑥ 邓实：《国学讲习记》，《国粹学报》，第 2 年（1906 年）第 7 期。

咎焉"。① 因此国学很快成为形成民族精神或陶铸国魂以高扬爱国主义的源泉。不少读书人像章士钊一样认为"国学之不知,未有可与言爱国"。②1905年,革命党人邓实、黄节诸人在上海成立国学保存会,发行《国粹学报》,提倡研究国学,保存国粹,并提出了"保种、爱国、存学"的口号,大声疾呼国人不仅当奋起反抗外来侵略,且当知"爱国以学",③复兴中国文化。国学保存会的精神领袖章太炎也极力主张"用国粹激动种姓,增进爱国的热肠"。④ 正是在这种背景下,梁启超、章太炎、陈寅恪、陈垣、钱基博等一大批满怀爱国情怀和历史使命感的中国知识分子,投入到国学研究和国学教育中去,"爱国以学""教育救国",从而掀起了近代中国历史上第一次"国学热",国学教育在沉默了一段时间后重新进入了一个小高潮。

其三,居安思危,做好亡国而存学以图复兴的准备。

近代以来,随着列强的步步紧逼,务实的中国人逐步认识到作为国家"外层"的政治、经济、军事,清政府已经无法与西方抗衡。而作为国家"内层"的文化也岌岌可危。政治、经济、军事上的失败固然可怕,但更为可怕的是文化上的彻底颠覆。一旦文化泯灭,面临的不仅是亡国,还是亡种。所以文化救亡才是民族救亡的根本,国粹派因此提出"保种、爱国、存学"的口号,"爱国以学,读书保国"成为知识分子新的精神追求。以求"以谓国不幸衰亡,学术不绝,民犹有所观感,庶几收硕果之效,有复阳之望"。⑤

国学与国家的命运在新的历史环境下被赋予新的意义后重新联系在一起。邓实提出"汉学宋学皆有其真,得其真而用之,皆可救今日之中国。

---

① 邓实:《国学无用辨》,《国粹学报》,第 3 年(1907 年)第 5 期。
② 章士钊:《国学讲习会序》(1906 年),《章士钊全集》(1),文艺出版社,2000 年版,179 页。
③ 邓实:《国学保存会小集叙》,《国粹学报》,第 1 年(1905 年)第 1 期。
④ 章太炎:《东京留学生欢迎会演说辞》,汤志均编:《章太炎政论选集》上册,中华书局,1977 年版,272 页。
⑤ 黄侃:《太炎先生行事记》,汤志均编:《章太炎年谱长编》,中华书局,1979 年版,第 295 页。

夫汉学解释理欲，则发明公理；掇拾遗经，则保存国学。公理明则压制之祸免，而民权日伸；国学存则爱国之心有以依属，而神州或可再造。宋学严彝夏内外之防，则有民族之思想；大死节复仇之义，则有尚武之风。民族主义立，尚武之风行，则中国或可不忘；虽亡而民心未死，终有复兴之日"。[1]许守微也为"国学"辩护，认为"是故国有学，则虽亡而复兴；国无学，则一亡而永亡。何者？盖国有学则国亡而学不亡，学不亡则国犹可再造；国无学则国亡而学亡，学亡而国之亡遂终古矣"。[2]二人皆言及亡国之后的"再造"，隐约可见陈亮、王夫之关于道高于治、若治统中绝儒者犹可"以人存道，以待将来"的传统观念的遗风。[3]欧美列强"灭人家国也，则并取其语言文字而灭之，使汩焉无复有所维系，神离其舍而徒躯壳，乃惟我所欲"。盖"文者，治学之器也。无其器则工不治。是故学之将丧，文必先之"。[4]"学也者，政教礼俗之所出也。学亡则一国之政教礼俗均亡，政教礼俗均亡，则邦国不能独峙。"所以"学亡之国，其国必亡。欲谋保国，必先保学。昔西欧肇迹，兆于古学复兴之年；日本振兴，基于国粹保全之论。前辙非遥，彰彰可睹"。[5]

由此可见，此时的"国学"不再和君王命运联系在一起，而是和国家、国魂、国民，准确地说和民性之自觉捆绑在了一起。诚如许之衡所说："夫国学即国魂所在，保存国学诚为最重要之事矣。"[6]"国学"存则国魂存，国民之自觉存，则中国文化之复兴有望，种不灭，则国可东山再起。这是近代中国知识分子在民族危难关头做的最坏打算，这显示了他们政治上的悲观，但同时也隐藏了对中国文化的自信。

其四，欧战后，国人的民族自信心增强，融合中西，助益世界成为国

---

① 邓实：《国学今论》，《国粹学报》，第 1 年（约 1905 年）第 5 期。

② 许守微：《论国粹无阻于欧化》，《国粹学报》，第 1 年第 7 期。

③ 罗志田：《民族主义与近代中国思想》，台北东大图书公司，1998 年版，61—91 页。

④ 南械：《佚丛序》，《政艺通报》丁未 17 号，38 张。

⑤ 佚名：《拟设国粹学堂启》，《国粹学报》，第 3 年（1907 年）第 1 期。

⑥ 许之衡：《读〈国粹学报〉感言》，《国粹学报》，第 1 年（1905 年）第 6 期。

人新的追求。

一战不仅导致政治格局的变动，也引发了中西文化思潮的变迁。大战后欧洲的满目疮痍，使得许多人对前途陷于悲观、混乱和迷茫中。西方学者也开始反思"西方中心"论。在这种反思中，最为深刻也最具有勇气的见解是斯宾格勒在其《西方的没落》中明确反对"西方中心"论，认为世界是多元发展的，并明确指出西方的"浮士德文化"正在走向死亡。他的这一思想在中西方社会引起了极大的反响，对自己的文化丧失信心、痛定思痛的西方人开始对自己以前所漠视的遥远的东方文化产生了探索的欲望。蔡元培曾谈到欧战后中国学者到欧美去，"总有人向他表示愿意知道中国文化的诚意。因为西洋人对于他们自己的文化，渐渐有点不足的感想，所以愿意研究东方文化，做个参考品"。① 此外，剑桥大学等一些西方的著名学府的入学考试，甚至开始增加包括中国古代典籍在内的东方文化的内容。战后的欧洲甚至出现了"崇拜亚洲之狂热"，孔子、老子被许多人奉为宗师，其中仅《道德经》的译本在战后的德国就出版了8种。此外，研究中国学术的各种团体也在世界各地建立起来。一位西方学者说"东方文化在欧洲之势力及影响早已超出少数消遣文人及专门古董家之范围，而及于大多数之人，凡今世精神激扰不宁之人皆在其列"。② 对于西方人的这种变化，从后来先后访华的罗素、杜威、杜里舒等人访华期间反思西方文化、赞扬中国文化的诚意中也能一窥究竟。事实也证明，西方确实付出了巨大的热情来研究汉学，并取得了令人瞩目的成绩，以至于后来中国的学者不得不立志从海外抢夺回汉学研究的高地。

一战如果说使西方人克服了自大而向东看，那么则使中国人克服了自卑而向内看。当然，向来有"自立立人"传统的中国人不会满足于向内看，随着国人文化自信心的增强，在保存国粹的基础上，融合西方文化，发展

① 蔡元培：《五十年来中国之哲学》，见《最近之五十年》，载《申报》五十年纪念专刊，1922年。

② 佚名：《孔子老子学说对德国青年之影响》，载《学衡》第54期。

民族新文化成为新的时代课题。

对于一战，国人的反应是比较强烈的，其中较为有影响力的是杜亚泉、梁启超和梁漱溟。《东方杂志》的主编杜亚泉反应比较迅速，在欧战初期，就发表了《大战争与中国》《大战争之所感》等文章，认为欧战暴露了西方文化的弊端，必能激起中国人的"爱国心"和"自觉心"。之后，梁启超等借巴黎和会之机，遍访欧洲诸国，在旅欧途中感受颇深，尤其是与美国记者赛蒙氏的对话，让梁启超的认识发生了很大的变化。当时，赛蒙氏问梁启超："汝回国将何以？岂欲携西洋之所谓科学文明以归饷遗国人耶？"启超曰："然！"赛蒙太息言曰："汝毋然！西洋竞富强。中国尚仁义。富强者，刻学之所致也。仁义者，经典之所遗也。然而争民施夺，末日将至；西洋文明则破产矣。噫，甚矣惫！"启超愕曰："然则公将何以？"赛蒙曰："我归杜门不事事，静俟公之输中国文明以相救拔尔。"启超为之怃然。①梁启超回国后立刻写成了《欧游心影录》一书，书中以他特有的富有感召力的笔触，为国人描述了战后欧洲的哀鸿遍野，并援引赛蒙的话说："西洋文明已经破产，正眼巴巴地乞望东方文明伸出搭救之手呢！"梁启超进而指导人们先立"一个尊重爱护本国文化的诚意"，然后"把自己的文化综合起来，还拿别人的补助他，叫他起一种化合作用，成了一个新文化系统"，进而"把这个新系统往外扩充，叫人类全体都得着他的好处"。也就是说中国文化需要放弃悲观，走出新境，助益西方。如果说杜亚泉和梁启超只是随感而发，那么，1920 年梁漱溟的《东西文化及其哲学》则是一种系统的论证。他提出了著名的关于世界文化发展的"三种路向"说②，而且断言当时的世界文化正折入第二路向，即趋向于中国化。

---

① 钱基博：《现代中国文学史》，中国人民大学出版社，2004 年版，第 357 页。

② 梁漱溟所谓三种路向的文化分别指的是西方、中国和印度文化，他认为这三种文化是互相独立和截然异质的，并且还有高下次第之分。他认为人类会按照西方、中国和印度文化的顺序而次第发展，首先靠西方文化来解决人和外界的关系，然后靠儒家文化来解决人和人之间的关系，最后靠佛家文化来解决人和未来之间的关系。

中国人能从自卑的阴影中迅速走出来，并立志助益曾使自己自卑的西方文化，再一次说明的中国文化内在的包容性和中国人民的分享精神。正如梁启超所说："生理学之公理，两异性相合者，其所得结果必加良，此例殆推诸各种事物而皆同者也。……大地今日只有两文明，一泰西文明，欧美是也；二泰东文明，中华是也。二十世纪，则两文明结婚之时代。吾欲我同胞张灯置酒，迓轮俟门，三揖三让，以行亲迎之大典。彼西方美人，必能为我家育宁馨儿以亢我宗也。"①

民族主义思潮的流行拓展了国学教育发展的空间，增加了国学教育在整个教育体系的发言权，增强了钱基博致力于国学教育，弘扬中国传统文化的荣誉感和自信心。

---

① 梁启超：《论中国学术思想变迁之大势》，《饮冰室合集·文集之七》，中华书局，1989年版，第4页。

# 第三章　钱基博教育思想的主要实践

钱基博先生是教育的实干家，自1913年弃军从教以来，便心无旁骛，始终耕耘在教育的第一线。他的教育实践不仅时间长，而且层次丰富。具体表现在：按阶段分，先生执教过小学、中学、大学；按性质分，先生执教过国立大学、私立大学、教会大学；按类型分，先生执教过女子学校和师范院校。其中，在江苏省立第三师范学校、光华大学（后兼课无锡国学专修学校）、蓝田国立师范学院、华中大学这几所学校的执教时间就达36年，占到了整个教学生涯的9/11，故以下主要选取这几所学校为代表展现钱基博的教育实践情况。

表 3.1　钱基博教育实践年表

| 年份 | 学校 | 职务 |
|------|------|------|
| 1906 | 薛南溟家 | 家庭教师 |
| 1910 | 无锡竞志女学 | 国文教员 |
| 1913 | 无锡县立第一高等小学 | 国文、历史、理科教员 |
| 1915 | 吴江县丽则女子中学（今上海市丽则女子中学） | 国文教员 |
| 1917—1923 年暑假 | 江苏省立第三师范学校 | 国文教员兼读经<br>后又兼任教务主任 |
| 1923 年 9 月—1925 年 6 月 | 上海圣约翰大学（大学教学生涯的开始） | 国文系教授 |

| 年份 | 学校 | 职务 |
|---|---|---|
| 1925年9月—1926年暑假 | 清华大学 | 新制大学普通部国文系教授 |
| 1926年秋—1937年夏 | 私立光华大学（后兼课无锡国学专修学校） | 国文系教授 |
| 1937年夏—1938年6月 | 浙江大学 | 国文系 |
| 1938年11月—1946年5月 | 蓝田国立师范学院 | 国文系主任 |
| 1946年秋—1957年 | 私立华中大学 | 国文系教授 |

## 第一节　任教江苏省立第三师范学校（1917—1923年）

1917年，钱基博先生接受江苏省立第三师范学校校长顾倬之聘，[①] 担任国文兼读经教员。1918年又兼教务主任，直至1923年暑假。

江苏省立第三师范学校，是无锡高等师范学校[②] 的前身，创建于清宣统三年（1911年），辖无锡、宜兴、武进、江阴、靖江五县。比无锡国专的创办早十年，比中央大学区立民众教育学院（后改名为"江苏省立教育学院"）迁锡早十八年，比荣德生创办的江南大学早三十七年，因而在起初的十余年中，该校称得上是无锡的最高学府。民国三年（1914年），教育部组织了对各地师范学校的校务考察，在对江苏的几所师范院校进行考察后，得出的结论是"校风严整，学科完善，以无锡第三师范为优"。[③] 该校曾吸

---

① 顾倬（1872—1938年），字述之，是无锡近代著名的教育家、老同盟会会员。顾倬在清光绪二十八年（1902年）曾和侯鸿鉴一起留学日本弘文学院师范科一年。著有《幼儿保育法》《通俗教育谈》等。是钱基博平生所钦佩之人，除了在省三师同事五年，后又一起担任了光华大学教育股董事。

② 无锡高等师范学校于2014年并入无锡城市职业技术学院。

③ 《视察学务总报告》，见琚鑫圭、童富勇、张守智编《中国近代教育史资料汇编——事业教育 师范教育》，上海教育出版社，1994年版，第871页。

引了不少著名学者前来任教，如钱穆、沈昌直、向宾讽等，也培养了诸如新闻学家徐寿成、经济学家钱俊瑞、语文教育家李伯棠、教育学家王承绪、美术家吴冠中等一大批优秀人才。

### 一、国文与读经科教学

如果说钱基博前期任教丽则女中所进行的作文教学改革只是小露锋芒，那么这时的钱基博对国学教育尤其是国文科和读经科的教学都有了更全面系统的认识，并提出了具体的授课进程说明书。

钱基博认为师范学校国文教授之旨趣有二："一是须指导学生以练习一种适用之文字技能。二是涵养学生文学之兴趣，以渐引入胜，俾底于欲罢不能之境而知所自修。"[①]当时的民国政府教育部曾于民国五年（1916年）颁布了经过修正的《师范学校规程》，其中第十一条云："国文要旨，在通解普通语言文字，能自由发表思想，兼涵养文学之兴趣，以启发知德，并解悟高等小学校及国民学校国文教授法。"对此，钱基博先生的理解是：通解普通语言文字，须普通而非深奥，可浅易而不可粗率，要能读能解，心知其意；能自由发表思想，即能意到笔随，畅所欲言；解悟高等小学及国民学校国文教授法也就是能教写作。质言之，即所谓师范学生适用之文字技能者，一要能读书，二要能作文，三要能教小学生读书作文。按照这一要求，钱基博先生分必修和选修分别制定了以下授课进程：

---

①　钱基博：《江苏省立第三师范学校国文科教授进程之说明书》，原刊于民国十一年《无锡县教育会年刊》，转自《经史子集入门——钱基博谈治国学》，黄山书社，2009年版，第142页。

表 3.2  江苏省立第三师范学校国文科必修科教授进程说明

| 时间 | 读本 | | | 作文 | 备注 |
|---|---|---|---|---|---|
| | 读本 | 体裁 | 内容 | | |
| 预科 | 以当代名家之文为主 | 白话文三分之二，文言文三分之一 | 国民常识；科学概论 | 白话文三分之二，文言文三分之一。主要考察思考力和读书能力，力求实用简易 | |
| 本科第一学年 | 选读让清民国名家之文，清代之文与民国之文的比例为九比一 | 白话文二分之一，文言文二分之一 | 纪事文三分之一，说理文三分之一，抒情文三分之一 | 白话文二分之一文言文二分之一 | 外加文字源流 |
| 本科第二学年 | 选录唐宋元明名家之文 | 白话文三分之一，文言文三分之二 | 白话文三分之一，文言文三分之二 | 有作文，有译英文。白话文三分之一，文言文三分之二，于简洁明快之外须渐求内容之充实 | |
| 本科第三学年 | 选录汉魏晋南北朝之文 | 文言文 | 文言文 | 白话文五分之一，文言文五分之四，于命题作文之外，可教以练习改文。大约作文占三分之一，译英文占三分之一，改文占三分之一 | |
| 本科第四学年 | 选录上古三代之文 | 文言文 | 经、子 | 多改少作 | 外加小学国文教学法 |

表3.3　江苏省立第三师范学校国文科选修教授进程说明

| 时间 | 讲 | 看 | 作 | 备注 |
|---|---|---|---|---|
| 本科第二学年 | 中国文学研究法,分三章:第一章文学通论,第二章世界文学之趋势,第三章中国文学研究法。分三节:(子)读之研究,(丑)看之研究,(寅)作之研究 | (1)史:《通鉴辑览》,《社会通诠》(严复译)<br>参考书:王船山的《读通鉴论》;顾祖禹的《读史方舆纪要》<br>(2)白话小说:《水浒》《红楼梦》《儒林外史》《老残游记》《二十年目睹之怪现状》 | (1)读书日记<br>(2)自有著作 | |
| 本科第三学年 | 特殊文学之研究:新闻学、小说学、笔记学、楹联学、童谣学 | (1)子:《老子》《庄子》《墨子》《孙子》《荀子》《韩非子》《论衡》<br>参考书:俞樾的《诸子平议》;江瑔的《读子卮言》;胡适的《中国哲学史大纲》<br>(2)文言小说:《旧小说》(吴曾祺编) | 同上 | |
| 本科第四学年 | (1)中学文学史概论;(2)读《易》法;(3)读《诗》法 | 经:(1)《易经》,中国哲学之鼻祖。参考书:毛奇龄的《仲氏易序》、姚配中的《周易姚氏学序》、焦循的《易通释》、成蓉镜的《周易释爻例》<br>(2)《诗经》,中国文学之鼻祖。参考书:陈启源的《毛诗稽古编总诂》、陈奂的《毛诗说》、魏源的《诗古微》 | 同上 | |

　　从上表可以看出,就预科和本科的关系而言,在预科,指导文字技能的意味多,而涵养文学兴趣的意味少。随着年级的增高,则涵养文学兴趣的教材也逐步增加。就必修科与选修科关系而言,则必修科的讲、读、作之教材,大抵为指导学生练习一种适用之文字技能,而选修科的教材则重在涵养学生文学之兴趣,以渐引入胜,俾底于欲罢不能之境而知所自修。不难看出,钱基博在编写此"教授进程说明"时,受到了叶圣陶和胡适编写的《新学制初中国语课程纲要》的影响。因为在此纲要中,他们就主张

"由语体文渐进于文言文"，而当时商务《国语教科书》的编辑原则，也是"语体与文言并用，今文与古文兼收"。看来，钱基博先生对此是持认同态度的，然而孟宪承先生对此却并不认可。他认为这种安排看似面面顾到，计划得非常周密，但在教学实际中却存在很大困难。为此，他引用穆济波先生的话分析说"任何人都知道同时左手画圆右手画圈是办不到的事情，却是国语教学进程中，一方要练习用文言作文，一方又要学生继续发展语体文的技术，读物混淆，思想杂乱，所模仿的又不一其类，结果大多数学生弄成不文不白的怪状"。① 他认为胡适之所以提出如此方案，一方面是因为胡适不曾作中学教师，未曾身受"文言文占几分之几、语体文又占几分之几"这样一种配合教学方式所给予的苦痛；另一方面是因为胡适有整理国故的嗜好，因此才主张双管齐下。但是，钱基博先生作过中学国语老师为何也提出了如此进程说明呢？是他屈服于大势所趋，还是他自信能很好地处理好文言与白话的关系呢？也许二者皆有。

民国元年（1912年），当时的教育部第三十四号令《五年修正师范学校规程》第二十八条规定预科及本科第一部各学科目，第四十一条规定本科第二部各学科目，皆有读经一科，次于修身科之后。并且第九条规定"讲经要旨，在讲明吾国古先圣哲相传人伦道德之要，尤宜注意于家庭、社会、国家之关系；以期本经常之道，应时势之需。"就内容而言，钱基博先生遵依该《规程》第九条第二项之规定，就《论语》《孟子》《礼记》《春秋左氏传》四书撮要讲解。就方法而言，钱基博先生依据苏东坡的"读书须数过以尽其意，每次作一意求"和曾文正公的"一种学问，即有一种分类之法"，认为经不可不分类讲解，以便读者每次作一意求。具体如下：

---

① 周谷平、赵卫平编：《孟宪承教育论著选》，人民教育出版社，1997年版，第47—48页。

表 3.4　读经科学程示例

| 时间 | 内容 | 分类 |
|---|---|---|
| 预科 | 《论语》 | 分三类讲解：（1）正名篇；（2）君子篇；（3）教学篇 |
| | 《孟子》 | 分六类讲解：（1）原性篇；（2）存心篇；（3）养气篇；（四）教学篇；（5）辨诸子篇；（6）政治篇 |
| 本科一年级 | 《礼记》 | 选取十五篇，分六类讲解：（1）古代之家庭教育——《内则》《曲礼》；（2）学校教育——《中庸》《大学》《学记》；（3）社会教育——《乡饮酒义》《射义》；（4）社会组织——《王制》；（5）社会组织之原则——《礼运》《乐记》；（6）沿袭至今的古代社会之风俗制度——《昏义》《檀弓》《问丧》《三年问》《祭义》 |
| | 《春秋左氏传》 | （1）齐桓公召陵之师；（2）宋襄公泓之战；（3）晋文公城濮之战；（4）楚庄王邲之战；（5）吴入州来；（6）晋鄢陵之战；（7）宋之盟；（8）虢之会；（9）申之会；（10）平丘之盟；（11）昭陵之会；（12）吴入郢；（13）夹谷之会；（14）黄池之会 |

来源：《钱基博师范学校读经科教授进程说明书》，刊于 1923 年 1 月 16 日—5 月 16 日《无锡新报·思潮月刊》

在省三师期间，钱基博先生为了更好地完成教学，先后编写了大量教材和讲义。其中，计有国文类八部：《文字源流》、《语体文范》、《高等小学国文教材》、《国文》、《斯文统宗》、《国文研究法》（又名《戊午暑假国文讲义汇刊》）、《国学必读》、《读书稽古法》；读经类四部：《孟子约纂》《孟子解题及其读法》《春秋约纂》《礼记约纂》；杂学类两部：《佛经讲义》和《江苏省立第三师范学区人物志》。这些著作其中一些已经陆续正式出版，但还有不少仍然散落在报刊中，尚未结集。

## 二、积极参与社会教育

此期的钱基博除了完成课堂教学外，还积极参与了一系列颇有意义的社会教育活动。

### （一）短暂执掌无锡县立图书馆

无锡位于太湖之滨，历来是物华天宝、人杰地灵之地。民国时期，无锡是全国有名的模范县，在近代教育、经济、文化等方面都走在全国前列。早在民国成立初期，就由丁宝书、顾倬、侯鸿鉴等一批乡绅联名上书当时的无锡县军政分府，请求设立图书馆，并获得同意。1915 年元旦无锡县立图书馆正式开放。成为当时国内最早建成的县立公共图书馆之一。作为当地的文化名人，钱基博于 1913 年 2 月应邀起草了《无锡图书馆碑记》，记载该馆成立的缘由、目的和筹建过程。1918 年 3 月，该馆经董（即馆长）侯鸿鉴奉教育部之命，到河南、陕西等地视察教育，图书馆暂时无人主持。同年 6 月，无锡县府考虑到钱基博在主纂无锡县志时所表现出来的见识和能力，特任命钱基博为县立图书馆经董，在侯鸿鉴外出考察期间主持图书馆的日常工作。这一任命于 1920 年 12 月底，无锡县立图书馆的管理由经董制改为馆长制时结束。

虽然，此间的钱基博仍然在江苏省立第三师范学校任教，但是其高度的历史使命感和责任感还是让他在两年半的任期内做出了不少成绩，展现了其在图书馆管理和运营方面的天赋和能力。

一是致力于图书的充实与人员的管理。关于图书的充实主要从以下几个方面入手：一方面拓展除购买之外的图书来源渠道，当时的图书馆从属县教育局管理，每年所拨经费非常有限，除去各项运营费用，真正用于购书的款项非常之少，为了解决这一问题，钱基博在任期内，馆藏的补充除购买外，还通过捐赠、寄存、交换、借抄等方式来获得，其中仅接收捐赠就占全年补充入藏图书总量的三分之一左右。①另一方面注重搜罗整理乡贤著述。为了收罗乡贤著述，他曾函请京师图书馆代为抄写乡贤遗书，雇工驻馆修缮图书，访求本邑历朝碑刻，雇工捶拓崇安寺唐经幢石刻、管社山杨紫渊墓碑，摹拓文庙宋元碑石，收藏地方文献的印刷版片。1919 年初，钱基博开始起草编制《无锡县立图书馆刊刻"锡山先哲丛书"计划书》，并刊于《新无锡》报，广泛征求意见。钱基博在《计划书》中编定了备刊丛

①　殷洪：《钱基博、钱钟书父子的图书馆情缘》，《图书馆杂志》，2008 年第 12 期。

书目录。计划"就馆中现藏乡贤著述之未刊本及旧刊之孤本，分经史子集编制备刊书目。凡经部十种三十一册，史部十种四十册，子部二十三种四十册，集部二十八种六十五册，都七十一种一百七十六册"。[①] 此丛书自1922年起陆续出版了四辑十一种，后因抗战爆发而终止，很遗憾只完成了原计划书的七分之一强，然而在一定程度上还是能够起到钱先生"蒐刻遗文，表彰幽隐"以诏四方之来观化者，为后进诸县取法之作用。

关于人员管理，钱基博先生也充分发挥了其早年两次从政经历所练就的管理之道。在任两年半间，他除了修订《无锡县立图书馆章程》外，还先后订定了《无锡县立图书馆驻馆办事员办事细则》《事务所规约》《馆员借阅书籍规约》等制度。其中的《驻馆办事员办事细则》除了明确规定三条通则外，另还针对主任员、编校员、管理员、庶务员四种不同的岗位分别明确其职责各若干项。1920年初，还尝试用试验法招录图书馆练习生，应考者5人，录取1人，并为此制定了《练习生暂行规程》以规范其行为。[②]

二是注重公关与宣传。钱基博积极主张利用社会资金来弥补政府拨款的不足。为此，一向低调行事的钱基博发挥了他潜在的社会公关能力。如为了筹集到出版"锡山先贤丛书"的基金，他曾亲自致函当地的著名实业家荣德生和薛南溟，甚至不惜将荣德生比作美国的卡内基。在积极进行外部公关的同时，钱基博也极其注重本馆汇刊的编制，以扩大社会影响力。1920年6月，钱基博主持编制了《无锡县立图书馆汇刊》，将该馆自1912年筹备起所有的纪事及相关文档汇聚刊刻，一方面累积业务档案，另一方面以便宣传和索求。该刊共分九个部分：一为历年纪事；二为法令，含教育部图书馆规程、教育部通俗图书馆规程、教育部通令各省县图书馆注意搜集保存乡土艺文、内务部通令保管公私藏书及板片印刷物等公文；三为本馆规程，含无锡县立图书馆章程、征集图书简章、馆员办事细则、试行巡回文库章程等；四为函牍；五为经费报告；六为图书计数；七为阅览状

---

① 钱基博：《无锡县立图书馆刊刻"锡山先哲丛书"计划书》，1919年。
② 殷洪：《钱基博、钱钟书父子的图书馆情缘》，《图书馆杂志》，2008年第12期。

况；八为艺文；九为附录。附录列全国各省县图书馆地址表，许多当时的通讯联络人都是赫赫有名的人物，如国立大学（北大）图书馆的李大钊，清华大学图书馆的袁同，武汉文华大学公书林的沈祖荣等。[①]

（二）编纂地方志，保存地方文化

1918 年，无锡县响应北洋政府内务部会同教育部发出的关于各地纂修地方志书的通咨，决定重修无锡县志。钱基博先生受县长杨梦龄之聘担任修志总纂。钱基博对此次受命颇为重视，很快给杨梦龄县长写了一封信，信中对此次新修方志提出了五条具体的建议：一是修志无需设局，而是"以私家著述之法，为地方纂修公志，先定志例志目，由博约定邑人士娴于县掌故，富有文笔之同志一二人，与博分任纂修，日积月累，得寸则寸，得尺则尺，期以岁再稔成书"。这样做的目的是可以大大节省地方财政开支。二是取消总、协纂名目，概名纂修，其中设一主任，裁定体裁，以专责成，由博自任之，其余纂修，计字授薄薪；三是由县长加函敦延市乡董事、学务委员及各业领袖为名誉征访员，以广泛征访修志材料；四是县立图书馆设修志参考图籍室，修志所需之相关参考文献资料并置于此室。五是修纂每类脱稿，皆于《新无锡》报先行公布，以广泛听取意见，再行修改；六是请县署三科指定书记缮写修志文件。[②]

接着钱基博先生草拟出了《无锡县新志目说明书（附征访事项）》，主张"今新志拟与秦志（指秦缃业等所修之《无锡金匮县志》）别出并行，详略互现。秦志之所已详细而情势无大更革者，则新志最举要略或竟不详……其有秦志所无，而于今日为当务之急者，新志则因时制宜，别为创制"。[③]根据这一原则，新志目分成修志沿革、地理、水利、风俗、食货、赋税、地方自治、善举、教育、宗教、选举、警备、历代兵事、人物、艺文、金

---

① 殷洪：《钱基博、钱钟书父子的图书馆情缘》，《图书馆杂志》，2008 年第 12 期。
② 钱基博：《复杨畦韭县长规划修志办法书》，傅宏星主编，《方志汇编 钱基博集》，华中师范大学出版社，2013 年版，第 3—6 页。
③ 钱基博：《无锡县新志目说明书》，傅宏星主编，《方志汇编 钱基博集》，华中师范大学出版社，2013 年版，第 8 页。

石、物产、说苑等十八门，其中修志沿革、食货、地方自治、教育、宗教、金石等门为秦志所无而新增者。在附征访事项上，主要是征访风俗、食货、善举、宗教、人物、艺文、金石和物产等方面。其中，《风俗志》是钱基博先生较为重视的，他认为："县之志，固将曰为县之人志也；而为县之人志，莫要于志风俗。风俗者，所以表现县之人特性，而政教之所因也，言治者莫先焉，志邑故者亦莫先焉。"早在无锡县决定修新志之前，民国六年（1917年）暑假，钱基博就让省三师的一批学生回去帮助征访风俗材料。在此志的跋文中，钱基博先生更是一一列出了他们的名字："右《风俗志》，博纂。而征访材料者，则有省立第三师范学校同学严浩、程本、须希圣、安国宝、龚达章、王寅生、廉伯和、薛可范、杨荫浏九人。而须希圣、严浩、程本三人尤详。"钱基博先生通过这种方式来对同学们的工作表示肯定，同时也是一种激励。这里提到的九名同学中的杨荫浏，后来成为中国著名的音乐理论家，另一位王寅生则成为中国知名的经济学家。在同仁和三师学生协助下完成的《无锡风俗志》，分吉凶习惯、岁时景物、方言、里谚、歌谣五部分，刊于《无锡县教育会年刊》。书中"方言""里谚""歌谣"等内容是对无锡方言最早的书面记载。《无锡风俗志》成稿10年后，也就是1928年，赵元任才发表《现代吴语的研究》，无锡方言才开始有了现代科学方法的描写。从这个意义上说，钱基博的这项工作，是无锡方言研究的先声。

本次修志工作，其后虽然终因地方意见不合，而未能修成全志，然而却也有颇多成稿，目前我们所知的有《警备》《风俗》《兵事》《艺文》《财政》五志。这些志书为我们了解民国时期无锡的军事、文化、政治、经济等情况提供了有力的证据，也对无锡文化的传承起到了一定的作用。

（三）编写《江苏省立第三师范学区纪念人物志》

民国十年（1921年）十月十日，是江苏省立第三师范学校十周年纪念日。学校自然免不了要举行活动纪念一番。然而钱基博认为："学校不能自纪念也。谁则纪念之者，人也。"然而倘若学校纪念仅限于学校之人，其纪念也不足恃也。"惟非学校之人而尽流连咏叹，矢以长毋相忘焉。斯其纪念为真可纪念矣。"是故"学校之可纪念，不以同学诸子之纪念不纪念为断。而当程其学子之效能于社会者，何如？"因为"树人，百年之大计。而兹之所谓十周者，才百年之十一耳。是故吾校之可纪念，要视今日同学诸子之努力，而俟诸异日。而学区之可纪念，则就中国之学术史以观，信未有逾于我省立第三师范学区者也"。[①] 正是基于这样的考虑，钱基博编写了《江苏省立第三师范学区纪念人物志》，为学生们介绍本学区内近五六百年来在人文、艺术、科学等方面做出过杰出贡献的人物的生平事迹。具体说来，在艺术方面，有辟写意画之别径的无锡倪瓒（云林），开写生画之生面的武进恽格（寿平）；在地理方面，有穷河沙，上昆仑的江阴徐霞客，据正史考订地理，著《方舆纪要》的无锡顾祖禹；理学方面，有开东林学派的无锡顾宪成、高攀龙；文学方面，有清代"阳湖派"的代表人物武进恽进、张惠言；科学方面，则有开近代风气之先的无锡徐寿、华蘅芳。

这些人"声教所被，洋溢乎中国，炳焉蔚焉"。无怪乎钱基博在自序中自豪地说"我江苏省立九师范学区人文之盛，罔有如我省立第三师范学区者也。"说古人之最终目的在于"觉"今人。"古人之凭藉不如我今日也，然而却有如此造诣。"作为同乡，钱基博希望通过这种忆古思今的方式，在激发三师学子历史自豪感的同时，鼓励他们以先贤为榜样，思之再思之，从而"自奋于古人之后"，以抵于有成。

（四）编写《无锡近代人物志稿》

1918 年，久闻钱基博大名的浙中闵黄山先生自京师写信给钱先生说："得薛福成、李金镛诸公传；皆不过一履历纸而已！更数百年，何从证见其生平志事者？是诸公学业勋遒；等诸腐草耳！吾子能文章，又明著作之例；

---

① 钱基博：《江苏省立第三师范学区纪念人物志·自序》，傅宏星主编，《方志汇编 钱基博集》，华中师范大学出版社，2013 年版，第 260 页。

盖急起图之？"[①]接此信，钱基博先生以他一贯的乡土热情和历史责任感开始为 1918 年前六七十年间的无锡杰出人物编写小传，以供后人研究和学习。此《志稿》共收录人物十九人，其中主传九人，附传十人，具体如下：

> 殖边一人，曰李金镛；外交一人，曰薛福成（附弟福保）；名将一人，曰严金清；文学一人，曰秦湘业（附兄湘武，从孙宝玑、施建烈、范钧）；格致一人，曰徐寿（附子建寅）；算学一人，曰华蘅芳（附弟世芳）；义侠一人，曰孙元楷（附子鼎烈）；禁烟一人，曰许钰；办学一人，曰杨模（附邓濂、秦坚）。[②]

《无锡近代人物志稿》虽然文字简短，全文不足 2 万字，然而事信言文，言之有物、言之有序，为无锡近代人物研究提供了宝贵的资料。

## 第二节　任教光华大学和无锡国专（1926—1937 年）

1926 年—1937 年，是教会大学在中国强势发展的十年，是日本对中国虎视眈眈的十年，也是中国国民民族情绪高涨的十年，在这十年间，钱基博先生往返于上海和无锡两地，任教于光华大学和无锡国专两校。

### 一、情系光华大学

1925 年 6 月 3 日，为抗议圣约翰大学当局压制师生的爱国行为，钱基博先生随原圣约翰大学华籍教师十九人及学生共五百余人离开了圣约翰大学。之后，在上海各界爱国人士的支持下，离校师生决定在沪西创建私立光华大学。6 月 8 日，筹备大学委员会正式成立，钱基博先生为二十二名

---

① 钱基博：《无锡近代人物志稿·自序》，傅宏星主编，《方志汇编 钱基博集》，华中师范大学出版社，2013 年版，第 279 页。
② 同上。

筹备委员之一，与孟宪承、朱经农等人一起负责筹备会的细则起草工作。暑假后，钱先生只身北上，出任北京清华学校新制大学普通部国文系教授。入住清华古月堂二十三号，任大学部甲、戊两组国文课，每周授课八小时，每组学生十六人。这也使得钱基博先生得以和梁启超、王国维、朱自清、吴宓等名师成为短暂的同事。但是，因为钱基博先生一生不喜依附时贤，而且当时的清华国文系新创，所以本学期先生虽与清华同事有所唱和，但是大多数时间都在忙于编讲义、授课。1926年春，清华教师因薪水问题而发生风潮，钱基博先生因不满有教师唯利是图而仗义执言，从而给自己惹来麻烦。有心弃清华而去，然在校长室送了三次续聘之书后还是勉强接了。不料，同年8月，钱基博的父亲病逝，先生心中悲痛，决定不再北上任教。秋季开学，钱基博先生重新回到上海，出任私立光华大学国文系教授，直至抗战爆发后被迫随浙江大学西迁避难。

作为亲自参与筹建人员之一，钱基博先生对于光华大学有着特殊的感情。他把光华大学的建立当成是国民自觉的表现，因此，极力促使光华大学成为保护民族自尊，弘扬传统文化的重镇。

在光华大学的12年里，钱基博先生在搞好国文教学的同时，还兼任一些行政职务，如兼任国文系系主任、光华大学文学院院长，并多次出席光华大学校务会议，参与讨论决策校内重大事务。同时，钱基博先生还兼任一些专门委员会委员。如《光华大学半月刊》编辑委员会委员（1933、1934年）、《光华大学年刊》编辑（1934年）、"图书委员会"委员（1934年）、中国语文学会导师（1934年）、设计委员会委员（1936年）、毕业考试委员会校内委员（1937年）等。

1930年，为纪念光华大学成立五周年，先生组织编写了《光华五期纪念册》，纪念册分载记、组织、文征三卷，详细记录了"六三"事件中师生为何从原圣约翰大学脱离，之后又如何在王丰镐等爱国人士的支持下创建了光华大学，光华大学五年来的编年志，光华大学的学校组织系统和学生组织系统，以及光华大学一系列的纪念文书。

从钱基博先生所介绍的 1935—1936 学年度文学院之概况可以看出，当时的文学院下设政治、教育、国文、英文、社会、历史六个系，人数几乎占了全校总人数的一半，是名副其实的核心院系。见下表：

表 3.5　光华大学文学院 1935—1936 学年度学生人数一览表

单位：人

| 时间 | 上学期 | | | 下学期 | | |
|---|---|---|---|---|---|---|
| 性别 | 总人数 | 男生 | 女生 | 总人数 | 男生 | 女生 |
| 全校 | 610 | 490 | 120 | 571 | 460 | 111 |
| 文学院 | 297 | 232 | 65 | 275 | 219 | 56 |
| 政治系 | 113 | 100 | 13 | 100 | 90 | 10 |
| 教育系 | 52 | 27 | 25 | 50 | 29 | 21 |
| 国文系 | 46 | 40 | 6 | 48 | 41 | 7 |
| 英文系 | 38 | 29 | 9 | 35 | 26 | 9 |
| 社会系 | 33 | 24 | 9 | 29 | 22 | 7 |
| 历史系 | 15 | 12 | 3 | 13 | 11 | 2 |

作为国文系教授兼文学院院长，钱基博先生不仅要关心国文系的课程设置，也要关注全院的课程设置情况，从下表可以看出，当时各系的课程设置兼顾了传统与现代、国内与国外、基本理论与应用等方面，新式学校的特征较为明显。

表 3.6　光华大学文学院 1935—1936 学年度所开学程一览表

| 系别 | 全年学程 | 半年学程（上学期） | 半年学程（下学期） | 备注 |
|---|---|---|---|---|
| 国文系 | 十二学程：曰古文辞类纂（基本国文一用书），曰基本国文一作文，曰四书，曰左传（以上二种基本国文二用书），曰中国文化史，曰中国文学史，曰说文，曰史记、汉书，曰古籍鸟瞰，曰散文专集，曰骈文，曰应用国文 | 三学程：曰尚书研究，曰淮南子研究，曰圆觉经研究 | 四学程：经学史，邓析子、公孙龙子研究，金刚经研究，人生哲学 | |

| 系别 | 全年学程 | 半年学程（上学期） | 半年学程（下学期） | 备注 |
|---|---|---|---|---|
| 英文系 | 十七学程：曰基本英文一，曰基本英文一作文，曰基本英文二，曰基本英文二作文，曰初级法文，曰中级法文，曰初级德文，曰中级德文，曰初级日文，曰中级日文，曰英国文学史，曰西洋文学名著选读，曰西洋小说，曰西洋戏剧，曰文学批评，曰英文诗学，曰十九世纪文学 | 无 | 无 | |
| 教育系 | 三学程：曰教育原理，曰教育心理，曰普通心理学 | 六学程：曰中等教育，曰师范教育，曰课程论，曰小学教学法，曰地方教育行政，曰西洋教育史 | 五学程：论理学，教育哲学，教育名著选读，乡村教育，应用心理 | |
| 政治系 | 四学程：曰政治原理，曰比较政府，曰国际公法，曰西洋政治思想史 | 六学程：曰中国政治思想史，曰宪法，曰行政法，曰联邦政府，曰中国外交关系，曰欧洲外交史 | 六学程：中国政治制度，比较宪法，民法总论，市政学，国际政治，政党论 | |
| 社会系 | 四学程：曰社会概论，曰社会问题，曰西洋社会思想史，曰社会主义 | 二学程：曰农村社会，曰社会政策 | 一学程：社会学史 | |
| 历史系 | 六学程：曰中国近世史，曰西洋通史，曰英国史，曰俄国史，曰德国史，曰战后世界史 | 无 | 无 | 下学期取消了德国史 |

来源：钱基博：《本年度文学院之概况》，刊于《光华年刊》，1936 年 10 月

　　钱基博先生对于旧中国大学国文系的课程设置是不满意的，因此早在1933 年下半年，钱基博先生开始兼任光华大学文学院院长时，他就草拟了

一个改革方案。[①]　这个方案，重点强调基本功的训练，主张读古籍原著。目的就在于通过严格的读、写训练来培养学生的民族性（钱先生称之为"国性"），陶冶学生的人格。钱先生认为，这样做就可以矫正当时青年知识浅薄、蔑视祖国的弊病。改革方案的内容分为三种：一是诵读学程；二是整理学程；三是训练学程。在诵读学程中，先生主张读《四书》《周易》《老子》《庄子》《荀子》《墨子》《韩非子》《公孙龙子》《吕氏春秋》《淮南子》（以上属基本思想）；《说文》《毛诗》《文选》《古文辞类纂》《六朝文絜》《韩昌黎集》（以上属基本书艺）；《尚书》《左传》《礼记》《通鉴》《通考》（以上属基本掌故）。在整理学程中，先生主张读中国哲学史、《诗品》《文心雕龙》、中国文学史、中国近世史、中国文化史、经学史、中国史学史、古籍鸟瞰。在训练学程中，先生主张加强国文、应用文、各种作文（包括骈文、诗、词）的训练。根据上述课程设置，先生又制定了各门课程的学时并区分了必修、选修。一、二年级基本上是必修课；三、四年级，基本上是选修课。所开古籍，都用原书。在当时的社会环境下提出这样的教学改革方案，可以说是大胆的，也是有远见的。

钱基博先生不仅重视教程，也重视教法。1937年3月2日，先生出席了光华大学国文系的谈话会，讨论基本国文的教学法，形成了如下决议：一、一年级作文训练，仍以简快整为标准（简者简洁明净；快者限一时当堂交卷，迟交酌扣分数；诸生用中国作文簿，用毛笔楷书清楚，不用中国笔及中国作文簿不阅。）二、一年级以军训关系，假定五月十日出发，出发以前，作文最少五次。三、作文改正，注重下列四项：1.思想是否能条贯；2.篇章是否有结构；3.字句是否能通顺；4.字体是否不讹误，斯于诸生能以自由意志写清畅之文字，为最低限度。四、每次作文成绩最优者，请事务处指定大学教室穿堂揭示框两面，按期揭示，以便诸生观摩。五、诸生

---

① 该方案刊登于1933年的《光华年刊》，但是此刊笔者久寻不得，此处的介绍根据的是光华校友、钱基博的得意门生王绍曾教授的回忆。见《钱子泉先生讲学杂忆》，刊于《华中师范大学学报·纪念钱基博先生诞生百周年专辑》（1987年）。

作文簿书法，有特殊工秀者，酌加分数，以示奖励。[①] 这一决议体现了钱基博先生一贯重视作文教学和正面鼓励的做法。

钱基博先生在重视课堂教学的同时，而且也十分重视对学生的课外指导。1935年9月16日和1936年2月17日，光华大学分别举行秋、春两季开学典礼，钱基博先生均以文学院院长身份出席并发表了演讲。1936年9月18光华大学举行"新生入学指导周"。钱先生又为新生演讲"光华校史"和"我对于文学院新同学的希望"两题，均对同学们慰勉有加，闻者至为感动。[②]1936年10月，光华大学为了达到"训教合一"的目的，实行导师制，钱基博先生与张寿镛、朱公瑾、容启兆、廖世承等二十四人被聘为导师，每位导师负责指导新生二十人，导师的工作分集合谈话、个别谈话及宿舍访问三种，以期潜移默化，收精神教育之效。[③]

## 二、兼职无锡国专

1927年夏初，国民党北伐军到达沪宁，锡沪交通暂时受阻，钱基博先生此时身在无锡，无法回光华大学授课，因此，无锡国学专修学校校长唐文治先生特地邀请他到校讲学，后来又正式聘请为教授兼校务主任。从此，钱基博先生往来于光华和无锡国专，直到抗战爆发前夕。关于钱基博先生兼任国专校务主任的起止时间尚待进一步考证。《国专月刊》第三卷第一号（1936年2月15日）关于钱基博先生辞去校务主任一职有明确的记载："校闻（叶长青教授兼任校务主任）：'本校校务主任钱子泉先生，前因操劳过度，精神渐衰，曾于去岁，屡请辞去校务主任职，嗣以继任无人，未能允其所请，本学期开学前，钱先生复以身体多病，光华大学院务繁剧，不能兼顾本校事务，向校长一再请辞，遗职商请教授叶长青先生兼任，已得同意。于开学日，由校长正式布告周知。'"可见钱基博先生辞去国专校务主

---

① 参见《光华大学半月刊》第五卷第六期，1937年3月16日。
② 详见《光华大学半月刊》第五卷第一期，1936年10月17日。
③ 同上。

任一职的时间是 1936 年初春季开学时。另据钱基博先生在《唐文治先生创设国学专门学校之宗旨》一文中自述"博追随唐先生以主任校务者亦且五年",① 如此推算,钱基博接受国专校务主任一职应该是 1931 年左右。而据先生弟子王绍曾的回忆"钱基博先生从 1927 年起直到任浙江大学教授,始终是国专的校务主任兼教授"。② 二者明显存在较大差异,但是笔者目前尚未发现其他证据证明哪种说法更为可信,暂且成疑。但是,根据唐文治先生的《国学专修学校十五周年过去与将来》中记载:"迨民国二十一年春,中日淞沪战事起。……而钱君子泉以教育校董(事)长来兼教授,并半薪不受,尤为可感。"由此可知,先生从正式受聘为国专教授时,就兼任了教育股董事长一职。③

钱基博先生之所以选择长期兼职于无锡国专,一方面是出于对唐文治先生个人的认同,钱基博先生在《潜庐自传》中曾说"自以为节性之和,不如太仓唐文治。"④ 另一方面出自钱基博先生对于唐文治先生办学宗旨的认可。钱基博先生在《唐文治先生创设国学专门学校之宗旨》一文中,明确指出"唐先生之学,以孔孟为教,而以'仁义'二字提撕人心"。"而在今日,则知保民族,然后能保其国。唐先生则以保国之大任,国之元首,责无旁贷;而保天下,保民族,则奋以自任,而欲以转任之诸生,教泽所沛,引一世而偕之大道,此国学专门学校之所以创设也。"⑤ 换句话说,以国学牖启国性之自觉,从而"为天地立极,为生民立命,为万世开太平"乃是钱基博先生与唐文治先生共同服务于国学专门学校的内在动力。而从

---

① 钱基博:《唐文治先生创设国学专门学校之宗旨》,刊于 1946 年 6 月 29 日《江苏民报》。

② 节录自王绍曾先生 2001 年 11 月 21 日复刘桂秋老师函,此函由刘桂秋老师提供给笔者。

③ 根据国专章程,学校董事会分为经济、教育二股,教育股另外两名董事为顾悼和钱基厚。

④ 钱基博:《自传》,刊于《光华大学半月刊》第五卷第八期,1935 年 4 月。

⑤ 钱基博:《唐文治先生创设国学专门学校之宗旨》,刊于 1946 年 6 月 29 日《江苏民报》。

上文中，钱基博请辞校务主任一职，而唐文治先生一时竟找不到合适之人代之，也可以看出二位配合之默契。1933 年 6 月，钱先生曾与唐文治校长商议改建国专校舍，落成后在膳堂悬挂先贤遗像；又改建忠义孝悌祠，所需费用由他二人分担。

关于钱基博先生在无锡国专的授课情况，其弟子王绍曾回忆：他在国专听过钱基博先生的三门课，一门是正续《古文辞类纂》，一门是章学诚的《文史通义》，另一门是目录学。另外先生在别的班还讲过《韩昌黎集》。钱基博先生讲课有一个共同的特点，那就是要求学生每人备两个笔记本，一个是课堂笔记，另一个是读书笔记。讲课时的重点，钱先生都会端端正正地板书，每堂课都要开列书目，并布置问答题，让学生自己去阅读，对问题做出解答。回答的问题都写在读书笔记上，要求字迹清楚端正，潦草的还要发还重做。读书笔记由班长收齐汇送，先生在课后认真评阅。评定成绩的优劣，一般用加圈的多寡来表示。从一个圈到四个圈，分别代表甲乙丙丁四个等级，特别优异的可以得到五个圈。下一堂课，钱先生先是对读书笔记做一个简短的讲评，然后才开始讲新课，讲评时对成绩优异者一一点名表扬，以此来调动同学们的积极性。对于钱基博先生讲授古文的特点，王绍曾也将其与朱文熊和唐文治先生进行了比较。得出的结论是：朱文熊先生注重基本功的训练。讲古文时是按照文章的体裁有选择地从用字造句上进行分析讲解，并结合文体，命题让同学们练习文言文。唐文治先生特别讲究读文法。他继承刘勰"披文入情"和桐城派"因声求气"的理论，独创了"唐调"。要求同学们在读文时一定要读出文章的音韵美，要在往复涵泳、抑扬顿挫、高下徐疾中领会文章的阴阳刚柔之美和作者的思想感情。而钱基博先生讲授古文注重融会贯通，他往往把重点放在辨析文章的源流正变和各家异同得失上。让人有"入建章之宫、群玉之府的目不暇接之感。"①

## 第三节 任教国立师范学院（1938—1946 年）

关于国立师范学院创立的背景，钱基博先生曾撰有《国立师范学院成立记》一文，曰："中华民国抗日军兴之一年，我武未扬，喋血已酣；虽张皇六师，终于克敌；而蜂有毒，师徒不戒；亦既致命遂志，僵仆相继，暴骨中野者，不可胜数。而当国者乃以创制师范学院诏我亿兆有众。曰：鸣呼！惟天无亲，克强惟亲。国无常强，民奋则强。知耻攸勇，尚钦念以枕；天其永我命于兹役，杀敌致果，克从先祖之大烈，底绥诸夏。尚其明耻教战，罔攸馁于厥衷！惟师有学，用诞启民暝。亦惟师克范，用式四方。鸣呼！尚置学院以作之师！于是国立中央、中山、浙江三大学，暨西南、西北两联合大学，咸承命不遑；而独立师范学院乃肇造于湖南。"②可见，成立于民族危亡之际的国立师范学院从一开始就承担着以教育振敝起衰的历史重任。钱基博先生也正是带着树立师范以求新民的信念，接受廖世承先生的聘请毅然赴湘的。基于这种危机感和使命感，钱基博先生在国师的八年对于院务建设和教学可以说是鞠躬尽瘁、不遗余力。

### 一、关心学校发展，积极推进院务

1938 年 11 月，钱基博先生不顾病痛日深，毅然离别了刚携女儿回国的钱钟书夫妇，毅然赴湘，由弟子吴忠匡陪侍，与受廖世承之托而邀请到的国文教授周哲肫、英文教授汪梧封和高子毅一道，自上海渡海至温州，穿浙赣以入湘。终于在 1938 年 11 月 11 日抵达湖南蓝田国立师范学院所在地。到校后，稍作休整，11 月 18 日，钱基博先生就参加了第一次院务会

---

① 王绍曾：《钱子泉先生讲学杂忆》，刊于《华中师范大学学报·纪念钱基博先生诞生百周年专辑》（1987 年）。

② 钱基博：《国立师范学院成立记》，刊于 1939 年 1 月 14 日《国立师范学院季刊》第 1 期。

议。会上原则通过了训导处拟定的《训导实施纲要》。12月1日，国立师范学院正式开课。两天后，即12月3日，钱基博先生出席了第二次院务会议。12月5日，国文系举行了第一次纪念周，先生在纪念周上做了《我记忆中所认识之湖南学者》的演讲。12月12日，国文系系会组织成立，举行了第二次纪念周，请钱基博先生作了《为人师者何以处国难》的演讲。其后，12月26日，钱基博先生出席了国师召开的第二次编辑委员会议，紧接着又于12月28日出席了征求图书委员会议。从先生这马不停蹄的时间安排可以明显感受到钱先生的教育热情，而且这种热情一直贯穿于钱基博先生在国师的八年。下面仅以1939年先生参与频繁的政务活动为例，来感受学校对钱基博先生的重视和钱基博先生积极参与院务建设的热情。

表3.7　1939年钱基博先生参与国立师范学院政务活动举例

| 时间 | 活动 |
| --- | --- |
| 1月16日 | 出席第二次导师会议 |
| 1月21日 | 出席第四次院务会议 |
| 2月3日 | 出席第三次编辑委员会议 |
| 2月4日 | 出席第五次院务会议 |
| 2月14日 | 出席第三次导师会议 |
| 2月18日 | 出席第六次院务会议 |
| 3月24日 | 国师第一民众学校成立 |
| 4月1日 | 出席第七次院务会议 |
| 4月4日 | 出席第五次导师会议 |
| 4月19日 | 出席临时导师会议 |
| 4月20日 | 出席第四次编辑委员会会议 |
| 4月22日 | 出席第八次院务会议 |
| 5月13日 | 出席第九次院务会议 |
| 6月3日 | 出席国文系第十七次常会，演讲《张子之学》 |
| 6月6日 | 国师举行"教师节"纪念会 |

续表

| 时间 | 活动 |
| --- | --- |
| 6月10日 | 先生出席第十次院务会议 |
| 6月30日 | 国师召开第五次编辑委员会会议 |
| 7月5日 | 出席第二次建筑委员会会议 |
| 7月15日 | 出席第十一次院务会议 |
| 8月16日 | 应国民党抗日干部培训班教育长李默庵将军之邀，赴衡山为抗日将士讲说《孙子兵法》 |
| 10月9日 | 先生在"双十节"纪念会上演讲 |
| 11月4日 | 出席国师第十二次院务会议 |
| 11月15日 | 受聘国师编辑委员会委员 |
| 12月2日 | 出席国师第十三次院务会议 |
| 12月30日 | 出席国师第十四次院务会议 |

从上表3.7不难看出，以国文系教授兼主任身份加入国师的钱基博，是学院管理的核心成员之一，在廖世承"教授治校"的理念指导下，先生一年中不间断参加了第四至十四次院务会议。在之后的几年中，钱基博先生又多次出席了院务会议。前三年他是以国文系主任的身份出席，1941年8月，先生以病痛不支辞去国文系主任一职，并推荐刘异先生代任。但这并不意味着他离开了学院的决策中心，此后，他多次被选为教授代表出席院务会议，继续参与决议学院的重大事务。

除此之外，在国立师范学院期间，钱基博先生还做过学院多种专项工作委员会的委员，如社会教育推行委员会委员、建筑委员会委员、图书委员会委员、编辑委员会委员、课外作业指导委员会委员，奖贷金审查委员会委员以及实习指导委员会委员等，无论何种职务和工作，钱基博先生均兢兢业业，绝不敷衍。各项工作在他的指导和协调下开展得有声有色。值得一提的是，1939年暑假之后，为了照顾先生，长子钱钟书辞去了西南联大的教职，来国立师院出任外文系主任。从而缔造了父子同校执掌两系的佳话。1940年，父子俩同受院长廖世承的聘请，担任学业竞试委员会委员和统一招生辰溪区蓝田分处委员。钱基博先生担任学业竞试委员会主任委员，在他的领导下，国师学生在这次竞试中取得了优异的成绩。当年成绩优良的院校会由教育部公布并传令嘉奖，本次嘉奖的学校有"国立中央大学、私立岭南大学、国立武汉大学、国立浙江大学、国立中山大学、四川省立重庆大学、国立厦门大学、私立东吴大学、国立西南联合大学、国立师范学院、国立四川大学、私立复旦大学等 12 校"，[①] 国立师范学院排名第十。

## 二、重视课程设计，严把课堂教学

钱基博先生历来重视课程的设计，从接受廖世承先生邀请出任国文系主任一职起，他就开始酝酿师范院校的国文系学程设置。其后，他的种种思考通过《修正师范学院国文系必修选修科目表草案意见》体现了出来。要想合理安排学程，必须先定宗旨。在该《意见》中，钱基博先生明确指出："师范学院国文系之旨趣，在造就中学之国文师资，指示文章正轨，导扬祖国文化，陶淑人格，深造有得，以能自阅读古书，用浅近之文言，自由发表思想，深切了解中国文化为主旨。"[②] 在这一思想主旨的指导下，钱基博先生按照学分制，将国文系的必修和选修课程做了如下安排：

---

[①] 《部令嘉奖学业竞试优良院校》，《教育通讯》第 4 卷，1941 年第 32、33 期合刊。

[②] 钱基博：《修正师范学院国文系必修选修科目表草案意见》，载民国二十八年（1939 年）三月《国师季刊》第二期。

表 3.8　国文系必修科目学程表

| 时间 | 总学分 | 学程 | 学分 |
|---|---|---|---|
| 第一学年 | 21 | 党义 | 1 |
| | | 国文兼作文 | 4 |
| | | 外国文兼作文 | 4 |
| | | 自然科学 | 3 |
| | | 中国近代史或文化史 | 3 |
| | | 教育概论 | 3 |
| | | 四书 | 3 |
| 第二学年 | 18 | 哲学概论 | 2 |
| | | 社会科学 | 3 |
| | | 西洋文化史 | 3 |
| | | 教育心理 | 3 |
| | | 中等教育 | 3 |
| | | 中国文学史兼历代文词曲选 | 4 |
| 第三学年 | 18 | 普通教学法 | 2 |
| | | 中国文学史兼历代诗文词曲选 | 4 |
| | | 《尚书》《左传》 | 5 |
| | | 《通鉴》 | 3 |
| | | 文字音韵学概要 | 2 |
| | | 语言语音学 | 2 |
| 第四学年 | 16 | 《诗经》《楚辞》 | 2 |
| | | 《周易》《老子》《庄子》 | 2 |
| | | 《周礼》《管子》 | 2 |
| | | 《礼记》《荀子》 | 3 |
| | | 《史记》《汉书》 | 3 |
| | | 分科教材教法研究 | 4 |

续表

| 时间 | 总学分 | 学程 | 学分 |
|---|---|---|---|
| 第五学年 | 15 | 《文心雕龙》兼《昭明文选》 | 3 |
| | | 《墨子》 | 2 |
| | | 《商君书》《韩非子》 | 2 |
| | | 《鬼谷子》《战国策》 | 2 |
| | | 《邓析子》《公孙龙子》 | 2 |
| | | 论文讨论　教学实习 | 8 |

表 3.9　国文系选修科目举要表

| 学程 | 学分 | 学程 | 学分 |
|---|---|---|---|
| 论理学 | 3 | 《杜少陵集》 | 3 |
| 韵书研究 | 3 | 《苏东坡集》 | 3 |
| 金石学 | 3 | 《黄山谷集》 | 2 |
| 甲骨文 | 2 | 《王荆公集》 | 3 |
| 《文通》 | 3 | 小说研究 | 2 |
| 《文史通义》 | 2 | 戏剧研究 | 2 |
| 《韩昌黎集》 | 3 | 版本学　要籍目录 | 3 |
| 《欧阳文忠集》 | 3 | 图书馆学 | 3 |
| 《李太白集》 | 3 | | |

来源：钱基博:《修正师范学院国文系必修选修科目表草案意见》,载民国二十八年三月《国师季刊》第二期

　　钱基博先生认为国文造诣虽然各不相同,但是最低的限度,至少应该是会"看",会"读",会"写",会"作"。国立师范学院每学期终了,都要搜集一年级同学的作文、圈文、笔记各项成绩,开一次国文成绩的观摩会;到了第二学期,又有一次国文会考,来检验同学们的"看""读""写""作"种种效能是否增进。当时的国文系有八个字的口号"勤讲勤改,多读多作"。"勤讲勤改"是教师的责任,"多读多作"是学生

的责任。① 钱基博先生认为作为教授假使"讲""改"不勤，就是坐縻国家的禄薪，有负于国师的聘任。因此，作为国文系主任的他在勤讲勤改方面一直是教师们的表率。关于这一点，曾同与钱先生在国立师院任教的著名文献学家张舜徽先生晚年的回忆可以为证："记得在国立师范学院的时候，各系一年级，都有'基本国文'，由他创议，每年春节前后，举行全院性的国文阅卷观摩会，展览出全院的国文习作，由大家看，大家评，评出学生写得好、老师改得好的作品予以表扬。于是激起了老师们仔细批改习作的热情，蔚然成风。他真是以己之所行，感染到其他同事了。假若不是他具有诲人不倦的精神，何能在教学上取得这样的成绩。"② 当时钱先生的学生郭晋稀教授也回忆"他为我们讲授中国文学史、陶潜专集等课程；还开设诗文写作。每周替学生修改作业一次，无不浓圈密点，详加评语，逐字推敲。单是这一项，不仅是所有的教师不愿承担，也是我毕生中所见到的唯一如此忠于自己职守的老师。在当时的环境里，已经是：'出污泥而不染，濯清涟而不夭'，标格最高，精诚最笃"。③

　　另两位国师学子的回忆则再现了钱基博先生当时课堂教学的情景。据袁勗回忆："先生上课，虽身体不适，但从不旷废。每课前一分钟，即肃立教室外，上课铃响完，即步入，直接讲授，无多费辞。下课铃一响，先生即停止讲授，因为先生知道作为学生集中精力于一课时，此时精力分散，多讲无益。久而久之，学生们都养成了惜时如金的好习惯。"④ 另据伍大希回忆："先生讲《昭明文选》，眼不看台下，一坐下来，助教把文房四宝一摆开，他便摇头晃脑地吟诵起来，一面吟诵，一面圈点。我们也跟着他、

---

　　① 钱基博:《依据湘学先辈之治学方法以说明本院之一年级国文教学》，刊于民国三十年（1941年）一月《国师季刊》第九期。

　　② 张舜徽:《学习钱子泉先生"学而不厌、诲人不倦"的精神》，刊于《华中师范大学学报·纪念钱基博先生诞生百周年专辑》（1987年）。

　　③ 郭晋稀:《心丹而颅则雪，容老而意未衰——纪念钱子泉师诞生百周年》，刊于《华中师范大学学报·纪念钱基博先生诞生百周年专辑》（1987年）。

　　④ 袁勗:《一代教育家》，刊于《华中师范大学学报·纪念钱基博先生诞生百周年专辑》（1987年）。

模仿他，亦步亦趋地吟诵圈点，往往一节课不讲一句话，就在这悠扬起伏的吟诵声中过去，我们也似有所悟，感到是一种享受。"[①] 这种教学法在今天的很多人看来可能不以为然，然而，凡是有一定国学修养的人无不是经过这样一个由识句读到明赏会，由察匠心到悟文化的过程。而钱基博先生正是以百分百的投入来引导学生们实现这种境界的提升，让学生们受益匪浅。

值得一提的是，钱基博先生在任国立师范学院国文系主任的时候，针对当时特殊的社会环境，除了开设各大学国文系的一般课程外，还特开设了《韩非子》和《孙子》，并亲自讲授。开设《韩非子》主要是针对当时抗战后方令不行、禁不止，法令多如牛毛而国不治的情况，希望申明法治。而选择《孙子》诸家注释，并结合欧洲军事学家克劳山维兹的著作写成《孙子章句训义》亲自讲授，则是希望在国危寇深之时，有文事者也略有武备，从而可以临乱不惊。这些都体现了钱基博先生学以致用，应及时之需的教学思路。

### 三、坚持正面教育，做好课外导师

当时的国立师范学院实行严格的导师制度，且在第一次院务会议上就原则通过了《训导实施纲要》，基本确定全体师生共同生活之具体事项，规定全体教职员与学生混合膳食，具体情况是"每桌 8 人，其席次以抽签定之，每月一更换。每日三餐，一粥二饭，全体在食堂用。开餐前，学生排队入食堂坐定，待院长率教职员入座，军事教官发令，同时开动"。[②] 对此，钱基博先生是极为支持和配合的，虽然习惯于江浙口味，且有舌麻痼疾的他初入湖南，饮食上存在很大困难，但据石声淮回忆钱基博先生是少数坚持每顿和学生一同用饭，直到 1940 年废止师生合餐规定的教师之一。如此

---

① 伍大希:《国师硕儒——回忆国师在蓝田》,《文史拾遗》, 1992 年第 1 期。
② 任诚:《训导概况》,《国师季刊》, 1939 年第 1 期。

坚持，对于拉近师生距离、更好地督导学生无疑是有益的。

钱基博先生一向惜时如金，从不参加无谓的社交活动，然而，对于有益于学生进步的活动，先生却热衷参加，并做出有益的指导。具体如下表：

表 3.10　钱基博先生参与国立师范学院学生活动举例

| 时间 | 事由 | 演讲内容 |
|---|---|---|
| 1938 年 12 月 5 日 | 国师国文系举行第一次纪念周，先生讲演 | 题为《我记忆中所认识之湖南学者》 |
| 1938 年 12 月 12 日 | 国师国文系会组织成立，举行第二次纪念周，先生讲演 | 题为《为人师者何以处国难》 |
| 1939 年 6 月 3 日 | 国师国文系系会举行第十七次常会，先生出席并演讲 | 题为《张子之学》 |
| 1939 年 10 月 9 日 | 先生在"双十节"纪念会上演讲。 | |
| 1940 年 4 月 6 日 | 国文学会举行学生讲演会，先生出席并对演讲技巧有所指导 | |
| 1940 年 4 月 20 日 | 国师举行春日郊游活动，先生与钟钟山、马宗霍、周哲肫四先生一起为学生导游了峡溪。 | |
| 1940 年 8 月 27 日 | 先生出席教师节暨孔子诞辰纪念仪式 | 并演讲孔子的学术，对于孔子的"人格""师格"及其教育精神，多所发挥。 |
| 1940 年 12 月 1 日 | 先生在国师两周年纪念典礼上致辞 | 倡导吃苦精神 |
| 1941 年 5 月 10 日 | 为国文学会演讲 | 题目为《历史上焚书坑儒之理论与其实现》 |
| 1941 年 5 月 18 日 | 国师附中高、初中举行课外作文竞赛，先生为其评定优胜者 | |
| 1941 年 11 月 3 日 | 先生在新生入学训练开始仪式上演讲 | |
| 1942 年秋 | 先生支持学生成立"白云诗社"，并亲任辅导 | |

除此之外，钱先生还在 1940 年放暑假前特意为学生制订了暑期读书指导办法。该办法分留院和离院两方面，但都规定了看、读、写、作四项工

作。所不同的是离校学生在读书过程中遇到不明之处可以随时通信询问，而留校学生则可以随时去找先生报告读书心得，答疑解惑。而且，留校学生有读书会之组织，在规定时间内有各系导师出席指导，钱基博、钟钟山、周哲朏和阮乐真先生都曾先后指导过这种读书会。可见，虽放暑假，但钱基博先生依然希望学生们不要放松学习，老师们也不要放松指导。

钱基博先生虽然以严师著称，但他始终坚持处罚只是一种辅助手段，重要的还是要正面引导。1941年，国师爆发了学潮，学生们都不愿上课，然而钱先生依然在教室端坐。事后，学校对参与学潮者进行清算，校方开会讨论时，很多老师抱着不负责任的态度进行表决，甚至不乏假公济私者。但是，钱基博先生认为学校应重在教育而不是处罚，人才难于培养而易于摧残。他不无忧虑地指出，目前交通不便，学生如被除名，将难以继续学业，因此要求与学生共进退，从而以自己平日的声望刹住了这股处罚风，保全了不少学生的学习机会。

四、勤于研究，教学相长

钱基博先生在国立师范学院的八年，基本处于抗战时期，国师地处偏远，交通信息不畅，资料缺乏，教学设备简陋，然而勤勉的钱先生始终没有放弃自己的学术研究，相反，因为心中充满强烈的使命感和危机感，使得他此时的研究成果更为丰富，内容也更为广泛。据不完全统计，这一时期，钱基博先生出版著作7部，发表文章在百篇左右。

表 3.11　钱基博先生任教国立师范学院期间出版著作情况表

| 时间 | 书名 | 出版与保存情况 |
|---|---|---|
| 1939年 | 《孙子章句训义》 | 1939年5月初版；1942年4月《孙子章句训义》（增订新战史例）增订本出版；1947年11月增订本又由商务印书馆再版 |
| | 《中国文学史》（上古至隋唐之部） | 湖南蓝田袖珍书店，1939年出版 |
| | 《国师文范》（"国立师范学院丛书"之一） | 铅印线装教材，约编于1939年初 |
| 1942年 | 《中国文学史》（宋辽金之部） | 湖南蓝田公益书局，1942年5月出版 |
| | 《德国兵家克劳山维兹兵法精义》（由先生注释、顾谷宜译） | 江西出版合作社，1942年11月出版 |
| 1943年 | 《中国文学史》（元之部）（即《中国元代文学史》） | 湖南蓝田新中国书局，1943年出版 |
| 1944年 | 《近百年湖南学风》 | 湖南蓝田袖珍书店，1944年出版。另，此书又由求知书店，1945年1月出版。后又连载于《武汉日报·文史副刊》，1946年12月19日、26日，1947年1月2日、9日、16日，2月14日、21日、27日 |

表 3.12　钱基博先生任教国立师范学院期间发表文章篇目举例

| 时间 | 篇名 | 发表情况 |
|---|---|---|
| 1938 年 | 《德国兵家克老山维兹兵法精义》 | 刊于《国命旬刊》第 6、7、8、10、12 期，1938 年 5 月—7 月 |
| 1939 年 | 《我记忆中所认识之湖南学者》 | 刊于《国立师范学院季刊》第 1 期，1939 年 1 月 14 日 |
| | 《〈周易〉为忧患之学》 | 刊于《国立师范学院季刊》第 2 期，1939 年 3 月 25 日 |
| | 《日本论》 | 同上 |
| | 《〈孙子章句训义〉序》 | 刊于《国立师范学院季刊》第 3 期，1939 年 6 月 30 日。 |
| | 《张子之学》 | 刊于《国立师范学院季刊》第 4 期，1939 年 8 月 30 日 |
| | 《步孟参事留赠同人两绝原韵》（诗） | 同上 |
| | 《切己体察》 | 刊于《国立师范学院旬刊》第 3 期，1939 年 12 月 21 日 |
| | 《〈德国兵家克劳山维兹兵法精义〉战略第三》 | 刊于《国立师范学院季刊》第 5 期，1939 年 12 月 30 日 |
| | 《王宝仑先生六十寿言》 | 同上 |
| | 《讲筵馀语》 | 同上 |
| 1940 年 | 《后东塾读书记之又》 | 刊于《国立师范学院季刊》第 6 期，1940 年 2 月 |
| | 《通电讨汪电文》 | 刊于《国立师范学院旬刊》第 13 期，1940 年 4 月 1 日 |
| | 《后东塾读书记之又》 | 刊于《国立师范学院季刊》第 7、8 期，1940 年 7 月 1 日 |
| 1941 年 | 《依据湘学先辈之治学方法以说明本院一年级之国文教学》 | 刊于《国立师范学院季刊》第 9 期，1941 年 1 月 31 日 |
| | 《历史上焚书坑儒之理论与其实现》 | 刊于《国立师范学院季刊》第 11 期、第 12 期合刊，1941 年 9 月 15 日 |

续表

| 时间 | 篇名 | 发表情况 |
|---|---|---|
| 1942 年 | 《德国兵家之批判及中国抗战之前途——〈增订新战史例孙子章句训义〉卷头》 | 刊于《国力月刊》第 2 卷第 3 期，1942 年 3 月 15 日 |
| | 《黄石斋夫人蔡玉卿写孝经于石养山见印本为赋长句》（诗） | 刊于《国力月刊》第 2 卷第 6 期，1942 年 6 月 15 日 |
| | 《五十年之文章做到老学到老》 | 刊于《国师附中校刊》第 7 期，1942 年 12 月 20 日 |
| 1943 年 | 《从纵横捭阖说起》 | 刊于《国力月刊》第 3 卷第 1 期，1943 年 1 月 20 日 |
| | 《后东塾读书志》 | 刊于《卮言》创刊号，1943 年 3 月 15 日 |
| | 《从旧战国之纵横以检讨新战国》 | 刊于《国力月刊》第 3 卷第 3 期，1943 年 3 月 20 日 |
| | 《新战国与旧战国国际战争之外交运用》 | 刊于《国力月刊》第 3 卷第 4 期，1943 年 4 月 20 日 |
| | 《张仲仁（一麐）先生轶事状》 | 后收入张一麐著《心太平室集·附录》，1947 年出版；后又收入卞孝萱、唐文权编《辛亥人物碑传集》，团结出版社，1991 年出版 |
| 1944 年 | 《尚书中之政治思想》 | 刊于《国力月刊》第 4 卷第 2 期，1944 年 2 月 20 日 |
| | 《从蒋百里先生文选谈起》 | 刊于《国力月刊》第 4 卷第 3 期，1944 年 3 月 20 日 |
| | 《史可法之八股文》 | 刊于《力行日报》，1944 年 4 月 28 日 |
| | 《从读书方法以勘朱陆异同而折衷于孔子为大学读者进一解》 | 刊于《孔学》第 2 期，1944 年 7 月 7 日 |
| | 《敬告知识青年诸君》 | 刊于《力行日报》，1944 年 11 月 15 日 |
| | 《日人何以为战》 | 刊于《力行日报》1944 年 11 月 21 日 |
| | 《何谓学生》 | 刊于《力行日报》，1944 年 12 月 12、13 日 |
| | 《战局之最后》 | 刊于《力行日报》，1944 年 12 月 15、16 日 |

续表

| 时间 | 篇名 | 发表情况 |
|---|---|---|
| 1945 年 | 《读仁安先生〈寇犯湖南感事诗〉为之血沸赋题于后》（诗） | 刊于《力行日报》，1945 年 1 月 26 日 |
| | 《论沦陷区之民众》 | 刊于《力行日报》，1945 年 2 月 28 日、3 月 1 日 |
| | 《论沦陷区之武装民众》 | 刊于《力行日报》，1945 年 3 月 18 日、3 月 19 日 |
| | 《光明山斋筮话》 | 刊于《湖南日报》，1945 年 5 月 17、18、22、24 日 |
| | 《第三国际之前因后果》 | 刊于《湖南日报》，1945 年 6 月 19、20 日 |
| | 《此次大战中之中苏英法美德日义八国战略类型》 | 刊于《复苏月刊》第 3 卷第 1 期，1945 年 8 月 |
| | 《最前一课之本院》 | 刊于《国立师范学院旬刊》第 122 期，1945 年 12 月 11 日 |

由上表 3.12 不难看出，钱基博先生此期的研究，与时务紧密结合，除继续进行经史子集等基本文献的研究外，于军事、国际局势以及国民性也有相当多的关注，其目的在于启发民众、宣传抗战，不少著述和篇目就是钱基博的讲义，他或在课堂或在课外向学生或民众讲演过。先生在病痛日深的情况下，从事着繁重的行政和导师工作，再加上兢兢业业的课堂教学和课外辅导，能取得如此丰硕的研究成果，与其"五十年文章做到老，学到老"的精神不无关系，是其教学相长的必然结果。

## 第四节　执教华中大学（1946—1957 年）

1946 年秋季开学，钱基博先生决定不再回执教八年，且已迁往南岳衡山的国立师范学院任教，而是接受了私立华中大学的邀请，由贤婿石声淮陪同直接从无锡前往湖北武汉任教。

钱基博先生选择武汉作为自己晚年执教之所的原因应该是多方面的，

但有两点是不容忽视的：一是武汉有他的亲人，当时钱先生已年届六十，且病痛日深，家庭观念浓厚的老人自然希望晚年身边有亲人照应，而当时他的次子钱钟纬任汉口申新四厂副厂长，满足了老人的这一心愿。如果单是这一点，钱基博先生大可以留在无锡任教，所以我们不得不注意到第二个更为重要的原因，那就是如钱穆先生回忆的那样：当时"国难尚未已，国共思想斗争，学校风波仍将迭起"，[①] 不少知名教授为了避免许多麻烦，一意教书，都选择到一个陌生的环境。钱基博先生在《自我检讨书》中也曾写道："我没有力量纠正地方的风气！我只有同流合污！我做不到；我就想避地，避地来到我没有什么深厚关系的地方——华大，来做客，做我的教书匠；希望我紧张的神经，衰弱的身体，休息一下。"[②] 可见，钱基博先生来华大任教的重要原因还是希望寻一方清静之地专心教学和科研。钱基博先生在华大的教学经历可以分成两个时期：一是1946年—1952年，华中师范学院成立前，钱基博先生一直在中国文学系任教。二是，1952年华中师范学院成立后，先生转任历史系教授。[③]

## 一、执教中国文学系

笔者一直以来在搜寻钱基博先生在华大留下的痕迹，然而因为年代久远，当初的当事人或已远走他乡，或年事已高，记忆模糊，档案馆里关于钱先生的文字也少之又少。不过，凭着蛛丝马迹，我们依然可以获取一些信息。

钱基博先生在给无锡县徐县长的信中曾说："博忧患余生，重以多病，

---

① 钱穆在《师友杂忆》中曾回忆抗战胜利后的某年暑假，他与钱基博、钱钟书父子同在常熟开会，曾讨论过当时的局势和今后的去向，但是钱钟书先生自己说生平未到过常熟，念及钱穆先生写杂忆时年事已高，在时间、地点上或许记忆有误，然而事或有之，而且他回忆的当时局势也是历史事实。

② 钱基博:《自我检讨书》,《天涯》,2003年第1期。

③ 1946年秋，钱基博受聘于私立华中大学任中国文学系教授,1951年华中大学改为公立,并于不久改为华中高等师范学校。次年,该校与中华大学和中原大学教育学院等院校合并成立华中师范学院,钱先生转任历史系教授。华中师范学院后逐步发展成今天的华中师范大学。

亟欲得一偏地自养。此间亦知博之老迈无能，每周授课七小时之外，不责以职务，同仁亦如鬼神之敬而远之。"① 由此可见，此期由于钱基博先生身体每况愈下，学校领导和同事都给予了极大的理解，不赋予其职务，也尽量不去打扰他，让他安心休养、治学。那么，信中所说的每周七小时的授课究竟授的是什么课呢？温敏在华中师范大学档案馆无意中发现的一则史料，为我们揭开了这个谜底。② 根据这则史料我们可以大致勾勒出钱基博1947—1948 学年度所开课程表，如下表 3.13：

表 3.13　钱基博 1947—1948 学年度所开课程表

| 课程 | 学分 | 开课对象 | 备注 |
| --- | --- | --- | --- |
| 《史记》 | 三学分/学期 | 国文系三四年级学生必修 历史系学生选修 | 主张训练学生圈点书籍 |
| 《四子书》 | 二学分/学期 | 国文系二年级学生主修 | 先讲《论语》，次讲《大学》，再讲《中庸》，最后讲《孟子》 |
| 《韩文杜诗》 | 四学分/学期 | 国文系三四年级学生主修 | 开始讲授后，拟一周习作为文，一周习作为诗 |

该《计划》中提到"一俟本学年第一次教务会议通过，即开始讲授"。而一个月后同样刊于《华中通讯》的《本校本年度课程一览》证明钱基博先生的开课计划得到了通过。③

钱先生本学年度所开的三门课是经史子集的精华部分，也是钱基博先生一生国学教育中最重视也是最有心得的部分。早在 1925 年 10 月，钱基博先生就写有《记〈史记〉后》，后收入《潜庐集》；其后，在光华大学任教的时候又提出了读《史记》三法，即"就研究义理读""就文化读""就研究文学读"。该文后经其学生张杰整理，以《〈史记〉之分析与综合》为

① 《钱子潜函徐县长研讨修志体例》，刊于《人报》，1947 年 7 月 19 日、20 日。
② 《钱基博教授本年授课计划》，刊于 1947 年 9 月 20 日《华中通讯》第二卷第一期。
③ 《本校本年度课程一览》，刊于 1947 年 10 月 20 日《华中通讯》第二卷第二期。

题发表于 1935 年 11 月 10 日《光华大学半月刊》第 4 卷第 3 期。

"四书"是钱基博先生最强调的课程之一，为了帮助学生更好地学习和理解《四书》他专门写有《〈四书〉解题及其读法叙目》，刊于《南通报》，1930 年 2 月 9 日—28 日、3 月 1—16 日。后收入商务"万有文库"，由商务印书馆于 1934 年 1 月出版。书中钱先生认为："其教人也，以《大学》《语》《孟》《中庸》为入道之序而后及诸经，以为：不先乎《大学》，则无以提纲絜领，而尽《语》《孟》之精微；不参之《语》《孟》，则无以融会贯通，而极《中庸》之旨趣。然不会其极于《中庸》，则又何以建立大本，经纬大经，而读天下之书，论天下之事哉！学者先读《大学》以立其规模，次及《语》《孟》以尽其蕴奥，而后会其归于《中庸》；盖以为学之程序，而第其书之先后也。"[①] 先生的这种认识与一般的认识一致，因为自朱子始：原本首《大学》，次《论语》，次《孟子》，次《中庸》。而钱基博本年度开课时，授课的顺序发生了变化：先讲《论语》，次讲《大学》，再讲《中庸》，最后讲《孟子》。为的是"先讲《论语》，注重训练'中心思想'及短篇文章做法""次讲《大学》，再次为《中庸》可训练学生作长篇论文""最后讲《孟子》为讨论社会及政治问题"。可见，钱基博先生没有单纯按读经的一般顺序讲授"四书"，是为了按照学生学习的渐进过程和接受能力来教会学生如何写文章，并最终将所学运用于思考和讨论社会及政治问题。

昌黎之文与少陵之诗，乃中国文坛不朽之作，也是钱基博先生研究和讲授的重点内容。为此，钱基博先生曾写有：《〈韩愈文读〉叙目》，刊于《光华大学半月刊》第 2 卷第 7 期至第 10 期，1934 年 4 月 1 日、4 月 15 日、6 月 3 日、6 月 18 日，又刊于《青鹤》第 3 卷第 5 期、第 6 期，1935 年 1 月 16 日、2 月 1 日；《韩愈文读》（两卷本），商务印书馆，1934 年 12 月出版；《〈韩愈志〉序目》，刊于《青鹤》第 3 卷第 5 期、第 6 期，1935

---

① 钱基博：《〈四书〉解题及其读法》，《钱基博学术论著选》，华中师范大学出版社，1997 年版，第 336 页。

年 1 月 16 日、2 月 1 日;《韩愈志》,商务印书馆,1935 年 1 月出版;《韩愈杂说》,手稿本,时间不详,现藏于无锡图书馆。1925 年秋,钱基博先生曾写《读杜诗》(又名《乙丑秋夜读杜诗有感赋呈孟宪承先生》)赠予孟宪承先生。1942 年在蓝田国立师范学院时,钱基博先生曾给学生们讲授陶渊明和杜甫之诗,论陶、杜之为人,还支持学生成立了"白云诗社"。该诗社命名取自陶渊明《和郭主簿》中的"遥遥望白云,怀古一何深"句意,钱先生在为同学们辅导时曾说:"读陶诗,学写陶诗,贵在理解陶之素襟不易,躬耕自资风格,居千代下,遥望白云,缅怀陶之爱国家,爱农民之古意,如爱国诗人陆游所自勉:'学诗当学陶',磨砺以须,为复国成才!"①殷切之情,溢于言表。当时钱基博的《陶诗杜诗讲义》,后收入其学生曾仲珊著的《仲珊诗词存稿》。

## 二、执教历史系

1952 年华中师范学院成立后,钱基博先生转任历史系教授。此时的钱基博先生因为身体原因没有直接给学生开课。目前,有据可查的只是 1956 年秋,钱基博先生应系领导的邀请为中国古代史教研室的崔曙庭、吴量恺、刘慧琪、邹贤俊、魏永昭、范植清六位青年教师讲授中国古代史。

据崔曙庭老师保留的听课笔记可知,从 1956 年 10 月到 1957 年 6 月,钱基博先生共为他们授课 34 次,其中第一学期授课 19 次,第二学期授课 15 次。这一年的授课以《通鉴辑览》为教材,结合读书来进行讲课。之所以选择以《通鉴辑览》为教材,原因有三:一是该书有典章制度部分,学习中很需要;二是地理部分注明了清代的名称,便于学习;三是从远古到明末,包括的时间长,可以了解历史的全貌。②结合点读《通鉴辑览》的

---

① 徐运钧、李蹊:《去德滋永,思德滋深——忆先师钱子泉先生》,《华中师范大学学报·纪念钱基博诞生百周年专辑》(1987 年),第 154 页。

② 崔曙庭:《回忆钱基博给我们讲授中国古代史》,《钱基博学术研究》,华中师范大学出版社,2008 年版,第 91 页。

内容，钱基博的讲述大概分为远古传说时期、夏商周时期、春秋时期、战国时期和秦汉时期五个阶段。其中，在讲完战国时期的内容时，做了一个小结，介绍了上古史料。可见，钱基博先生是把战国末期看作上古史的终结，秦汉史作为中古史的开端，但是没有提及奴隶社会和封建社会的分期问题。因为时间问题，钱基博先生关于秦汉时期只讲了三次课，仅开了一个头。即便如此，钱基博先生本年的授课也是值得纪念的，因为这是钱基博先生的最后一次授课。1957 年 6 月在结束了这一年的课程后，全国就开展了"反右"运动，钱基博先生因为直谏也受到了牵连，于同年 11 月病逝，一代国学大师与世长辞。

钱基博先生本次的授课时间虽短，但是他却始终没有忘记对教学方法进行不断地改进。结合历史文物进行教学是钱基博先生晚年留给我们的又一教学亮点。

据崔曙庭教授回忆，当初钱基博先生在给他们几位青年教师讲授中国古代史时，曾进行了结合历史文物教学的试验。钱先生认为既然自然学科有标本可用，那历史文物不就是历史教学的标本吗？结合历史文物读文献可以作为一种尝试，如果行之有效，可以推广，如果失败，也可以吸取教训。为此，在授课的过程中，钱基博先生不仅带他们到历史系文物陈列室结合实物授课，而且还曾带他们到省博物馆边参观、边讲课，以增进听课者对历史文物的认识，加强对历史发展进程的理解。在 1956 年 10 月到 1957 年 6 月半年多的授课过程中，至少有四次去博物馆的记载。[①] 如在讲授商周的历史时，钱基博先生就带学生们到历史系的文物陈列室，观察实物的形状，讲述各自的特点，相互比较其相同点和不同之处，以见其时代的特点。单就铭文来看，商器铭文简略，一般只有几个图画文字，而周器则铭文较长，最多时达四百多字。其中毛公鼎、散氏盘都是铭文较多的铜

---

① 据崔曙庭教授的听课笔记记录，1956 年 10 月 23 日、12 月 17 日，授课地点为华中师范学院历史博物馆；1957 年 2 月 8 日、4 月 25 日，授课地点为武汉东湖风景区省博物馆。

器。从铭文的内容上，则可以分析出是私造还是官造。私造多无铭文或铭文一般化，有较多铭文的一般为官造。至于鉴别一件器物的时代，钱基博先生认为至少可以从三个方面入手：一是从直接发掘可知年代；二是知为某地出土，因而确定其年代；三是不知为何时何地出土，则可以对照已知文物的形制来确定其年代。[1]

学生兼贤婿的石声淮是钱基博先生这一贡献的直接受益者和继承者。石先生的学生佘斯大曾回忆：（石先生）非常关心出土的新资料，并将其用到自己的科研和教学之中。有一次我看一本书字学方面的书，郭沫若反对《说文》的释"易"为"蜴"，认为是由甲骨文中一个"一只器皿向另一只器皿倒水"的字形演变而来，由此我想到《周易》的书名，便提出来问先生，先生说："郭沫若有道理。《德鼎》出土后由上海博物馆移交给了故宫，其铭文中'王益之贝二十朋'之'易'字写作'易'下一个'皿'字，那么古'易''益'为一，所以'王益之'可读为'王易（锡、赐……）之'。"并说："你可以参考《周易·讼》上九和《损》六五。"先生如此熟悉出土文物，确实出乎我意料之外。[2] 其实，在笔者看来石先生对文物资料如此熟悉完全是情理之中的事情。毕竟，石先生自从在蓝田国立师范学院入先生师门，并因学业优良而被钱基博先生钦定为女婿之后，便一直陪侍在先生左右，尤其是先生晚年时，翁婿同在华中师范学院任教，钱基博先生亲自创建了历史博物馆，并写成了几十万字的《华中师范学院历史博物馆陈列品研究报告》，作为先生的学生兼助手，石声淮先生由此所受的教育和启发一定是深刻的，所以他能继承钱基博先生将文物研究和教学结合在一起的方法也就不足为奇了。

---

[1] 参见崔曙庭：《回忆钱基博给我们讲授中国古代史》，载《钱基博学术研究》，华中师范大学出版社，2008年版，第91页。

[2] 佘斯大：《石声淮 治学严谨，循循善诱 继承古道，益以新法》，《桂苑师林——投身于"太阳底下最光辉的职业"》华中师范大学出版社，2005年版，第166页。

三、晚年的博物、图书情怀

钱基博先生在《自我检讨书》中曾深情地写道:"我爱惜一块古玉,一只古鼎,像爱惜一粒谷一样,因为同一是劳动的果实;不过一是古代的,一是现代的。然而一粒谷,可以吃饱我们的肚皮;一件古器,可以充实我们的文化。我们看了一件古器,可以想见我们祖宗艺术的优美,民族文化开发的老早。我常常认为这是民族历史的物证,社会文化的遗产!"据崔曙庭老师回忆钱基博先生经常在自己的长布衫上挂上几件小玉器,也许这正代表了先生对民族文化的热爱和美好回忆。

纵观钱基博先生的一生,至少留下了以下关于图书、博物情怀的文字:

3.14　钱基博图书、博物篇目举例

| 篇名 | 出版与保存情况 |
|---|---|
| 《无锡图书馆碑记》 | 作于 1913 年 4 月,刊于《南通报》,1920 年初(版期不详);后收入《无锡光复志》(原石存原无锡县图书馆旧址) |
| 《丽则女校学生图书馆成立记》 | (国文范作),刊于《妇女杂志》第 2 卷第 9 期,1916 年 9 月 5 日 |
| 《〈大公图书馆藏书目录〉序》 | 收入严肖兰编《大公图书馆藏书目录》,1921 年 10 月出版 |
| 《〈江苏省立第三师范学校图书研究刊〉序》 | 作于 1921 年 10 月,收入《潜庐集》 |
| 《博物馆碑铭(乙通)》 | 作于 1926 年底,具体时间不详 |
| 《小学教育博物馆佐金题名之碑铭》 | 刊于《南通报·文艺附刊》第 4 号,1927 年 2 月 13 日 |
| 《〈无锡县立图书馆历年概况〉叙》 | 收入秦毓钧著《无锡县立图书馆历年概况》,1928 年 8 月出版 |
| 《文物研究》 | 华中大学讲义,油印本,作于 1951 年 |
| 《华中师院历史博物馆陈列品研究报告》 | 油印本,1955 年 |

早在 1912 年,中华民国成立的时候,年轻的革命党人把剪辫、打庙毁神像当作是破除旧思想、摧毁旧事物的具体行动,致使无锡各处文物古迹

受到不同程度的破坏。那时的钱基博虽然年纪尚轻，但是，已有强烈的文物保护意识，他曾向锡金军政分府建议要对文物加以保护。

时过境迁，40年后的钱基博已步入晚年，中华人民共和国已成立，然而钱基博先生对图书馆和博物馆的情怀始终没有改变。面对日新月异的新中国和蓬勃发展的文教事业，钱基博先生做出了一个重大决定，那就是将自己所藏之书全部无偿捐赠给当时所执教的华中师范学院图书馆。为改善历史系教学设备，在钱先生的倡议下，华中师范学院成立了历史博物馆，先生将生平所藏文物古玩212件捐赠出来。从他撰写的《华中高等师范学校历史博物馆赠品说明书》可知，凡赠品二百一十二件，分十类：（甲）殷墟龟甲三件；（乙）旧玉二十六件；（丙）铜器八十件；（丁）古陶五件；（戊）古瓷二十五件；（己）旧砚七件；（庚）旧墨六件；（辛）古拓十一件；（壬）书画墨迹二十三件；（癸）标本图书石二十五件。[①]同年，他将碑帖字画一千余种，赠苏南文物管理委员会；方志一千余种赠无锡泰伯文献馆。如此慷慨的捐赠，正印证了钱基博先生一贯的主张：文物工作的主要目的是帮助自己提高读书学艺、充实我国历史见证，达到广泛教育人民群众、培养爱国主义与文化修养，决不是玩古董，所谓"勿以地下之汇求而忘大地之灼见，勿以地下之所无而疑诗书之所有"。[②]

为了便于同学们更好地利用好历史博物馆，钱基博先生在人生的最后几年，倾尽全力，撰写了三十五万多字的《华中师范学院历史博物馆陈列品研究报告》，此研究报告写至明、清时代，后因病重而辍笔，清代尚有一小部分未完成。由此报告不难看出，钱基博先生研究文物最大的特点就是始终坚持唯物史观，坚持文物与文献相结合。钱基博先生研究文物不是把文物当作静态的物品，而是动态的文化。从华中师范学院历史博物馆所藏

---

① 吴忠匡《先师钱子泉先生学行记》，刊于《华中师范大学学报·纪念钱基博先生诞生百周年专辑》（1987年）。

② 吴雨苍：《文采传希白，雄风劲射潮——纪念钱子泉老师》，刊于《无锡文史资料》第22辑，1990年6月。

文物中，钱基博先生至少得到以下启示：（1）文化的发生发展有其必然可循之规律，且放诸四海而皆准。不同的时代都有其特盛之文化作为表征，而放眼世界其表征之文化基本相似。文明初始基本都经历了石器文化到陶器文化再到铜器文化的演变。而且，希腊出土纪元前八世纪之古瓶壶，所见图谱者，皆多同我国石器时代之仰韶彩陶、龙山黑陶；埃及出土新时期时代之陶钵，全部都是雷回纹，而雷回纹也同样是我国仰韶彩陶、龙山黑陶的基本纹路；至于绳纹，更是初民陶器之所共通。目前还没有证据证明当时的初民已经开始了世界性的文化大交流，所以我们只能将这些雷同当作先民在演化过程中的无意之偶合。（2）从器物可以推见东西文化之交流，尤其可见中华文化的巨大包容性和内在稳定性。我国周之铜器纹饰，往往不承周器，而与古希腊之雕刻同系统。而汉镜、汉带钩以及汉织锦之涡卷纹带、菱形纹带，希腊意匠，更是有目共睹。宋宣和《博古图》与清《西清古鉴》中，著录汉海马葡萄镜以及日光、明光、清白诸镜不少，而察其图案设计，海马葡萄镜源自波斯；而日光、明光、清白诸镜，同型北欧。此皆绝非出于无意之偶尔，而可推见东西文化之交流。西汉时期，佛教传入我国。所以从一开始包括魏晋南北朝之佛像造型就吸收了印度、犍陀罗等因素。然而值得一提的是，中国文化在接受外国文化时始终不忘以我为本。所以我们接受了其佛像的衣冠纹饰，而不接受其精神体态；因之，当时的造像皆佛法之衣冠纹饰，而中国化之精神体态。佛像一变印度佛像之瞋目皤腹，张脉偾兴，而变为低眉垂首。而体段也由粗壮而渐苗条；面貌，则自庄严而渐柔和；端庄流丽，仪态万方，悲悯众生之意，溢于眉宇之间，中华文化的"和合"之意尽显其中。正可谓"择善而从，无所不师，然而无所不择，推陈出新之中，自有我在；沈浸浓郁，而兼收并蓄，细大不捐，此中国文化之所以深而大、博而厚也"。[①]（3）从文物可见看见我国"重集

---

① 钱基博：《华中师范学院历史博物馆陈列品研究报告》，《华中师范大学学报·纪念钱基博先生诞生百周年专辑》（1987年），第109页。

体轻个人"的文化传统。中国的历史文物中，除了绘画多见作者署名款外。其他诸如石器、陶器、铜器、玉器乃至瓷器，仔细观摩，无一不穷工极巧，然而无一物署款以知其作者为何人。即便是绘画作品，像汉代的壁画，就没有作者署名，唐、宋的壁画没有署名的作品也不少。日本上田恭辅在其《支那陶瓷之诸观察》一书中，通过中日器物对比，得出这样的结论："日本之名陶，不过作者个人之成功；而支那之名瓷，则时代发展、社会发展之集体成功也。"①从一器之微，可以征见中华民族是富于社会创造的民族，是讲究集体荣誉的民族，同时也是精于合作的民族。毕竟，诸如铜器自造模、制范、冶金、雕花到加铭文，玉器自剖璞、切玉、雕花、琢磨以至成器，其工艺复杂，合作密切，其中的任何人如果缺乏合作精神，都是无法造出让后人惊叹的作品的。这种分工合作以成功于集体，而不得以个人居其功的精神是中国传统文化中"重集体轻个人"的突出表现。

此外，钱基博一生的博物思想也浓缩在了其为庆祝华中师院历史博物馆成立所写的《文物研究》中，②在此文中，钱基博先生系统阐述了以下六个问题：文物管理与文物研究；文物研究与考古学；普通人家之收藏为何等文物；文物之研究；文物之陈列；文物之纪念物法。在文中，钱基博先生强调：文物研究，必先知何谓"文物"。1."文物"不同于物。易系辞传："物相杂故曰文。""文"，者，物之相互。曰物，可以认识尽：曰"文物"，则不能以认识尽。所以文物研究，当注意于物物之相互，而观其生灭错综，以应用唯物史观辩证。然非博物，所以见物之相互。2.文物者，物之相互。而以表见文化之历史发展者也，不限于古物；而考古学则以古物为主；往往尤偏于远古：西洋则偏于希腊罗马以溯先史，中国则偏于夏商周三代以

---

① 钱基博：《华中师范学院历史博物馆陈列品研究报告》，《华中师范大学学报·纪念钱基博先生诞生百周年专辑》(1987年)，第112页。

② 钱基博所作的《文物研究》现存两个版本，一个是作于1951年6月，由学生王杏生敬抄，现藏于湖南省图书馆的油印本，一个是1953年3月为庆祝华中师院历史博物馆成立而作，现藏于华中师范大学的油印本。后者更为全面，应该为最终版本，本书笔者采用的是后一个版本。

秦汉。所以考古学不足以尽文物之研究，然文物研究，必有事于考古学。

总之，钱先生"所望今之从事考古发掘者，勿以地下之庬求，而忘大地之灼见；勿以地下之所无，而疑诗书之所有；长图大念，实事求是，以结合足证之文献，而后可以导扬民族文化之深远，以不诬古人者见历史之真也"。①

关于钱基博先生捐赠图书的数量，一般认为是 5 万册左右。曾长期陪侍钱基博先生的学生吴忠匡在回忆文章《文采传希白，雄风劲射潮——纪念钱子泉老师》一文中有这样的回忆："新中国成立以来，我国的国际地位日隆，国内安定，民生安居而乐业，致力建设，百废俱兴，先生常喜形于色。因董理生平笔耕舌耨之所积累，举以赠之华中师院，计所藏书二百余箱，五万余册，捐赠师院图书馆。"②群忠在《慷慨赠书图书馆的大学者钱基博》一文中沿袭了这种说法。③而钱基博的贤婿、作为事件亲历者的石声淮在其后的回忆文章中有这样的记载："一九五〇年春，泉师决定将全部藏书赠予华中大学，……一九五〇年夏，我侍泉师到无锡整理了那几十箱书，托中国旅行社运到武昌华中大学公书林图书馆。……至今这几万册书仍在华中师范大学图书馆供读者借阅。"④很显然，这里的"几十箱"与吴忠匡所说的"几百箱"有很大的差别，这可能是时间久远，回忆有误，或者箱子大小有别，也未可知。虽然石声淮先生没有具体提到究竟是几万册，不过，钱基博在致沈维钧的书信中，⑤曾这样写道："自念一生笔耕舌耨之余，购书亦近三万册，经于一九五〇年运鄂捐入本院图书馆，惟名贤手稿手札

---

① 钱基博：《华中师范学院历史博物馆陈列品研究报告》（总说明），《华中师范大学学报·纪念钱基博先生诞生百周年专辑》（1987 年），第 112 页。

② 吴忠匡：《先师钱子泉先生学行记》，刊于《华中师范大学学报·纪念钱基博先生诞生百周年专辑》（1987 年）。

③ 群忠：《慷慨赠书图书馆的大学者钱基博》，《图书馆界》，2000 年第 3 期。

④ 石声淮：《记钱子泉先生捐赠图书文物事》，刊于《华中师范大学学报·纪念钱基博先生诞生百周年专辑》（1987 年）。

⑤ 沈维钧，1902 年生，浙江吴兴人，号勤庐，擅长考古金石学，曾任中央古物保管委员会干事，新中国成立后在苏州博物馆工作。

及点校之书百十册，以先贤手墨未忍舍去。"① 按照钱先生自己的说法，他的捐书数量应该在 3 万册左右。然而，无论我们采信那一种说法，钱基博先生的捐书规模也都称得上是蔚为大观。钱先生用自己的实际行动再一次表明了自己反对"藏书而不读书"的立场。据石声淮先生回忆，早在蓝田师院的时候，钱基博就曾和他们谈及北宋的李常曾在庐山僧寺读书，② 离寺时，他将几千卷书都赠给了僧寺，以供人借读。钱基博先生非常赞赏李常的这种做法，认为书闲搁着成为废物，是极大的浪费，不如把它们捐赠出来，使其发挥作用，供需要它们的人阅读。正是因为有了这样的认识，所以才有了后来的无私慷慨捐书。③

可见，隐藏于钱基博先生图书与博物馆情怀之后的依然是他那浓浓的爱国主义情怀，是对中国传统文化精华的深深热爱和无限忠诚，他希望图书馆和博物馆真正发挥其教育功能，确实为培养现代世界之中国国民服务。

附：

长期以来，人们对于钱基博先生在清华大学的教育经历比较好奇，但是因为资料有限，故而笔者仅就所掌握的主要资料，补充如下：

钱基博先生 1925 年暑假只身北上，出任清华大学普通部国文系教授，执教大学部甲、丙两组国文课，每星期授课时间为 8 小时，每组学生为 16 人。1925 年 12 月 4 日《清华周刊》第 24 卷第 13 号，刊载了《教职员介绍：钱基博先生》一文，文中介绍：

> 钱基博先生，江苏无锡人，清光宣间任职司法界军界。民国四年在吴江

---

① 转自卫华：《无私的奉献——钱基博致沈维钧札》，《收藏界》，2002 年第 5 期。
② 李常，字公择，建昌人，公元 1027—1090 年。
③ 遗憾的是，2007 年，也就是钱基博诞生 120 周年，华中师范大学历史文化学院的陈亚敏、王宏强二人根据《华中大学图书馆韦编目中文线装书钱基博教授捐赠书草目（经、史、子、集之部）·一九五一年》的记载初步统计，现存钱基博捐赠的中文线装书仅存 14000 册左右（不包括非线装书）。

丽则女中教国文。五年至九年，转任江苏三师国文教师。十一年升任教务长。十二年十三年间就上海圣约翰大学请，教中国文学史及国学概论。来清华任大学部汉文教授，著作甚多，散见各报纸杂志者不鲜。

钱基博先生在清华的大多数时间均忙于编讲义、授课，然而也与诸多大师有交往，其中就包括梁启超和吴宓。

梁启超此时在清华国学研究院任教授。他有感于当时的学子在读经典时要么提不起兴趣，要么难得要领，更是苦于没有时间在浩渺的书海里钻研，所以决定写"要藉解题"或"要藉读法"之类的书来救学子于苦海。一次，钱基博"遇梁任公贻以《要藉解题》一册，中《论语》《孟子》意有异同，别纂为篇。"①梁启超先生不仅不以为忤，而且还号召说"我希望国内通学君子多做这类的作品，尤其希望能将我所做的加以是正。例如钱先生新近在清华周刊发表的《〈论语〉解题及其读法之类》之类"。②钱基博与梁任公的再次文字切磋，更进一步激发了他的热情，从而拉开了撰写经典要藉解题书系的序幕。后来钱基博先生又陆续著有《〈周易〉解题及其读法》《读〈礼记〉卷头解题记》《〈文史通义〉解题及其读法》《读〈庄子·天下篇〉疏记》《〈老子·道德经〉解题及其读法》《孙子章句训义》《〈古文辞类纂〉解题及其读法》《〈文心雕龙〉校读记》《〈诗品〉校读记》《古诗十九首解题及其读法》等著作。钱基博先生的这次创作高峰与梁启超先生有密切关系。

此时的吴宓从东北大学转至清华大学国学研究院担任主任一职。据《吴宓日记》记载，1925年12月19日，钱基博向吴宓投去《古文辞类纂题解》稿，并附贺年诗一首，③录如下：

① 曹毓英选编：《钱基博学术论著选》，华中师范大学出版社，1997年版，第336页。
② 梁启超：《要藉解题及其读法》，清华周刊丛书社，1925年版，第3页。
③ 吴宓著，吴学昭整理注释：《吴宓日记》（第三册），生活·读书·新知三联书店，1998年版，第110页。

> 鼙鼓惊心急，屠苏著意醇。
>
> 清华新日月，薄海旧沉沦。
>
> 所贵因时变，相期济世屯。
>
> 寸心生趣茁，大地自回春。

12月25日，吴宓依韵和诗一首，录如下：①

> 道高文益贵，交浅味偏醇。
>
> 感子情何厚，相看世已沦。
>
> 寸心悬日月，万劫数艰屯。
>
> 长夜终须旦，花开盼早春。

此二诗应该是钱基博与吴宓第一次直接的文字交流，双方虽然都意识到了传统文化面临的挑战，但仍对传统文化的复兴充满信心。从某种意义上说，正是对传统文化共同的情感奠定了二人以后交往的基础。

钱基博先生在清华只待了一年时间，关于他离开的缘由，他在《自我检讨书》中做了说明，录如下：

清华的洋化生活，和圣约翰一样；而同事的拜金主义，尤其严重！同事谈话，公开的计较薪水多少，却是我到清华第一次听到！有一次，曹云翔校长，因为校中酝酿风潮，召开教授会。同事纷纷发言，有一位声诉薪水的不平。我当即说："我们不要谈薪水！我们的薪水，是美国庚子赔款；庚子赔款，是全国四万万人，吃了许多苦的血债！我们拿来享用，心里本觉得难受；

---

① 吴宓著，吴学昭整理注释：《吴宓日记》（第三册），生活·读书·新知三联书店，1998年版，第113页。

少拿些，少担些罪孽，也心安理得！"薪水问题，会场上就算一句话抹过！散了会，我就拿这一层意思，写信告诉我弟弟，并且附加几句话，说："现在读书人，眼睛只看见钱；不问钱的来源，干净不干净！这样唯利是图，从前人讲的见利思义，没有人肯去思；只要有人给他钱，一切可以做；照此下去，中国前途，不堪设想！"不知道怎样，上海《申报》附张"自由谈"，将我信里这一段话登载了！有一天，在校内工字厅，碰到余日章的弟弟余日宣，就指着这一段自由谈问我，我知道此君心地极厚，并无恶意；我就向他说明我的意思。余日宣也以为然。哪知后来有人告我，曹校长因此很不痛快，且嘱向我致意，不要发不利于本校的意见。我就答：'很容易！曹校长认为我不利本校；我到暑假走就好了！我也知道现在全国大学的待遇，没有一个比得上清华！这一只金饭碗，没有人舍得抛；我有决心抛给曹校长看。"到了暑假将近，校长室送来了续聘三年的约书，我就退回了！校长室送了三次，我就勉强接了；然而我一回到南边，我七十八岁的父亲死了；我心里悲哀，我决定不去了！后来我知道曹校长很后悔。这是我脱离清华的所以。①

　　虽然目前尚没有资料来印证钱基博先生的叙述，但是重义轻利、坚持正义，敢于直言确实是他一贯的作风。钱基博先生对人们无原则地追求物质财富一直是充满忧虑的，事实证明，他的这种担心并非空穴来风，更不是杞人忧天。钱基博先生在清华大学的执教时间虽短，但是却是其教育生涯中不可或缺的一环。

---

　　①　钱基博:《自我检讨书》,《天涯》, 2003 年第 1 期。

# 第四章　钱基博教育思想的价值取向

价值取向（value orientation）是价值哲学的重要范畴，它指的是一定主体基于自己的价值观在面对或处理各种矛盾、冲突、关系时所持的基本价值立场、价值态度以及所表现出来的基本价值倾向。价值取向具有实践品格，它的突出作用是决定、支配主体的价值选择，因而对主体自身、主体间关系、其他主体均有重大的影响。① 从钱基博先生教育思想的价值取向中可以明确看出他对于教育目的的理解，对教育重点的把握，对教育过程中师生关系的定位等。

同时，教育总是在一定的文化环境中进行的，总是受制于整个文化传统。作为个人来说，一个人的教育价值取向总是受制于其思想、意识和观念层面的影响。弄清钱基博先生教育思想的价值取向及其背后的文化哲学观念，有助于进一步理解他关于教育模式、教育内容、教育方法等方面的选择。总的说来，钱基博教育思想的文化基础是以儒家思想为核心的中国传统文化。下文将对此做具体的分析。

## 第一节　坚持社会中心

在个人与社会的关系上，钱基博先生坚持以社会为中心。在儒家"修

---

① http://www.baidu.com/baidu?tn=you2000_pg&word= 价值取向。

身、齐家、治国、平天下"的入世精神指引下，始终倡导以天下为己任的社会责任感。并怀揣这份责任感辗转大江南北，从事阐扬国学、教导青年之教育工作。

一、仁、善群为人之天性

钱基博先生之所以能以社会、国家的需要为需要，进而做出自己的人生选择，有其深厚的文化基础。

首先，钱基博先生认为20世纪的时代精神不是"我"而是"人"。所谓"仁者人也"，换句话说"人者必仁"。《论语》二十篇，为孔子之道所寄托，孔子之中心思想为"仁"。按《说文》人部："仁，亲也。从人二。"故"仁"从人从二，其意义，为人不为我。另，段玉裁注："会意。《中庸》曰：'仁者人也。'注：'人也读如相人偶之人，以人意相存问之言。'《大射仪》：'揖以耦。'注：'言以者，耦之事成于此意相人耦也。'《聘礼》'每曲揖。'注：'以相人耦为敬也'按人耦，犹言尔我亲密之词。独则无耦；耦则相亲；故其字从人二。"是则"仁"者，人耦之关系也。

其次，钱基博先生认为是否善群是衡量君子的重要标准。"君子"是孔子教育的目标，也是孔子理想人格的代表。那么，君子与小人的区别究竟何在？钱先生的回答是："仁者为君子，君者：群也，即善群之男子；不仁者为小人，小人徒顾一己之私者也。"[①] 其根据是：《荀子·王制》："君者，善群也。"《春秋繁露·灭国》："君者，不失其群者也。"《白虎通·号》"君之为言群也"，……则是"君""群"叠韵为诂也。《白虎通·爵三纲六纪》皆云："子者，孳也；孳孳无已也。"《广雅·释言》："子，孳也。"子孳亦叠韵为诂。则是"君子"者，善群孳孳无已之谓也。"子"亦作"慈"。《礼·乐记》"易直子谅之心"，朱子引《韩诗外传》"子谅"作"慈谅"；因引申为"爱"训。《中庸》"子庶民"，注："子，犹爱也。"《吕览·知接》

---

① 钱基博：《孔子之"道"与"学"》，刊于1946年8月28日《锡报》。

注：“子，所爱也。”则是君子者，为群所爱者也。倘不为群爱，不孳孳于善群，则虽樊迟圣门高弟，“言必信，行必果”之士，孔子皆斥之曰：“小人哉！”而不许以君子。何者？以为所见者小，独善而不知善群也。此外，钱基博先生认为能否善群也是君子与英雄之异，能善群者为有益社会之君子，不能善群而独以成自我之夸大狂，则是于人群无补之英雄，所以孔子论人物，必举君子。①

纵观整个历史长河，夫人之所以竞胜于物而不殄厥胤者，图以其仁而能群也。《汉书·刑法志》曰“不仁爱，则不能群。不能群，则不能胜物。不胜物，则养不足，而争心将作。”故“自营大行，群道息而人种灭”。天地之性，物之最能群者，莫若人也。然而，在 19 世纪，人们片面地理解了达尔文进化论的核心观点——“物竞天择，适者生存”，很多人以竞争为固然，而弃仁爱于不顾。由此，出现了这样的可怕情景：只有我而不顾人，各人为自己打算，以致国与国争，政府与人民争，某一阶级与另一阶级争，于是世界混乱，大有同归于尽之势。基于此，英国哲学家特兰门德 (Henry Drummond，1786—1860)，在其《人类向上论》一书中提出了一个著名的观点：“人群之进化乃爱之进化，而非由于竞争，此人之所以异于普通生物也！”而钱基博先生认为爱之真义，就在于牺牲自己以利他人之生存。②

## 二、从“家族”到“国家”

中国古代社会的组织结构基于宗法制度，宗法制度以家庭为基础，由家庭而家族，再由家族而国家，形成了“家国一体”的组织形态。梁漱溟先生在《中国文化之要义》一文中说“中国文化以家族为本位，注意个人

---

① 钱基博：《历史人物的新估价》，刊于 1948 年 8 月 2 日、3 日《江苏民报》。
② 钱基博：《四书解题及其读法》，《大家国学·钱基博》，天津人民出版社，2008 年版，第 263 页。

的职责和义务，西方文化以个人为本位，注意个人的自由和权利。"① 中国人从以家族为中心推广到以国家为中心，同时也显现出重家族轻个人，重群体轻个体，重义务轻权利的特点。换句话说，西洋人之自我观，大抵以我为主，以人为从。而我国先圣相传之的伦道德之自我观，则以全人类为主，以我为从，显示了"大我"情怀。钱基博先生认为"盖言人伦道德而不注意于家庭、社会、国家之关系，则'道德'为不'人伦'"。《礼记》注，皆云："伦，犹类也。""人伦道德者，全人类之道德也，非只我之道德也。粤我先民，常以为我者，天下国家组织之分子。我，非自有之我；乃天下国家所有之我；故己不可不修。"② 人类首先是亲子之爱，然后推之为家庭、国家、社会之爱。同情、协助等诸多感情皆由爱而生。孔子曰："修己以安人。"修己者，非为己而修，乃为安人而修。齐家、治国、平天下，皆安人也。因此，把个人学习与工作同国家兴亡的命运联系在一起，成为中国教育的传统。古代教育的最终目的就在于格物致知，修身养性，以达到治国平天下的目的，这也是"学而优则仕"的直接思想来源。

　　然而，人们往往忽视的是：在这种"家国同构"的体制下其实暗藏着一股不容忽视的"事不关己"的消极情绪。因为在传统社会里国家毕竟只是一家之国，一家之长即皇帝把天下看作自家的产业，国土和国民都是自己一家的私有财产，国事往往由君相定夺然后昭告天下，久而久之，国民将君主视为主子，自己甘为奴隶，只知有君，不觉有国，即是有国，也是君相之国，与己无关。梁启超认为国人的这种消极心态正是国势日下的重要原因。一方面是西方诸国人民"以国为己之国，以国事为己事，以国权为己权，以国耻为己耻，以国荣为己荣"。另一方面是"我国之民，以国为君相之国，其事其权，其荣其耻，皆视为度外之事"。如此，胜负已分

---

① 梁漱溟：《中国文化之要义》，《中国现代学术经典·梁漱溟卷》，河北教育出版社，1996 年版，第 23 页。
② 钱基博：《我之读经教学之旨趣及学程》，刊于 1923 年 1 月 16 日—5 月 16 日《无锡新报·思潮月刊》。

矣。然而"不有民,何有国,不有国,何有民,民与国,一而二,二而一者也"。[①] 所以说要培养国人的爱国心,首先要让其意识到国家和自己的关系。如果说在封建社会,君主把国民当奴隶而国人也以奴隶自居尚情有可原,那么在民国社会,国民如仍以奴隶自居则不可。因为只有在君民共有之国中,君民才能真正地如父兄子弟,通力合作以治家事,有一民即有一爱国之人。梁启超历来主张政治教育,而他同时认为"政治教育之最急务,则莫先于使人民皆有明确之国家观念"。因为"国家譬则法身也,舍法身之外,求所谓我者,了不可得,舍我之外,求所谓法身者,亦了不可得;舍国家之外,求所谓我者,了不可得,舍我之外,求所谓国家者,亦了不可得。"他认为"今日中国人心道德之堕落,……万恶之本,皆在以自己为本位而已。……故一切国利民福社会公益等名词,无非借以为自私自利之一种手段,推其所由起,不过视自己过重,误认区区七尺之臭屁囊为我,而以我相与他相对待,种种勾心斗角损人利己之卑劣手段,皆由此而生"。[②]

需要指出的是,钱基博主张以社会为中心,并不代表他没有意识到教育有发展个性的功能,只是说他始终将"群"的利益放在"个人"利益之上来考虑,所谓"皮之不存,毛将安附"? 1946年他在无锡县立女中纪念周上曾做过题为《教育之新女祸》的演讲,演讲中他强调:"教育之大用,两言以蔽,曰:发展个性以成人,服务人群以自为;盖天下无一人能离群独立,几见有损人而能利己者! 群之既毁,我亦同尽!"然而当时的情况是:"今之受教育者,长傲纵欲,只见发展个性以成我,妨害公益以营私;其表现于男性者,为文官爱钱,武人惜死;而女性之表现,则笃虚荣,炫色相!"[③] 可见人们过分关注自我利益而忽略公共利益才是钱基博先生所担心的。

---

① 梁启超:《爱国论》,《饮冰室合集·文集之三》,中华书局,1989年版,第70页。

② 梁启超:《莅佛教总会欢迎会演说辞》,载《饮冰室合集·文集之二十九》,中华书局,1989年版,第32—34页。

③ 钱基博:《教育之新女祸》,刊于1946年6月4日、5日《江苏民报》。

# 第二节　坚持学术中心

钱基博先生一生都在追求学术进步，他认为研究与教学是教师的两大本分，不仅如此，他还认为学生也当以学术为本分，并且注重学术实效，反对学术玄谈。

## 一、学生当以学术为本分

钱基博先生对当时风起云涌的学潮是持否定态度的，他认为这是学生的义气之举，纵欲之行，终将导致不学无术，荒废青春，无异于毁国之栋梁于未萌。

1919 年，学生运动进行得轰轰烈烈，全国学生联合会总会不时通电罢课，以呼号救国。当时钱基博先生执教江苏省立第三师范学校并兼任校务主任，在接到罢课的通电后，他曾以三师职员学生的名义先后上书江苏省教育会和地方法团，力陈己意。在《致省教育会及地方法团书》中，他先是对群公执事晓之以理，考之以《中华民国约法》第一条曰："中华民国，由中华人民组织之。"中华人民当时有四万万之众，绝非只有学生而已，且学生是未成年人，岂能代表所谓民意？钱基博认为"考之民律，规定未成年人无行为能力，无责任能力。今国家大事，中华人民之有行为能力、有责任能力者，不负其责，而无行为责任能力之学生，乃起而代负其责。然则世之觇国者，不将谓我中华民国为无行为责任能力之国乎？中华民国有学生而无成人，此又中华人民之耻也"。其后，又对群公执事动之以情，"诸君子为人父兄，试思子弟求学之时，坐令奔走国事以致废学，其影响于异日之行为能力者何若？为人父兄者，庸可不为之地乎？倘诸君子起而主持舆论，引国家事为己任，而吾侪无行为责任能力之学生，将退而安心求学，以为异日发展之地，而竟诸君子今日未竟之绪。国家幸甚"！①

在另一封《致省教育会书》中钱基博重申了"夫国家神圣，而学术尤神圣"的观点，并列举了欧战中，英、法、德等国对待教育的态度来进行佐证。"此次欧战之烈，亘古所无，然英、法、德、奥诸国，僵仆随属，而学校未尝辍业。英之加拿大、澳洲两属地及美国既济师以征德人，然而议者辄虑壮丁之失学也。异日时过后，学者之勤苦难成也。乃创议设施战场之军士教育，军队所至，学校随之而立，推从戎之大学生为教师，因时定课。白刃可蹈也，学术不可废也。是其人军士尚不罢课，况在学生？战场尚不罢课，况在学校？"并进一步指出作为教育文化甲于全国的江苏省教育会，"其舆望地位岂甘自居于美国青年会之下。……今政府未敢解散学校，而学校先自罢学，国事之挽回未可知，而莘莘学子早为学术自杀之计。同人私心窃恫，而计无所出，学生联合会之公意不敢不尊重，而学术之神圣牺牲尤非所愿。"希望教育会"上以促政府之觉悟，下以示学子之周行，计必有崇论宏议，焕然大号以维人心"。②如果教育会无所作为，而坐视数十百万学子之失学，则是"我虽不杀伯仁，伯仁由我而死。"教育会将无以自解。

面对迭起的学潮，钱基博先生虽然能够不趋时流，正面规劝，然而当他发现这股潮流以己之力难以抗拒之时，不得不选择离开是非之地，寻一处静谧之地潜心教学。对于他所选择的华中大学，至少在这个方面，他还是满意的，他在《答诸生论今日之大学》一文中，极为肯定华中大学能够在学潮纷扰、天下汹汹的时代力维校风的安定、学风的纯正。"方今学潮澒洞，天下汹汹，京沪一带，以迄北平，所谓全国文化灿烂之区，然国立大学既成政治斗争之市场……苟一思天下汹汹之今日无一大学可以安定读书，唯华中大学可以安定读书；则必一心一德以维持校风之安定，而力保其终；

① 钱基博：《致省教育会及地方法团书》，作于1919年，发表时间不详，后收入《师范集》。

② 钱基博：《致省教育会书》，作于1919年，发表时间不详，后收入《师范集》。

则必群策群力以不许一人之破坏，而相观于善；吾人不能谋一国之安定以求生活之保障，吾人且从事一校之安定以维学术之不坠？凡我共学，苟一思政治之上轨，学术之进步，无不于安定之中求之，而不能出之于混乱；则必不许混乱之波及我华中，而力保其安定。"继而，钱基博先生又反复陈述了力保安定、维持良善校风，以维学术于不坠的价值追求。"凡我共学，苟一思国于大地，必有与立；百年之大计在树人，而树人必先自树；倘社会动荡而吾亦与为动荡，无心问学，以自暴自弃；长此以往，天下之读书种子将绝，聪明亦以渐灭，人道或几乎息，以返于洪荒草昧，张脉偾兴，人将相食，此则吾之所大惧！而不唯吾之所大惧，吾发如此种种，吾生亦复几何；然吾大惧读书种子之绝，及吾生而身亲见之，吾亦唯有馨香祷祝校风安定之继续；以维斯文于一脉。"[①] 此番言论，忧虑之心与希冀之情天地可鉴。

　　钱基博先生之所以主张学生当以学术为本分，明确反对学生过多、过早地参与政治运动，是有其诸多思考的。

　　首先，钱基博先生认为国家神圣，学术尤神圣，民族危亡之际，师者的主要任务不在于领导学生参加政治运动，而在于保留读书的种子。古时，国有寇至，曾子和子思一避一守。孟子曰："曾子子思同道。曾子，师也，父兄也。子思，臣也，微也。曾子子思，易地则皆然。"钱先生对此颇为赞同，他认为疆寇凭陵，国家多难，子弟有捍圉之责，师道无同仇之义。国家神圣，而学术尤神圣；未有不学无术之国家，而可以长治久安者也。是以国家危急存亡之秋，可牺牲人民生命财产，而不可牺牲人民德慧术知。韩愈有言："道之所存，师之所存也。"师者，德慧术知之所出，而学术借以系于不敝，孔子曰："以不教民战，是谓弃之。"荷戈杀敌，以固吾圉，子弟之任也；明德新民以奠邦本，父师之道也。故虽然"我生不辰，早遭

---

　　① 钱基博：《答诸生论今日之大学》，刊于 1948 年 12 月 25 日《华中通讯》第 3 卷第 4 期。

世屯；风教陵替，耻尚失所。学者以放旷为尚而黜礼法，谈者以虚薄为辩而贱名检；行身者以放浊为通而狭节信，进仕者以苟得为贵而耻居正，当官者以望空为高而贱勤恪。"① 然而作为师者，仍然要把它当作实现己说以牖导国民之良机，甚至认为是上天有意玉成于己，从而自觉承担起发掘中国文化牖导国民的重任。毕竟，中国的历史比德国悠久，文化比德国深厚，人口比德国众多，当年德国尚且没有被法国颠覆，中国又怎么可能被日本吞并？因此，只要我们以中华民族之精神，世世诏我子孙，则可以立国于不敝。

其次，随着一战的结束，世界文化格局发生了变化，钱基博先生对于中国的学术有了新的认识，对于中国的学生也有了新的希望。1923 年，钱基博先生在孔子生后之第二千四百又一年的诞辰日上的演讲，表达了这种愿望。他鼓励同学们："昔鲁国之学，以孔子之努力，扩而充之以成中国之学。……俾中国之学，更扩而充之以成世界之学。此则博之所愿于诸君者也。"他同时指出："今日之国学运动，非中国问题，而全世界问题。"② 很显然，钱基博先生注意到了欧洲大战后，西方学者对中国文化态度的变化。德国人特请印度诗人泰戈尔讲森林哲学，鼓吹东方精神生活；法国班乐尉从中国归，组织中国学院，以推广中国的文化；美国哈佛大学以二十五万美金求一汉学讲师而不可得。这些都充分说明西方科学万能之迷梦已破产，中国文明有了一次重放光芒的机会。但是"吾人之所谓国学者，果足以副世界人类之渴望耶？此则视乎吾人之努力"！③ 为此，钱基博先生提出了两个努力的方向：一是不可不于国学切实下一番功夫以极深研几国学之内容；二是须综合世界各国之国学参悟比较以觉悟国学之不如欧美之学者何在？其胜于欧美之学者又何在？至于，不少学生认为在当时的多事之秋无

---

① 钱基博：《吾人何以自处》，原载《国命旬刊》第二期，转自《华中师范大学学报·纪念钱基博先生诞生百周年专辑》（1987 年），第 11 页。
② 钱基博：《孔子圣诞演说》，刊于 1923 年 10 月 16 日《无锡新报·思潮月刊》。
③ 同上。

暇读书之说，钱基博先生也以曾文正公治军无一日不读书的生动事例予以了反驳，[①] 认为治事不可不读书。要学习古人以学问为身心性命的精神，且治事，且读书，则体验愈切，而见理益明。

再次，钱基博先生之所以反对学潮与他深知章士钊的切肤之痛不无关系。钱基博先生在记述章士钊先生当年参加学潮的豪气与后来的刺骨之悔时是这样说的：

时值上海南洋公学大罢学后，阳湖吴敬恒稚晖主《苏报》，特置《学界风潮》一栏，恣意鼓吹，士气骤动，风靡全国。中国学生之以罢学为当然，自敬恒之倡也。当时知名诸校，莫不有事，陆师亦不免焉。时士钊既已能文章，为校士魁领，则何甘于不罢课而以示弱诸校。一日，毅然率同学三十余人，买舟之上海，求于所谓爱国学社者合，并心一往，百不之恤。三十余人者，校之良也，此曹一去，菁华略尽。俞明震知士钊魁率多士，函劝不顾，马晋羲垂涕示阻，亦目笑存之也。自以为壮志毅魄，呼啸风云，吞长江而吹歇潮矣。然三十余人，由此失学者过半，或卒以惰废不自振。中年以后，士钊每为马晋羲道之，往往有刺骨之悔；曰："罢学之于学生，有百毁而无一成；何待他征？愚所及身亲验，昭哉可睹，既若此矣。"事在逊清光绪二十八年壬寅也。[②]

惋惜之情，溢于言表。通过此事，钱基博先生更是明确了他对学潮的看法：学生罢学，教师罢课，不学不教，就是消极地不为善。在学生一方面说，自己罢学，是自暴自欺；在教师一方面说，既然不能制止学生罢学，自己反倒要罢教，就是怠废职务，误人子弟。如此，非但不能减损恶政府，反而会坠损我们自己在社会上作善的能力和信用。[③]

---

① 钱基博：《略论读书》，刊于《读书通讯》第15期，1940年12月。
② 钱基博：《现代中国文学史》，中国人民大学出版社，2004年版，第399页。
③ 钱基博：《题庞生文后》，转自《钱基博年谱》，华中师范大学出版社，2007年版，第160—161页。

事实上，对学潮持不以为然态度的不仅有钱基博先生，1923年钱穆先生在集美任教时爆发学生退学风潮，尽管当时有很多教员认为"学生反抗学校，为走向光明，乃教育之成功"，然而钱穆先生决然表示"诸生今日散去，前途恐无光明可期""学校纵有不是，诸生岂宜争一时义气，出此下策"。其实，孙中山早在1912年9月北京教育界欢迎会上就已经强调："学问为立国根本，东西各国之文明，皆由学问得来。"[①] 就连一向主张对青年学生进行政治教育，且被青年人视为精神领袖的梁启超也不止一次地强调了学术的重要性。他曾在北京大学欢迎会上指出："盖大学为研究学问之地，学问为神圣之事业，诸君当为学问而求学，于学问目的之外，别无他种目的，庶不愧为大学生。若于学问目的之外，别有他种目的，则渎学问之神圣，伤大学之尊严，尚能谓之研究学问乎？诸君勉之，努力问学之事业，以发挥我中国之文明，使他日中国握世界学问之牛耳，为世界文明之导师。责任匪轻，诸君其勉力为我中国文明争光荣。"[②] 他与钱基博先生一样寄希望于青年学生将中国学术发扬光大，为中国学术走向世界贡献自己的力量。而当时教育界另一举足轻重的人物蔡元培先生在光复前，赞成全国学风以破坏为目的。但是民国成立后，他转而主张全国学风应该以建设为目的，认为："学子须以求高深学问为唯一之怀想。"[③] 五四运动后，各地学生为唤醒全国国民的爱国心，不惜牺牲神圣之学术，而从事于救国之运动。蔡元培对此深表忧虑，他在《告北大学生暨全国学生书》中，力陈学生受教育机会之不易，"吾国人口号四万万，……得受普通教育者，百分之几，得受纯粹科学教育者，万分之几"，因此，在校学生承担着"树吾国新

① 孙中山：《民国教育家之任务》，载《总理全集·关于教育文化及宗教者》，近芬书屋，1944年版，第204页。
② 梁启超：《莅北京大学校欢迎会演说辞》，载《饮冰室合集·文集之二十九》，中华书局，1989年版，第38—44页。
③ 蔡元培：《在中国公学开学式演说》，载《民立报》1912年9月6日。

文化之基础，而参加世界学术之林"的重任。<sup>①</sup>此等责任，何其重大？如果因参加大多数国民的政治运动，而牺牲神圣之学术，实在是得不偿失。1927年，蔡元培先生在杭州之江大学演说《读书与救国》，再次强调"学生在求学时期，自应惟学是务，朝朝暮暮，自宜在书本子里用工夫"。坚决反对"借着爱国的美名，今日罢课，明日游行，完全把读书忘记了"。因为"救国问题，谈何容易，绝非一朝一夕，空言爱国，可以生效的"。他希望学生在学校里"能够努力研究学术，格外穷理。因为能在学校里多用一点功夫，即为国家将来能多办一件事情"。<sup>②</sup>1931年，蔡元培在国民政府纪念周的报告中更是指出"因爱国运动而牺牲学业，则损失的重大，几乎与丧失国土相等"。<sup>③</sup>

由此可见，虽然当时教育界学潮涌动，但是随着形势的发展，呼吁以学术为中心，坚守学术阵地的声音也越来越强烈。

### 二、注重学术实效，反对学术玄谈

钱基博先生始终坚持文章千古事，学术系国命。生逢乱世，心系国运，满怀忧患意识的他意欲以国学唤醒国性。从《增订新战史例孙子章句训义》到《欧洲兵学演变史论》，无不是苦心孤诣，意在济世。既怀济世之心，然"显言不可以避患，故托古以明义"。<sup>④</sup>所以先生治古学而有今识，反对学术玄谈，提倡致用之学，"非但取明经义，抑亦有裨实用，君子博物，未可与凿空而漫不加訾省也"。<sup>⑤</sup>

首先，钱基博先生认为中国之思想学说，是以实际的人生为出发点。

---

① 蔡元培：《告北大学生暨全国学生书》，载《北京大学日刊》第421号，1919年7月23日出版。转自《蔡元培教育论著选》，人民教育出版社，1991年版，第229—230页。
② 蔡元培：《读书与救国——在杭州之江大学演说词》，载《知难》周刊第2期，1927年3月12日，转自《蔡元培教育论著选》，人民教育出版社，1991年版，第513页。
③ 蔡元培：《牺牲学业损失与失土相等》，载《中央周报》第185期，1931年12月21日。
④ 钱基博：《自传》，《光华大学半月刊》，1934年第3卷第8期。
⑤ 钱基博：《〈尔雅〉释补·序》，《钱基博学术论著选》，华中师范大学出版社，1997年版，第607页。

他在《四书开卷语》中明确指出："中国之思想学说，不同西洋之所谓哲学，非可以哲学之范畴为论衡。中国之思想学说，乃是吾国古圣昔贤，阅尽世道艰难，体验实际生活，积许多社会经历，以解决人生问题，而予吾后人以确切之指导，不同哲学之为智识的分析、讲筵的探讨。"[①]《论语》载孔子说："弟子入则孝，出则弟，谨而信，泛爱众，而亲仁，行有余力，则以学文。"孔子的意思就是说对于初入学的学生，最要教他为人之道，实际去体验人生；至于纸片文字的知识，只以余力及之就够了。孔子又说："君子食无求饱，居无求安，敏于事而慎于言，就有道而正焉，可谓好学而已。"他的学生子夏说："贤贤易色。事父母能竭其力，事君能致其身，与朋友交，言而有信。虽曰未学，吾必谓之学矣。"由此观之，更可见孔子之谓学，不离实际的人生，而非理想的玄说。

其次，钱基博先生主张学生应以学术为本分，并不代表他赞成学生读死书，与社会隔绝。相反，他认为学生者，是以"学问为生活"，也以"生活为学问"。读书必须以生活为体验，能够将学问与生活有机结合，才是一个好学生。我们读一本古人的书，是要从书中吸取古人的经验，换句话说"吾人之所欲学者，为人类的生活"。[②]因此，早在他任三师校务主任的时候，便把"力实学"作为学生自治进程的德目之一。所谓"实学"，也就是"就所习学科之知识，而身体力行，施之实地事实者"。[③]这就要求将"干事"与"学科"相结合，在学习学科时，勿"托空言而驰口说"，而应"施之实地事实，而蕲知行之合一"。同时，他主张学生虽然不是法律上行使公权之人民，但是不得谓非参与公众生活之公民。学生者，即学校之公众生活。第三师范之学生，即第三师范之公民。学生会者，即公民实习之一种

---

① 钱基博：《四书开卷语》，转自《经史子集入门——钱基博谈治国学》，黄山书社，2009年版，第210页。

② 钱基博：《何谓学生》，刊于《力行日报》，1944年12月12、13日。

③ 钱基博：《三师学生会常会钱子泉师演说》，刊于1922年11月16日《无锡新报·思潮月刊》。

组织。学生只有今日在学校作一好学生；异日才能在社会作一好公民。

再次，钱基博先生明确反对将中小学国语教学当作大学文科之预科，理由是"盖中小学毕业学生，升学者十三，而谋生者十七。倘专注重文学之实用不加以相当之教学，则所谓童话、儿歌、谜语、小说、剧本、诗歌等之无当于人生日用，将与桐城派古文同其诟厉。而社会现实生活之困迫，尤非可以文学之欣赏了之"。所以他认为"文学之实用，似宜与文学之欣赏兼顾并筹。盖不解文学之欣赏，将无以慰无聊之人生；不讲文学之实用，或且不适现实之实用"。① 为此，他主张实科智识之文学化与成人生活之儿童化。如此，方可以寓实用于欣赏，为成人生活之预备。此外，钱基博先生在《国文研究法》一文中指出了看书"四法"，其中，首要之法就是"以我看书"。所谓"以我看书"也就是说"看古人书处处须切近理会作现世观，不读死书以应现世之需要"。② 为此他还专门引用李光地和朱子语。李光地曾曰："记诵所以为思索，思索所以为体认，体认所以为涵养也。若以思索、体认、涵养为记诵带出来的功夫，而以记诵为第一义，便大差。必以义理为先，开卷便求全体大用所在。至于义理融透浃洽，自然能记。"朱子则曰："以我看书，处处得益，以书博我，释卷茫然。"更为难得的是，站在世纪之交，钱基博先生敏锐地指出："而今日欲不读死书，尤须有全世界眼光，仅拘于邦域之内，尚不足以尽之也。"③

值得探讨的是，钱基博先生主张学术实效，反对学术玄谈固然与他一贯务实的作风有关系，然而笔者发现在这背后其实还有更深层次的原因。他在《历史上焚书坑儒之理论与其实现》一文中曾总结了中国历史上中国知识阶级的七次浩劫，④ 得出的结论是："言不及义，好行小慧"的学术玄谈

① 钱基博：《与袁观澜先生商榷新制中小学国语科学程纲要书》，转自《经史子集入门——钱基博谈治国学》，黄山书社，2009年版，第133页。
② 钱基博：《国文研究法》，转自《经史子集入门——钱基博谈治国学》，黄山书社，2009年版，第183页。
③ 同上。
④ 这七次浩劫分别发生于：秦始皇三十四年，后汉桓帝延熹九年，晋怀帝永嘉五年，北魏孝庄帝永安元年四月，唐昭宣帝天祐二年，明熹宗天启五年，明末张献忠入蜀时。

容易招致灾祸，所以知识阶级，应该早日觉悟，及时检讨"我们的知识，是否如孔子所说'言不及义，好行小慧'？我们的生活，是否如荀子所说'学者之嵬容，偷儒惮事，无廉耻而事饮食'？我们的行为，是否如孔子所说'色取仁而行违，居之不疑'？如孟子所说'处士横议'？"①总之，知识应力求实际，生活切戒惰废，议论勿唱高调，言行必相一致。从而，创造自我的人格，挽回社会的信心。同时，他还忧心忡忡地指出："我们须知秦为中国历史上划时代之一次大转变，而今又将来一次划时代大转变。一时代之大动荡，必先之以思想之动荡、议论之动荡，及纷纭之既久，民心厌乱，不得不求'定于一'。而我们知识阶级，意见横生，依然故我，自然会遭到人民厌弃。因为知识阶级养尊处优，需要思想自由、言论自由，而一般大众，在水火刀兵之中，只需要一个'治'，能在国家安定之下，安居乐业，以事生产。'动员农工，打倒知识'，共产党呼为口号。而我默观情势，应时势之要求，已形成一种社会意识……那么焚书坑儒之悲剧，会在中国重演一番，也未可知。这在我们知识阶级自然是一种厄运，而就整个民族立场说，是否也是同样厄运，须看他以后演变如何。我敢肯定的断一句：中国抗战，必定胜利！而胜利之后，国家对知识阶级决不会如以前纵容。知识阶级之放言高论，国家必加以统制，好比财富阶级之非法营利，国家必予以制裁一样。"②

从某种意义上来说，钱基博先生此时已成功预测了20多年后"文化大革命"的爆发，可见任何事物的发生都是历史必然与偶然的叠加。为了避免历史的悲剧重演，需要知识分子和政治家的共同努力。正如钱基博先生所言："思想为成功之母，知识乃国家之光，自觉的国家必先有自觉的民众。……有自觉的民众，乃能建立自觉的国家，如欲复兴民族，振兴汉声，还得培养思想，振兴学术。"因此，作为知识阶级，应该自觉自重；作为国

---

① 钱基博:《历史上焚书坑儒之理论与其实现》，刊于 1941 年 9 月 15 日《国立师范学院季刊》第 11 期、第 12 期合刊。

② 同上。

家，理应负责促成知识阶级的自觉自重，这是民族复兴运动急迫的需要。

## 第三节　坚持道德中心

"'太上有立德，其次有立功，其次有立言'，虽久不废，此之为不朽。"
（《左传·襄公二十四年》）这是春秋时期晋范宣子与鲁叔孙豹的一段对话。
叔孙豹第一次完整地述说了中国儒家传统的价值观念；人，首先要"立
德"，即拥有崇高的道德修养；其次要"立功"，即尽己之能建功立业；再
次为"立言"，即留下能启发后人之智的言论、著作。"立德""立功""立
言"的人生价值观对中国古代、近代甚至现代知识分子的安身立命方式一
直有重大影响。在这三者中，立德又显得尤其重要。钱穆曾言"人生一切
皆空，唯有立德是不空。立功立言如画龙点睛，还需归宿到立德。德是人
生唯一可能的有所得，既是得之己，还能得于人"。[1]他认为在中国人思想
里，德高于一切，做人即成德。因此"中国之知识教育必以德性教育为基
本，亦以德性教育为归宿"。[2]而且他还指出："立功有际遇，立言有条件，
只有立德，不为际遇条件所限。"

普通人对于道德容易产生误会，认为它是拘谨的、枯燥无味的、格外
的或较高远的，仿佛在日常生活之外的一件事情。钱基博和梁漱溟先生都
认为道德是无处不在的，是与人的生命和生活密切联系的。梁漱溟先生认
为道德就是生命的和谐，人生的艺术。所谓生命的和谐，即人生理心理知
情意的和谐；同时，亦是我的生命与社会其他人的生命的和谐。所谓人生
的艺术，就是会让生命和谐，会做人，做得痛快漂亮。[3]

关于"道德"二字之意义及其关系，钱基博先生在《〈老子·道德经〉
解题及读法》中是这样分析的："'道'者，人之所共由；'德'者，人之所

---

① 钱穆：《中国思想通俗讲话》，生活·读书·新知三联书店，2004年版，第56页。
② 钱穆：《现代中国学术论衡》，生活·读书·新知三联书店，2006年版，第152页。
③ 马秋帆编：《梁漱溟教育论著选》，人民教育出版社，1994年版，第259页。

自得也。然'道'非有余于'德'也，'道'散而'德'彰。'德'非不足于'道'也，'德'成而'道'隐。"①

从某种意义上说，以道德为中心和以社会为中心是一致的，因为只要有群的存在就必须要有道德来规范个体的行为。以梁启超的话说："道德之立，所以利群也。"虽然因为时空的不同，所适宜之道德也有所不同，然而皆"要之以能固其群、善其群、进其群者为归。"且道德有公、私之分，"人人独善其身者谓之私德，人人相善其群者谓之公德。"二者皆人生之所不可缺，因为"无私德则不能立，合无量数卑污虚伪残忍愚懦之人，无以为国也；无公德则不能团，虽有无量数束身自好廉谨良愿之人，仍无以为国也"。②即便新文化运动的领导者陈独秀也只是认为道德需要随时代变迁，而反对将道德根本否定。在《答淮山逸民》中，他写道："无论人类进化至何程度，但有二人以上之交际，当然发生道德问题"。他深信"道德为人类之最高精神作用，维持群益之最大利器，顺进化之潮流，革故更新则可，根本取消之责不可"。③既然道德地位如此重要，那么教育以它为中心也就成了应有之义。

## 一、国学教育是道德教育的重要板块

钱基博先生一生都奋斗在国学教育的第一线，在笔者看来，与其说他在传授国学典籍，不如说他在传承国学精神。国学精神虽然宽泛，但其主体就是中国传统的伦理道德，更具体地说就是读书人应该具有的中国传统伦理道德。学术巨匠梁启超曾有这样的体会："学问所以能救世者，以其有精神也，苟无精神，则愈博学而心术愈以腐败，志气愈以衰颓，品行愈以

---

① 钱基博：《〈老子·道德经〉解题及读法》，转自《大家国学·钱基博》，天津人民出版社，2008 年版，第 268 页。
② 梁启超：《论公德》，选自《新民说》第 5 节，载《饮冰室合集·专集之三》，中华书局，1989 年版。
③ 戚谢美、邵祖德编：《陈独秀教育论著选》，人民教育出版社，1995 年版，第 107 页。

诐邪，将安取之？"①钱基博先生对此深有感触，在一定程度上说，钱基博先生提倡国学救国，事实上主要指国学精神救国，他要培养的读书种子，就是具有国学精神的知识分子。

首先，钱基博先生始终认为言国学者，当以"人文主义"为宜。在《今日之国学论》一文中他进行了如下论述：

"人文主义"之所寓，昔人谓之"义"，主要在究明"人之所以为人之道"；"古典主义"之所陈，昔人谓之"数"，主要在考征"古之所以为古之典章文物"，而以仁义道德为空谈。然惟"人文主义"之国学，斯足以发国性之自觉，而纳人生于正轨；理之自然，必至之符也。皮之不存，毛将焉附！"义"之未协，"数"徒具文！则是"义"尊而"数"卑，"义"先而"数"后也。"验之当今，惟"人文主义"，足以救"物质主义"之穷！稽之于古，惟"人文主义"足以制"古典主义"之宜。国学者，"人文主义"之教学也；舍"人文主义"之教学，更何所谓"国学"者！盖惟"人文主义"，为足以发吾人之自觉；亦惟"国学"，为能备"人文主义"之至德要道。舍"人文主义"而言国学，则是遗其精华而拾其糟粕，祛其神明而袭其貌焉也！国性之不自觉，神明不属，譬之则行尸走肉耳！其何以国于大地！南山可动，吾言不易矣！②

不难看出，钱基博先生所理解的人文主义和西方的人文主义不尽相同。源于西方文化的"人文主义"，又称"人本主义"，主要与"神本主义"相区别，强调人的知性、科学的一面和人的物质意义。但是钱基博先生所理解的人文主义强调人性、道德和人的心灵世界，因此具有关注现实、倡导仁爱、提倡礼治、讲究道义、注重诚信等显著特征，具有"幼儿养性，蒙

① 梁启超：《东籍月旦》，载《饮冰室合集·文集之四》，中华书局，1989年版，第88页，
② 钱基博：《今日之国学论》，刊于1929年1月《国光》第1卷第1期。

童养正，少年养志，成人养德"之功能。

其次，钱基博先生重视经学教育，《四书》被钱基博视为入德之门。他认为"《学》《庸》《论》《孟》四书，实为中国人伦道德之根源，一切社会秩序，直接间接无不受其支配"。正因为如此，钱基博先生一生都重视经学教育，尤其是注重四书的教学。他特别强调"《四书》乃儒家思想之总汇，而儒家思想支配中国社会之各部门，离开儒家，更不能谈中国之教育思想"。[①] 钱基博先生在 1935 年曾这样自豪地回忆："仆服务学校教育，二十年于兹；误人子弟，负疚良多！而有一事差以自慰，并以告慰于国人父老者，即时以《四书》为诸生诵说，是也。自五四运动以迄今日，青年之思潮，几经剧变；而仆所服务之学校，自小学以至大学，亦几改易；然仆未尝间一岁废《四书》不讲；校中无此课程，仆则发心为诸生课外授之，而诸生之听吾讲者，必先课以圈点，考其勤惰，而后为之讲解；积诚所至，相说以解，诸生亦未尝以为不入耳之谈，而有味乎其言之！"[②] 之所以如此，是因为钱基博先生相信道德教育能帮助人类保存善根。因为当时"世变日急，人欲横流，青年血气未定，异日为民祸福未可知"，他认为"诏以孔孟之道，日以仁义相渐摩"；则"诸生不相扞格，即是善根不灭，纵有张献忠、李自成其人，或者性识中有些仁义，发心杀一千人者，杀九百九十九人，即留刀，亦为人类留种子"。与此相比，其他词章考据，则不过是装点门面之用。并且，他多次借左文襄公的话来说明读《四书》之效。"无奇书可借，惟就四书五经及传注昼夕潜心咀嚼，便一生受用不尽"。[③] 关于读经的问题，梁启超在 1926 年曾这样反省道："吾自昔固疑读经之难，故颇祖不读之说，谓将经语编入教科书已足，吾至今亦仍觉其难也。然从各方面研究，渐觉不读之不可。……第一，经训为国性所寄，全国思想之源泉，

---

[①] 《钱基博教授本年授课计划》，原载《华中通讯》1947 年 9 月 20 日，第二卷第一期。

[②] 钱基博：《读经问题》，刊于 1935 年 5 月 10 日《教育杂志》第 25 卷第 5 期。

[③] （清）左宗棠：《崇藩司保禀遵札填给书院膏火由》，《左文襄公批札》，上海书店，1986 年版。

自兹出焉。废而不读，则吾侪与吾侪祖宗之精神，将失其连属，或酿国性分裂消失之病。"[1] 可见，钱基博先生始终坚持经学教育实为唤醒国性自觉之有效途径。

再次，钱基博先生以道德为中心的教育价值取向还突出表现在他的家庭教育上。饮誉海内外的大学者钱钟书是钱基博引以为傲的长子。在对钱钟书的教育上，钱基博先生表现出明显的重德量、轻事功的价值取向。这从钱基博先生给钱钟书的两封公开信中可以很容易看出来。这两封发表于《光华大学半月刊》的公开信作于 20 世纪 30 年代初，当时的钱钟书在清华大学属于冒尖人才，他不仅与叶公超、张申府、吴宓等时贤交往甚密，在他们所主持的刊物上发表了不少文章，而且还被北大外文系教授温源宁推荐去英国伦敦大学东方语学院教中古文学，在清华、北大二校被师生炒作得沸沸扬扬。此时，作为父亲的钱基博先生却格外地冷静，他先后与 1931 年和 1932 年给钱钟书写了两封信，教导他："勿太自喜！""立身务正大，待人务忠恕。"因为钱基博所见不少"时贤声名愈大，设心愈坏；地位愈高，做人愈错；未尝不太息痛恨，以为造物不仁，何乃为虎生翼"！他希望钱钟书不要效仿如此时贤，他希望钱钟书"做一仁人君子，比做一名士尤切要！所望立定脚跟，善体吾意"！在后一封信中，作为严父，钱基博先生更是明确指出"现在外间物论，谓汝文章胜我，学问过我，我固心喜！然不如人称汝笃实过我力行胜我，我心尤慰！清识难尚，何如至德可师！淡泊明志，宁静致远，我望汝为诸葛公、陶渊明，不喜汝为胡适之、徐志摩"。[2] "先品行后文艺"的家风传承跃然纸上。钱基博不仅对子女要求严格，他自己也始终保持着谦逊务实的品格。年少时的钱钟书非常自负、高傲。他在国师外文系任教时，居然在课堂上说："家父读书太少"。有的

---

① 梁启超：《学校读经问题》，载《饮冰室合集·文集之四十三》，中华书局，1989 年版，第 80—81 页。

② 此两信后以《谕儿钟书书札两通》刊于《光华大学半月刊》，第 1 卷第 4 期，1932 年 12 月 5 日出版。

学生不以为然,把这话转告给了同在国师任教的钱基博,钱基博不以为忤,回答:"他说得对,我是没有他读的书多。首先,他懂得好几门外文,我却只能看林琴南译的《茶花女遗事》;其次,就中国的古书,他也比我读得多。"[1]从这件事上,可以看出钱基博先生实事求是的精神,这种客观的教育态度对钱钟书先生耿直的性格是一种保护。

同时,钱基博先生认为道德的养成始于小事,尤其是作为师范生对自己的要求应该更高。据国师学子徐运钧、李蹊回忆:某晨,霜封冰滑,某师来参升旗,足倾侧,队中失笑出声。礼毕,钱基博先生当众致训"扶老将幼,民族美德;况于师长,而可非笑!诸君学为师范,慎修敦品是勖,不谨细行可乎"?在场的学生听后莫不赧颜汗下。[2]

在钱基博看来,"品性的养成,忠信的认识"是中华民族固有之精神,也是孔老夫子教我们到世路上去做人的一个准则。只有做到"言忠信,行笃敬",才能成为一个在世路上走得开,走得阔,四通八达,到处不碰壁的"达人"。假使自己不能"质直而好义",只知道"察言而观色,虑以下人",一味地看风色,跟着人家走,随波逐流,也就是孔老夫子所谓"巧言令色,足恭,左丘明耻之,丘亦耻之";那么,尽管你在世路上走得开,成为人人皆慕其名的"闻人",那也只能算是没有脊骨的滥小人,是同流合污的"乡愿",孔子所谓的"德之贼",不足为训。[3]

## 二、伦理型的教育传统

中国文化从总体上来说是伦理型的文化,这是中国文化最具典型性和代表性的特征,也是得到学术界公认的特征。有学者把西方文化概括为

---

① 刘世南:《记默存先生与我的书信交往》,转自《钱基博年谱》,华中师范大学出版社,2007年版,第147页。

② 徐运钧、李蹊:《去德滋永,思德滋深——忆先师钱子泉先生》,《华中师范大学学报·纪念钱基博诞生百周年专辑》(1987年),第154页。

③ 钱基博:《怎样做一个光华学生——送毕业同学》,刊于1937年6月3日《光华大学半月刊》第5期第10期。

"智性文化""求真的文化"，而把中国文化概括为"德性文化""求善的文化"。这从中西方大学的校训中就可以略窥一二。西方大学的校训一般与真理有关，如美国哈佛大学的校训是："Let Plato be your friend, and Aristotle ,but more let your friend be truth."（让柏拉图与你为友，让亚里士多德与你为友，更重要的是，让真理与你为友。）耶鲁大学的校训为"真理和光明"。而中国大学的校训总是以德为先，如清华大学的校训是"自强不息，厚德载物"；香港大学的校训为"明德格物"；台湾大学的校训为"敦品励学，爱国爱人"。之所以会形成如此特色，是因为中华民族在漫长的宗法社会中，构建了一套完整的道德价值体系，形成了完整的个人、家庭、社会乃至宇宙四位一体的道德规范体系，并形成了完备的道德教育理论，这些理论是中国传统教育的重要组成部分。《大学》开篇第一句话就是："大学之道，在明明德，在亲民，在止于至善。"就是说学习知识的目的就是为了完善道德，可见在中国的教育传统中，智育是为德育服务的。

回顾历史，中国几千年的教育传统基本都是关于人文教育的传统，而道德修养教育为人文教育之根本，所以从某种意义上说，中国的教育也可以说是伦理型的教育。《说文解字》对"育"的解释为"育，养子使作善也"。《中庸》称："修道之谓教。"《学记》称："教也者，长善而救其失者也。"这些其实都是从道德修养角度来谈教育的。孔子的核心思想"仁"也纯粹就是一种道德观念和品质，孟子继承孔子的思想进一步提出了规范人与人之间关系的"五伦"，即"父子有亲，君臣有义，夫妇有别，长幼有序，朋友有信。"

不仅如此，中国的道德教育还有着制度上的保障，通常表现在对经学的重视。即便是清廷在实施新政后所颁布的癸卯学制，也特别重视经学的地位。规定小学里每周读经 12 小时，占总课时 1/3 强，中学每周读经 7 小时，从小学到中学毕业，必须读过《孝经》《四书》《易》《书》《诗》《左传》，以及《礼记》《周礼》《仪礼》节本。《学务纲要》特别强调读经为立国之本，指出："若学堂不读经，则是尧舜禹汤文武周公孔子之道，所谓三纲五常者尽行废绝，中国必不能立国矣。学失其本而无学，政失其本则无政，其本既失，则爱国爱类之心亦随之改易矣，安富强之望乎？"[①]1912年1月，中华民国成立，作为教育改革的重要举措，民国政府颁布了壬子-癸丑学制，这是中国第一部资产阶级性质的学校教育制度，带有浓厚的反封建色彩，提出在中小学废除读经，大学取消经科，加强实业学科和职业教育。首任教育总长蔡元培在其发表的《对于教育方针的意见》中提出，新的教育方针应是国民教育、实利主义教育、公民道德教育、世界观教育、美感教育"五育"并举。然而，经过讨论，1912年9月2日教育部公布的教育宗旨为："注重道德教育，以实利教育、国民公民教育辅之，更以美感教育之成其道德。"可见，道德教育在民国初期依然处于中心地位，实利教育、国民公民教育以及美感教育都有为道德教育服务的意思。

在此基础上，中国传统的道德教育形成了自己完整的教育方法和丰富的教育内容。从程序上说，先是从小教育儿童洒扫庭院，礼让应对，形成良好的道德习惯；稍大一点再通过教授经史子集，让其学会读书明理。传统的道德教育既讲究自律，强调自我修养，也重视向他人学习，把他人的品行作为反思自己的镜子。对于这两种不同的修炼模式，孔子都给予了论述。前者如"为仁由己"。"君子求诸己，小人求诸人。"(《论语·卫灵公》)后者如"见贤思齐焉，见不贤而内自省也"。(《论语·里仁》)"三人行，必有我师焉：择其善者而从之，其不善者而改之"。(《论语·述而》)从内容上来说，中国古代相传使用的教材很多，但内容基本都以伦理道德教育为主。顾明远教授等在编纂《教育大辞典》时，收集了教材262篇（本）、教育读物252篇（本）。从内容上可以分为几类：一类是为儿童准备的启蒙课本和读物，其中又可分为：以识字为主，兼有历史、自然、生活、生产等常识的，如常见的《千字文》《百家姓》《三字经》等；以训育为主，教

---

① 转引自陈景磐编：《中国近代教育史》，人民教育出版社，1979年版，第197页。

育子女人伦礼节的，如《弟子规》《女儿经》等；另一大类就是为青年追求功名而准备的"四书五经"及其各种各样的诠释。[①]由此可见，中国的道德教育有其悠久的历史和丰富的资源，不理解其精华不能称之为真正的中国人。

## 第四节　坚持教师中心

长期以来，关于教育中究竟以教师为中心还是以学生为中心的讨论始终没有停息过，从钱基博先生的教育实践来看，他是教师中心论的支持者，这与中国的教育传统不无关系。

### 一、教师的主导地位

钱基博的教育思想深受传统文化的影响，而且他习惯于从训诂学入手去对事物做出理解。关于"教"，《说文解字》解释为"教，上所施，下所效也。"这一界定，明确地将教师推向教育活动的主导地位，而学生则处于从动地位。

以教师为中心的传统教学模式，它的主要特点就是在教学中，教师处于主导地位，由教师通过讲授、板书等，把教学内容传递给学生或者灌输给学生。从现存的资料和当时的历史条件来看，钱基博先生在教育中主要采用的就是这种教师中心法，他本人在教学中处于主导地位，具体表现在：其一，钱基博先生是知识的传授者，是主动的施教者，由他来组织教学活动，并且监控整个教学活动的进程；其二，学生是钱基博传授知识的对象，在教学过程中主要是听从钱基博先生的安排，处于相对的被动地位；其三，教材是学生的唯一学习内容，是学生知识的主要来源，而教材的选择则完全由钱基博先生决定，有不少教材甚至就是钱基博先生自己编写的讲义。

---

① 顾明远：《中国教育的文化基础》，山西教育出版社，2008年版，第120页。

这种教学模式有利于教师作用的发挥，便于教师组织、监控整个教学活动进程；有利于教师自身的人格魅力和学术魅力对学生产生潜移默化的作用，便于师生之间的情感交流；有利于系统的知识的传授，并能充分考虑情感因素在学习过程中的重要作用。正因为如此，教师自身的人格修养和知识储备就显得尤为重要了。为此，钱基博先生不仅对自己严格要求，而且呼吁所有教育者要遵守师道。主要表现在三个方面：

1. 为学上，钱基博先生自署其著书之室曰"后东塾"，盖读陈澧《东塾读书记》之作，而已明窃比之意。题楹联云："书非三代两汉不读，未为大雅。文在桐城阳湖之外，别辟一途。"则固有以自信矣。[①]钱基博治学和著述的主要特色是：以经诂经，以子治子，旁涉百家，相互勘证，一文一字，正名辨物，无不勾稽详核，援证博而推阐精。他的学术思想和观点体系，给学界的感觉是纯真、朴实、清新、析理精微，叙事贵可考信，立言蘄于有本，比次有法，义不拘虚，为学术界所推崇。钱基博是一位地地道道的学者，谈到做学问，他自称："基博论学，务为浩博无涯，诂经谭史，旁涉百家，扶摘利病，发其闳奥。"[②]正如他的名字一样，其学术的魅力在于基础扎实、学问渊博，在于会通以形成通识。钱基博治学之严，堪称典范。在自传中，他说："自十三岁读司马光《资治通鉴》，毕沅《续通鉴》，圈点七过；而于历代地名，必按图以索，积久生悟，固以精贯顾祖禹《读史方舆纪要》一书，议论证据今古。"[③]他读书至博，文采颇丰，每读一书，辄有提要，别录。平生所为诗古文辞，以及交游往还，论学论文书札，也都有记录，存储日记之中。钱基博先生学而不厌，学而求精的精神是十分感人的。据著名文献学家张舜徽先生回忆，他俩同居武昌时，钱基博先生已经快七十岁了。但是张先生每次走进钱先生的书斋，总是看见他伏案看书或抄书不辍。他看的书，多属历代文集。他从早到晚，总是在孜孜不倦地

---

① 钱基博:《自传》,《光华大学半月刊》, 1934 年第 3 卷第 8 期。

② 同上。

③ 同上。

看书、读书。每看一书，喜摘取其精义名言，抄入日记，并自抒所见以论定之。① 这样的知识累积，由少而多，由微至著，经过较长时间，学问便更加渊博了。有时，学校师生还能听见老先生书斋里的琅琅书声，这可能是他正在背诵过去所读的经传子史。学生李清怡曾回忆说：先生曾告诉她，他每年大约十个月读未读之书。两个月复习已读之书，温故而知新，乐在其中矣。因为《论语》第一句就是"学而时习之"，也就是要按时复习之意。② 对于钱基博先生喜爱读书这点，学生吴雨苍曾回忆："有一次我和他同车返锡，坐的是二等车厢，乘客不多，火车启动后，他就拿出书来朗读，真是手不释卷，学而不厌。不料他读到得意处，竟高声朗读起来，抑扬顿挫，声震车厢，旁若无人。旅客无不为之愕然。"③ 可见先生对读书的喜爱和读书时的专注非同一般。深受钱基博先生为学的严谨和勤奋影响最大的应该是他的学生兼贤婿石声淮先生。石先生的学生佘斯大回忆：（石）先生讲课凡涉及的文献，一定将原处翻出来让我们抄，而先生自己却不是看书，而是背诵，那熟悉的程度让我们惊讶！有时见我们不太清楚，还开玩笑说"你们呀，真是'书生'，书是生的，不熟！这不行。'熟'是首要的，书要多读"。④

2. 为人上，钱基博先生"生平无营求，淡嗜欲而勤于所职"；"与物无竞，而律己则严"。先生26岁的时候，蔡元培、吴稚晖等人在南京发起"进德会"，认为革命必先革心，提倡不为而后可以有为。先生积极入会，

---

① 张舜徽：《学习钱子泉先生"学而不厌、诲人不倦"的精神》，《华中师范大学学报·纪念钱基博先生诞生百周年专辑》（1987年），第113—114页。

② 李清怡《向钱基博问学的点滴回忆》，转自傅宏星所著《年谱》，华中师范大学出版社，2007年版，第95页。

③ 吴雨苍：《文采传飞白，雄风射劲潮——纪念钱子泉老师》，刊于《无锡文史资料》第22辑，1990年6月。

④ 佘斯大：《石声淮 治学严谨，循循善诱 继承古道，益以新法》，《桂苑师林——投身于"太阳底下最光辉的职业"》，华中师范大学出版社，2005年版，第163页。

并且以"不吸烟""不赌博""不狎妓""不纳妾"四事自约敕。[①] 二十多年后再回看，"诸公衮衮，纳妾者不可以更仆数；其他细德出入，更无论矣。"独钱先生终生秉持，秋毫无犯。每谓："君子之道，暗然而日章，小人之道，的然而日亡。而今之所谓名流者，亦既流宕忘返，骛名而不课实；言满天下，而有遗行；适见其为小人之的然而已！吾畏之远之而不欲接之！"[②] 回顾钱基博先生的一生确实是"亲君子，远小人"。"瞻顾朋侪，独多君子。"先生交友的原则可以概括为"以文交友，以德交友"。综观先生所深交的朋友，如金松岑、钱穆、唐文治、孟宪承、廖承志、陈衍、张舜徽等人，无不是学问品行一流的君子。而这些人对钱基博先生的评价也极高，钱穆先生在其《八十忆双亲 师友杂忆》中曾说："余在中学任教，集美无锡苏州三处，积八年之久，同事逾百人，最敬事者，首推子泉。生平相交，治学之勤，待人之厚，亦首推子泉。"[③] 语出晚年钱穆笔下，分量极重。

钱基博一生为人的原则是对事不对人，始终坚持不惧权威，不讲成见，不随大流。他的这些原则在《现代中国文学史》这部饱受争议的作品中得到了集中体现，在这部作品中钱先生以独立之思想，自由之精神对中国现代文学史中诸人物率直评价，不为名者讳，不随波逐流，让人读之耳目一新。他在此书的"跋"中对任公的批评和暗讽也再次显现了他的率直。"其中陈石遗、康南海两老人，梁任公、章行严两先生，皆曾以稿相示。惟任公晤谈时，若有不愉色然；辄亦无以自解也。呜呼！革命成功，此诸公者，或推或挽，多与有力；然冒宠利以居成功者，所在多有；而曾不图革命之何以善其后。独章太炎革命之文雄；而自始于革命有过滤之谭；长图大念，不自今日。……独梁任公沾沾自喜，时欲与后生相追逐，与之为忘町畦；

---

① 此事钱基博在《自传》中的回忆和后来《自我检讨书》中的回忆有些许出入，《自传》中，先生回忆自己是以"不吸烟""不赌博""不狎妓""不纳妾"四事自约敕，在《自我检讨书》中加上了"不饮酒"项。

② 钱基博：《自传》，《光华大学半月刊》，1934年第3卷第8期。

③ 钱穆：《八十忆双亲 师友杂忆》，生活·读书·新知三联书店，2005年版，第128页。

若忘老之将至，而不免贻落伍之讥；……任公妩媚动人，南海权奇自喜，一师一徒，各擅千秋。"①先生在这段文字中褒章抑梁的色彩可谓明显和浓厚，而"沾沾自喜""妩媚动人"等词用在梁公身上是否妥当和略显尖锐，我们暂且不论，但是可以肯定的是梁任公不喜欢这样的评价。而且钱先生在书中也曾写道："一时大师，骈称梁、胡。二公揄衣扬袖，囊括南北，其于青年实倍耳提面命之功，惜无抉困持危之术。启超之病生于妩媚，而适之过乃为武谲。夫妩媚则为面谀、为徇从，后生小子，喜人阿其所好，因以恣睢，不悟是终身之惑，无有解之一日也。"②对人有如此评价却还能以稿相示，我们不得不佩服钱先生的坦荡和自信。而书中对于多次给自己不公正待遇的林纾极其客观的评价又显示了钱基博先生的客观和豁达。钱基博在《现代中国文学史》所列举的人物中，尤其注重突出所列人物的与众不同。如在评述严复时，先生列举了严复的10个"不然"；③在介绍章太炎时，同样欣赏他的"不喜与人为同"，连用了6个"不然"。④这些都体现了钱基博先生不随大流的特点。

3. 为教上，正如钱基博先生在《自传》中所载："其为教也，必诚必信；以为卷怀不可以弘道，乃开诚以示物；显言不可以避患，故托古以明义；务正学以言，无曲学以阿世。"从某种程度上说，钱基博先生教学的最大魅

---

① 钱基博:《现代中国文学史》，上海书店出版社，2004年版，第404页。

② 同上，第401页。

③ 这10个"不然"分别为"方袁世凯之为大总统也，国人震其威名，以为可遗大投艰。而复则殊不谓然"；"及世凯之败也，国人怒其稔恶，又以亟去之为快。而复意又不然"；"袁世凯既殂，而黎元洪起为大总统；国人推长者，谓其可息党嚣、夷大难。而复意又不然"；"其时梁启超方以政论负天下望，而袁世凯之殂，又发难于梁启超之一论，国人仰之如景星庆云。而复意又不然"；……"时论方趋欧化而訾读经。而复则甚不谓然"；"时论方戒早婚而崇自由。而复则亦不谓然"；"时论方废文言而倡白话。而复则亦不谓然"。详见钱基博《现代中国文学史》，中国人民大学出版社，2004年版，第384—397页。

④ 这6个"不然"分别为"时论多诋秦专制，而炳麟不然"；"时论方崇汉党锢，而炳麟不然"；"时论咸薄宋程朱，而炳麟不然"；"时论方蔑道德，奖革命，而炳麟不然"；"时论方慕共和，称代议，而炳麟不然"；"时论方兴学校，废科举，而炳麟不然"。并且认为"世儒之于炳麟，徒赞其经子诂训之劬，而罕会体国经远之言；知赏窈眇密栗之文，未有能体伤心刻骨之意。世莫知炳麟，而炳麟纷纷今古，益与世为迕；剽剥儒墨，虽老师宿学不能自解免焉"。详见钱基博:《现代中国文学史》，中国人民大学出版社，2004年版，第60—67页。

力就在于其真情实感。1941年春，抗日孔棘，国步维艰。钱基博先生在为学生们分析庾子山的《哀江南赋序》时，抗音郎畅，论辩精微，至"岂有百万义师，一朝卷甲，芟夷轹伐，如草木焉"，则怃然变容，喟然叹息："执政匪人，邦国殄灭，何独肯梁？今日局势，岂异'江淮无涯岸之阻，亭壁无藩篱之固'耶？人民遭屠戮，及水火，化猿鹤，岂但如草目耶？"声腔哽咽，泪披面颊，使得在座学生无不动容。钱基博先生继而鼓励同学们说："天下兴亡，匹夫有责。尔等年富力强，责将奚贷！顾亭林先生提倡'博学于文，行己有耻'。耻之于人甚大，国耻实居首位。士子而不思驱倭寇，复河山，雪国耻，博文焉为？诸君勉乎哉！"此种爱国主义教育发自肺腑，极富感染力，效果也特别显著，使得很多学生至今回想起来还感触颇深。[①]

同时，他对老师讲书提出了较高的要求："讲"字形声兼会意，从"冓"得声；"冓"象对交之形，谓材木之结构也。故言之有结构者谓之"讲"；须得融贯全书，提纲挈领，而出言有章，条例秩如，乃不负讲；非寻章摘句之谓也；所以讲亦未易！[②]吾师王玉德教授曾言"讲一门课，就是写一部著作"，众弟子既聆此语，叹为智言，但也深感做起来不易。钱基博先生一生的著述，大多都产生于教学实践中，是为教学服务的。"余校阅诸生之作，而患治学之未尽知方也，作《治学篇》"；[③]"今姑就我之读《史记》睹记所及，以为同学启途辙""兹就予读《史记》之法，贡诸同学，于同学读《史记》时，或可事半而功倍也"。[④]正是因为钱基博先生始终坚持教学相长之法，才得以"既以文章教学后生，而著述之刊布人间世者……"[⑤]

值得一提的是，在钱基博先生看来，以教师为中心与所谓的以学生为

---

① 徐运钧、李蹊：《去德滋永，思德滋深——忆先师钱子泉先生》，《华中师范大学学报·纪念钱基博诞生百周年专辑》（1987年），第154页。

② 钱基博：《从读书方法以勘朱陆异同而折中于孔子为大学读者进一解》，刊于1944年7月7日《孔学》第2期。

③ 钱基博：《治学篇》（上），《钱基博学术论著选》，华中师范大学出版社，1997年版，第24页。

④ 钱基博：《〈史记〉之分析与综合》，《光华大学半月刊》第4卷第3期。

⑤ 钱基博：《自传》，《光华大学半月刊》，1934年第3卷第8期。

本，发挥学生的主体性原则并不相悖谬。学生主体性发挥是在教师引导下的主体性发挥，离开了教师的引与导，学生的主体性易显主观和随意。钱基博先生主张教育以教师为中心，并不表明他不重视学生在教育过程中的作用。他认为有些事情是教师不可以替代的，如谈到读书，他就认为教学不仅仅局限于读书，因为读书不就是学问，读书方法尤其不就是读书。教学中要真正贯彻读书意义，发挥读书精神绝非易事。"读书需得自己去读"，而不是仅仅局限于教师讲书，学生听书。"读"之为言籀译其意，如孟子之所谓"深造而自得之"，是意趣之融浃，而不仅记诵之浏览。[①] 当代知名学者周振甫曾在无锡国专师从钱基博先生学习《文史通义》，周先生认为这是其潜心文史，研究整理典籍生涯的开始。在谈到钱基博先生的教法时，周先生这样回忆："他的教法，就是从《文史通义》中出题目，包括第一篇讲什么，第二篇讲什么，第三篇讲什么，让我们下课后自己去读书，按题目写笔记，他要求学生认真读书，独立思考。讲课时，他用的是一本《〈文史通义〉解题及其读法》，专讲他研究《文史通义》的心得。他把讲课的内容印出来，发给我们，让我们研究。这样学习，既可以多读《文史通义》的原文，又可以加深对原文的理解，所以有很多收获。"[②] 可见，钱基博先生在发挥教师主导作用的同时也不忘调动学生独立思考的积极性。

钱基博尝谓学生者，学而能自毕焉；教师者，匪教而能事毕焉。《记》曰："记问之学，不足以为人师。"因其只知教也。作为教师还必须培养学生创作之能力、研究之精神，使其"安其学而亲其师"，所谓"君子之教喻也，道而勿牵，强而勿抑，开而勿达，道而勿牵则和，强而勿抑则易，开而勿达则思，和易以思，可谓善喻矣"。

---

① 钱基博：《从读书方法以勘朱陆异同而折中于孔子为大学读者进一解》，刊于 1944 年 7 月 7 日《孔学》第二期。

② 张立生：《周振甫先生访谈录》，《史学史研究》，1997 年第 1 期。

## 二、师道尊严的传统

中国历来有师道尊严的传统，历代经典和思想家的著作中，都不缺师道尊严的教化内容。《学记》提出"师严然后道尊"，韩愈《师说》将教师的任务归纳为"传道、受业、解惑"，这都强调了师道尊严。

钱基博出生在"国势衰朽""欧化日深"的清朝末年，活动于"维新是鹜""固有废弃"的"五四"以及所谓"后五四"时期的学术风气之中。面对晚清以来"学潮激荡"、诸名流大师"枉己以悦不学之后生"的教育现状，始终坚持师道尊严，时刻努力"救人心于不敝"。

1925 年 9 月，钱基博先生北上任教于清华大学，本欲以"国性之自觉"来振起国学。然而置身于洋化味十足的清华园，先生不仅痛感国学之名实乖戾，歧义纷乱，而且目睹有教育同仁"据位而躁进""植党而营私""矜己而自多"，如政客般既争权，又怙私，既党讧又讦争。即在《清华周刊》上发表《罪言——教育救国与教育自救》一文，明确告诫教育同仁说："教育不能自救，奚以救国？……《记》有之：'师道严而善人立'；斯不能无望于吾党谭教育者人格之自救。自救则奈何？曰：师必自严其道，而后可薪人之严；师能自立于善，而后可立人之善。严以自绳，忠则谋校。法有可革，勿徒因循于此日。义有当然，勿苟容悦于学生。'正其谊，不谋其利，明其道，不计其功'。"[①]

1937 年 3 月 16 日，光华大学学生叶思昆在《大公报》上撰《光华的文学院长》一文，对钱基博先生的严正和不苟讽刺有加，以宣泄内心的不满。因其是以《光华的文学院长》揭题，向来以"立身自有本末，君子道在反躬"为原则的钱基博考虑到学校之尊严有损，不得不以文学院长身份招叶思昆予以训诫。在训话中，钱基博先生声明了两点：其一，他服务小学三年，中学师范七年，大学十五年，前后及二十五年，自己觉得没有对

---

① 钱基博：《罪言——教育救国与教育自救》，刊于 1926 年 3 月 5 日《清华周刊》第 25 卷第 2 期。

不起学生的地方，就是从来没有迁就过学生。他认为做教师的职责，是教学生，不是捧学生，学生不是天之骄子。其二，虽然他知道教师如果批学生不及格，会招人怨，但是他所授学程，有每星期作业分数，有月考分数，有大考分数三者总合平均，乃为学期分数。无论及格不及格，一分一厘，皆有来历，他绝不会为了博取学生欢心而不计学术尊严。这样的训诫语言虽然朴实，然而铿锵有力，发人深省，真正显示了一位有学术良知，重视师道尊严的教育者形象。钱基博先生一生最为服膺的学者是东汉的郑玄，盛赞他"经师人师，楷模儒冠。"①并自认为虽然学问远不如他，但惟有师道尊严一事上，粗堪追随。

中国尊师重教、重视师道的传统虽然由来已久，然而，自五四运动后，学生要求自由平等的呼声越来越高，很多学生误入歧途，把与老师做斗争，当作争取权利的有效途径。动辄"悻悻然形于辞色……其间一二不肖者，甚至为鄙悖之匿名书信、匿名揭帖，以重伤教员之感情"。以至于蔡元培先生不得不专门在《北京大学日刊》上登载《劝北大学生尊重教师布告》，②人文学科最为兴盛的北大尚且如此，当时全国尊师重教之校风的沦落可想而知。为此，梁启超也曾在北京大学发表演讲，强调"服从"应为大学应有之学风。他认为当时学风之坏，最大的原因莫过于学生缺乏服从之德。"不服从教师之训导，不受校长之约束，放恣乱为，动起风潮，遂致德无由进，业无由成，……几成为可鄙可贱之无业游民。""不以服从为然者，必谓学生当有自由，……然学生以德之未修，学之未成，始入学校求学，则在学校之中，自当服从校长教师之训导。不然，又安名为学生？学生中有言自由者，实不学误之也。且一国之中，一切皆可言自由，唯军队与学生，乃不能言自由。……学生言自由，亦不仅学业无成，教育无效，其影响于

①　钱基博:《现代中国文学史》,《钱基博学术论著选》, 华中师范大学出版社, 1997 年版, 第 498 页。

②　蔡元培:《劝北大学生尊重教师布告》刊于《北京大学日刊》第 912 号, 1921 年 12 月 8 日出版。

社会国家,所关殊非浅鲜。故欧美先进之国,其学生莫不仅守服从之德。"①
毕竟,"夫师也者,学子之根核也。师道不立,而欲学术之能善,是犹种稂
莠而求稻苗,未有能获者也。"②

　　师范生为教师队伍的后备军,因此,钱基博先生历来对师范生寄予厚
望。在《"阿弥陀佛"之教育观为潘生进一解》一文中,甚至将师范生喻为
"佛"。他认为"世之学,有足以自觉觉他以训致觉行穷满无量者乎? 曰:
莫逾于诸生师范生之所学也! 世之人,有能发自觉觉他,觉行穷满无量之
宏愿者乎? 曰:莫如诸生之志远为师范生也! 今日之学,所以为自觉。异
日之教,所以为觉他。未有不能觉他,而自觉之功修为能已尽者! 然亦未
见有今日之不能自觉而异日为能觉他者也! 诸生而能自觉焉,觉他焉,训
致觉行穷满,如阿弥陀佛之光明无量,照十方国,无量无边阿僧祇劫焉"。③
阿弥陀佛有三轮身,即自性轮身,正法轮身和教令轮身。在钱基博看来,
作为教育者,也应该有三轮身。为了便于理解,他以孔子为例加以说明:
学而时习,不厌不倦、发愤忘食、乐以忘忧,不知老之将至,此孔子之证
自性轮身;颜渊喟叹:"夫子循循然善诱人,博我以文,约我以礼。"此孔
子之现正法轮身;由求斥非吾徒,鸣小子之鼓;原壤明其为贼,辉叩胫之
杖,此则孔子之现教令轮身也。觉他者必先自觉,"德之不修,学之不讲"
为钱基博先生所忧也!

---

　　① 梁启超:《莅北京大学校欢迎会演说辞》,载《饮冰室合集·文集之二十九》,中华书局,
1989 年版,第 38—44 页。
　　② 梁启超:《论师范》,载《饮冰室合集·文集之一》,中华书局,1989 年版,第 35 页。
　　③ 钱基博:《"阿弥陀佛"之教育观为潘生进一解》,刊于 1923 年 11 月 16 日《无锡新
报·思潮月刊》。

# 第五章　钱基博教育思想的宗旨及其教育目标

论教育不能不谈宗旨和目标，正如梁启超所言：宗旨者为将来之核者也，今日不播其核，而欲他日之有根有芽有茎有杆有叶有果，必不可期之数也。[①] 而教育目标是教育的最终归宿。

## 第一节　钱基博教育思想的宗旨

钱基博先生在其一生所著文字中，没有明确地说明其教育宗旨是什么，然而在其《怎样做一个光华学生——送毕业同学》的演讲中，却已清晰地表达了他的意思，他认为中国教育的宗旨应该是：以现代人的心理去了解古中华民族的精神，在中华民族古代文化中找出精神的新泉，而产生一种现代化的中国教育，以图整个民族的团结和统一。[②] 他的这一认识一方面直接受惠于程国易先生在南京金陵女子文理学院的演讲《欧洲教育最近趋势》中意大利的经验：

意大利一世纪以来，一方追求国家的统一，他方却期望固有民族文化的

---

① 梁启超:《论教育当定宗旨》，载《饮冰室合集·文集之十》，中华书局，1989年版，第52页。

② 钱基博:《怎样做一个光华学生——送毕业同学》，刊于1937年6月3日《光华大学半月刊》第5期第10期。

复兴。自信无论为现在及将来，再造意国的基础，须建筑于意大利传说（统）之上；因为在过去历史之中，才包含着新时代文化的渊源；想在古代文化中找出精神的新泉；而以古文化的存在，为保证民族统一和团结的根据。但是他们的重兴古代文化运动，并不是纯粹的复古教育；他们的宗旨，是用现代方法，去实行罗马教育，以现代人的心理，去了解古罗马的精神；就是以历史传说（统）为手段，而以地方环境、时代精神为背景，产生一个现代化的罗马教育，以图整个民族的团结。[①]

　　另一方面源于钱基博先生对于中国传统文化的认同和自信。他在晚年的《自我检讨书》中，曾深情地写道："我觉得我中国，好比一条四千年的神蛇，现在正在蜕壳，当然周身不适；他身上组成细胞，哪是老废细胞，跟着壳蜕去以致死亡；哪些是新生细胞，扩展神蛇的生命，将来发扬威力；这须看我们各个人的努力。"[②] 这与梁漱溟先生的"老根发新芽"理论有异曲同工之妙。虽然中国传统文化这棵老树本身出现了一些问题，产生了一些病虫害，有些枝蔓或许挡住了新的阳光，有些枝蔓或许已经枯萎，需要修剪。然而，其树根始终是饱含精华的，蕴藏着很深厚的力量，只要我们给她施加一些新的养料，她就一定能长出新芽，重新焕发生机和活力。同时，也只有保留"老根子"，从这树根上长出来的才是中国人自己的东西。中国教育固然需要引进西方的一些教育内容和教育方法，然而其教育的源泉依然离不开中国古代教育的精神。需要指出的是，钱基博先生心目中的中国教育大致就只分为两段，一是古代教育，指的是秦汉及其以前的教育；二是现代教育，指的是戊戌变法以后的教育。钱基博先生在《我听杜威博士演讲之讨论》一文中明确表示："若论中国秦汉而后，祗有孔子之庙而已，何尝有学校。""戊戌政变以前，中国无所谓教育也。'所谓学者，姑视为粉

---

① 钱基博：《怎样做一个光华学生——送毕业同学》，刊于 1937 年 6 月 3 日《光华大学半月刊》第 5 期第 10 期。
② 钱基博：《自我检讨书》，《天涯》，2003 年第 1 期。

饰太平之一事'耳。"认为"此次博士挟其教育哲学之说以俱东,乃促我中国古代教育精神之复活也"。[①]换句话说,也就是在戊戌变法后复活秦汉以前的古代教育精神。

## 一、寻找现代教育思想的"因子"

### (一)孔子之"自觉"与"解放"

五四运动以后,士气恢张,"自觉""解放"之声不绝于耳,言:"此欧化之所以日进无疆者也!"对此,"闻之者或欣焉,或戚焉。欣者,欣其说之新颖也。而戚之者则以为大道之蔽,于是抉焉矣"!而钱基博以为"道之为言路也;人人之所共由以达于'自觉'、'解放'之域者也"。[②]而且"自觉""解放"并非欧化的产物,早在孔子时期就已经有关于二者的论述。具体说来,"克己复礼"之为"自觉"。"仁以己任"之谓"解放"。《中庸》,乃孔子言"自觉"之书;《大学》,乃孔子言"解放"之书。要言"解放"者,必先言"自觉";而"自觉"之道,莫尚乎诚。《中庸》曰:"诚之者,择善而固执之者也;博学之,审问之,慎思之,明辨之,笃行之。有勿学,学之勿能勿措也。有勿问,问之勿知勿措也。有勿思,思之勿得勿措也。有勿辨,辨之勿明勿措也。有勿行,行之勿笃勿措也。"此曾子之所谓"死而后已"!"人一能之;己百之。人十能之;己千之。果能此道矣!虽愚必明。"明者,"自觉"之谓也!"诚者明矣!明则诚矣!"所以,天下没有不诚而能"自觉"之人!惟诚为能"自觉"!故曰:"诚者自成者也;而道自道也。"然而,自成自道之道最终在于"克己复礼"。"己"即我们通常所说的兽性之我,"礼"即理性之我,"克己复礼"也就是以理性之我支配兽性之我。

同时,钱基博先生认为《大学》所言"解放",不仅指自我解放,更重

---

① 钱基博:《我听杜威博士演讲之讨论》,刊于《无锡县教育会年刊》,1921年版。
② 钱基博:《〈论语〉"士不可以不弘毅"章今诂》,刊于1922年12月16日《无锡新报·思潮月刊》。

要的是在人类解放。因为，我们每一个人都是人类的一分子，人类解放了，个人就解放了；假使人类不尽解放，个人想完全解放也是不可能的，是以君子有"絜距之道"。所谓絜距之道者："所恶于上，毋以使下。所恶于下，毋以事上。所恶于前，毋以先后。所恶于后，毋以从前。所恶于右，毋以交于左。所恶于左，毋以交于右。""忠恕违道不远。施诸己而不愿，亦勿施于人。"故曰："克己复礼"为仁。假使人人能够"克己"，则人类解放矣！相反，如果人人挟一自我解放之辟见，恣己而不能"克己"，则是《大学》之所谓"争民施夺""解放"之愿将遥遥无期！因此，不可与不"自觉"者谈"解放"。然而信道不笃者，不能"自觉"！执德不弘者，不能"解放"！惟"毅"而后信道笃，惟"弘"而后执德宏。因此，钱基博先生希望诸生务必以"弘""毅"二字相勖勉，做一"自觉"之人，终达"解放"之境。

（二）古代教育之"试验主义"

"试验主义"是近代风靡全球的"实用主义"教育思潮的重要内容，也是杜威博士在华演讲的主要议题之一。试验主义，日本人将其译为实际主义，杜威的中国学生胡适在宣传其师思想时则将其改称为实验主义，然而钱基博先生始终认为还是试验主义四字最为适当。因为试验主义的最早提出者美国科学家皮耳士（1839—1914 年）曾指出："我生长于科学试验室。我之所谓新哲学者，非他，不过科学试验室之态度耳。有人于此，与科学家言，不论所言若何，而在科学家之意。要以为所言者，某种试验法，实施之时，当得某种效果耳。盖自科学家观之，凡试验无效果之观念，必不能影响于人生行为，而一观念之意义胥视其在人生行为上所发生之效果何如。设吾人能以科学试验之态度，而知某观念之承认时，又有若何效果，则某观念之意义瞭如矣。效果之外更何意义之可言！"又说："一切观念之意义，要在指示吾人以应当养成之习惯耳。……盖科学之主旨，不过指示吾人以合理行为之方法，俾吾人得信从合理之法，以养成合理之习惯耳"。

所以杜威博士将试验主义解释为"科学方法之试验精神应用于社会人生方面之主义也"。并认为其必须具备三大条件，即科学精神、科学方法和科学效果。①

在一般人看来，缺少科学思维意识的古代中国，自然缺少这种试验主义的教育精神。然而，钱基博先生不这么认为，在他看来，《大学》不仅是初学者的入德之门，而且也是孔子谈试验主义的书。早在1920年，钱基博先生就在《本校小学征集国文成绩展览会审查意见书》一文中谈道："二十世纪之基本教育观念，盖植其基于实验主义者也。实验主义者，吾人当事实求是，陶淑自我，得以利用环境之事物，养成创造能力，而作真理之主人之谓也。此教育之新思潮，日长炎炎，飞渡重洋，以新输入于我教育界，而闻之者或忻焉，或戚焉。忻者忻其谈之新颖焉，而戚之者则以为物质主义之侵入也。不知我国朱子所称'古之大学，所以教人之法'之大学，其三纲八目之基本教育观念，即'实验主义'也。故曰：'古之欲明明德天下者，先治国，欲治国，先齐家；欲齐家，先修身；欲修身，先正心；欲正心，先诚意；欲诚意，先致知；欲致知，在格物。致知在格物者，言欲致吾之知，在即物而穷其理也。盖人心之灵，莫不有知，而天下之物，莫不有理。惟于理有未穷，故其知有不尽也。是以大学始教，必使学者即凡天下之物，莫不因其已知之理，而益穷之，以求至乎其极。至于用力之久，而一旦豁然贯通焉，则众物之表里精粗无不到，而吾心之全体大用无不明矣。'此其论为学之始基，果与二十世纪之新教育，以实验主义为基本观念者有以异乎？"②从这段论述中可以明确看出，钱基博先生认为中国古代的三纲八目之基本教育观念与20世纪基本教育观念之实验主义是一脉相承的。为了证明自己的观点，钱基博先生结合杜威博士在无锡的演讲内容与《大学》之说做了进一步的阐述，具体如下：

---

① 钱基博：《我听杜威博士演讲之讨论》，刊于《无锡县教育会年刊》，1921年出版。
② 同上。

首先，杜威讲的"试验主义者，科学方法之试验精神，应用于社会人生方面之主义"。其实就是中国古代所言的"知行合一"。"应用于社会人生方面"可以定试验主义之真价，因为不最终得到应用，则虽有"科学方法之试验精神"也是没有意义的。而《大学》论格物致知，必推及其效于修身、齐家、治国、平天下，而不以诚意、正心为止境，也就是"应用于社会人生方面"之意。

其次，杜威所言"科学精神"，知之致也；"科学方法"，物之格也；而其所谓"科学效果"者，则是物格而知至也。换句话说，杜威所说的"科学精神、科学方法、科学效果，必以科学精神，施科学方法，知行合一而后能得科学效果"。自《大学》言之，也就是致知格物以蕲至于物格之地耳。

再次，杜威所指的"科学知识"也就是《学记》所说的"记问之学"。杜威说"理科教授，不重科学知识，而重科学方法，科学知识者，前人已知之定理，而科学方法，则吾人因前人之所已知，而用种种试验，推见未知之一法耳"。中国古代也认为"大学始教，必使学者即凡天下之物，莫不因其已知之理而益穷之，以求至乎其极。至于用力之久，而一旦豁然贯通焉，则众物之表里精粗无不到，而吾心之全体大用无不明矣。此谓物格，此谓知之至"。简而言之，也就是孔子所说的："温故而知新，可以为师。"因为"温故"的最终目的还是知新。

（三）古代教育之"自动教育"

"自动教育"是杜威教育思想的重要内容，主要强调"学生自治"，所谓"自治"，即以自己之意念，执行自己之行为。其实，这也就是一个自我教育、自我管理的过程。依据生理学及心理学之原则，我们每个人的自治能力先由幼时种种冲动，受扶助而为有意识之自动，再渐次由有意识之自动，而达于自治之域。在这个过程中，自我教育、社会教育、家庭教育、学校教育对我们的影响此消彼长。具体说来，家庭教育、学校教育和社会教育的比重逐步减少，自我教育的比重逐步增加，当完全达到自治之域时，自我教育就达到了最高峰。这时，教育的最终目的才得以实现，即完成了从"他觉"到"自觉"的转换。钱基博先生认为这些内容在中国古代的教育思想中都有着充分的体现：

其一，教育之效能就在于"长善而救其失"。钱基博先生认为在中国古代典籍中，《学记》论教授法，《大学》《中庸》论教育原理。而《学记》所谓"教也者，长善而救其失者也"。一语中的，指明教育的效能绝对有限量而非无限量，不似当时有人所说的"教育有化恶为善改造万能之力"。所谓"长善"，不过是善者长之以蕲止于至善。而这一思想植根于中国古代的"性善论"，既然人性本善，那么何须改造？惟性善故自动，惟性善而不无末流之失，所以教育不是为了创造人生本无之善，而是为了救其末流之失。《中庸》之"率性""修道"，《大学》之"明明德""新民""止至善"，其依据都在于此。《中庸》开宗明义曰："天命之谓性，率性之谓道，修之谓教。"所谓性，也就是本能。所谓率性，也就是发挥本能的意思。正如杜威博士关于儿童学语学走之喻，所谓"幼年自动力之发展，不过因自身生理心理之冲动，而受父母相当之辅导"，这也就是杜威博士所说"近代教育之趋势"中的"注重积极方面，而为自动之教育"。

其二，中国历来有主动之道德。杜威关于"自治"二字的解释为"以自己之意念，执行自己之行为。"换句话说，也就是知道自己该干什么，然后去执行。《大学》论"止于至善"，则必曰"知其所止"。《中庸》论"诚"，则必曰"明善"，曰"择善"。至于何以知？何以明？何以择？曰博学、审问、慎思、明辨，也就是只有在确知其为"善""至善"，然后才能够固执而笃行之。钱基博先生据此认为，中国古代的道德是一种主动道德，而并非如杜威所言"中国之有被动之道德，而无主动之道德"，之所以给杜威造成错误的印象，在于当时中国社会道德颓废的缘故。

其三，中国古代教育不重输入而重启发。在一般人的印象中，中国古代教育就是一种填鸭式的教育，重输入而不重启发，培养出来的都是"两脚书柜"。然而，钱基博先生不以为然，相反，他认为自古中国不重输入之教育，依据是:《学记》斥"今之教者"而重"善喻"。孔子非"多学而识"而称"一贯"。明心见性，何尝不重启发？《记》曰:"时观而弗语，存其心也。"岂重输入者乎？① 而且，中国古代历来讲究教育要循循善诱，《学记》曰:"善待问者如撞钟，叩之以小者择小鸣，叩之以大者大鸣，待其从容，然后尽其声。不善答问者反此，此皆进学之道也。记问之学，不足以为人师。必也其听语乎？力不能问，然后语之；语之而不知，虽舍之，可也。"子曰:"不愤不启，不悱不发；举一隅，不以三隅反，则不复也。"又曰:"不待愤悱而发，则知之不能坚固。待其愤悱而后发，则沛然矣。"这些都是注重启发式教育的表现，岂能说中国古代的教育不重启发？

（四）古代教育之"社会与学校"

杜威在演讲《学校与社会》一题时明确反对过去的学校教育与社会隔膜，不问社会之现状如何，仅知崇拜古人之学说，而不究实际。提倡学校与社会，要设法沟通，极力接近，而以学校为社会之雏形。换句话说，学校即为改造社会之机关，有促进社会进步之责任。钱基博先生认为中国古代教育的传统就是如此。因为秦汉以前，中国的学校与社会沟通为一，学校为社会之学校，而非学校之学校；学校之教育，为社会之教育，而不限于学校。所谓"三代之世，掌学校者，不视学校为独立社会以外之团体，而视学校为社会之一部。其教授之所取资，也以实际之社会为衡"。② 具体表现为:

其一，学校为社会之学校，学校领袖即社会之领袖。当时，五家为邻，五邻为闾,闾有塾；四闾为族，五族为党，党有庠；五党为州，州有序。州长，即一州之师。党正，即一党之师。下之为闾胥，为比长，皆乡

---

① 钱基博:《我听杜威博士演讲之讨论》，刊于《无锡县教育会年刊》，1921 年出版。
② 同上。

吏，亦皆学校之教职。古者长可为士，而受印为师。马端临《文献通考序》曰："国学有司乐司成，专主教士。而州闾乡党之学，则不闻有司职教之任者。及考《周礼》地官党正各掌其党之政令教治，州长各掌其州之政令教治，然后知党政即一党之师也，州长即一州之师也。以至下之为比长闾胥，上之为乡遂大夫，莫不皆然。盖古之为吏者，其德行道艺，俱足为人之师表。"也就是说当时的社会领袖都是德高望重之人，因此，他们也自然承担着社会教化的功能。社会就是大课堂，学校是社会不可分割的一部分。

其二，学校教育为社会生活服务，而不仅限于读死书。在古代，从家到国皆有学，个人自幼至长皆离不开学。因为学已经渗透到生活的各个方面。学校为社会之学校，故社会所有事，无不于学校行之；而学校教育，也不仅仅限于《诗》《书》、六艺，另有诸如祭祀、乡社、养老之礼，以习其恭让，同律治历，论狱出兵授捷之法，以习其从事。其最终目的，就在于使人人尽其性，不独防其邪僻放肆。同时，既然学校为社会之学校，社会自然也有辅相学校之义。《王制》"司徒命乡闾不率教者以告。耆老朝于庠。元旦，习射，上功。习乡上齿，大司徒率国之俊士与执事焉"。耆老即其乡之老成有德者，而俊士则年少英俊之士，皆所谓模范人物。如此做法既可以使耆老俊士引以为荣，同时也可以使不肖者慕而知奋，在正确"荣辱观"的引导下真正起到社会教化的作用。

此外，美国教育会会长泼力士登夫人以"公众集会法"为最重要之社会教育。钱基博先生则认为在中国，乡饮酒、乡射，即为三代之公众集会法，也即当时最重要之社会教育，学校则充当了乡饮酒、乡射的场所。泼力士登夫人提倡"公众集会法"，是为了给乡村生活添加生机，从而产生人民和谐之风，使公民日趋良美而成为国家完善之公民。中国古代的乡饮酒、乡射也是一种有秩序有组织的社会交际之法，不失为国风化人之道。

钱基博先生无论著书立说还是耕耘讲堂，都是围绕上述宗旨展开的。事实证明，他的这一做法是有远见卓识的。1931 年南京国民政府鉴于美国教育对中国至深至巨的影响，遂请第三方——以欧洲国家为主体的教育考察团来华考察。国际联盟教育考察团于当年 9 月 30 日抵达上海，先后对上海、南京、天津、北平、杭州、无锡、苏州、镇江和广州等地进行了实地调研。次年 12 月，国际联盟教育考察团报告书由国立编译馆翻译出版。"报告书"明确指出："外国文明对于中国之现代化是必要的，但机械的模仿却是危险的。"还深刻地挑明："中国为一文化久长的国家。如一个国家而牺牲它历史上整个的文化，未有不蒙受重大的祸害。"[①]这些都有力地支持了钱基博先生的观点。

　　钱基博先生对于中国古代教育的信念还来源于他对中国传统教育的理解和同情。在科举制度废除，中国传统教育面临空前攻击的大趋势下，钱基博先生结合中国传统文化传承不绝的事实发表了他对传统教育的看法。他在《孟子约纂》一书中论述道："中国于古非无所谓教育也，岂有立国数千年而无教育者？特古代教育皆注重于精神生活，故贤哲之士，其所以招告吾人者，务在守其己之所信，行其心之所安，而置生死穷达于度外。"这就揭示了中国古代教育的特点，在于锻造完全人格精神的魅力，与他后来主张的"国性之自觉""人文主义"的国学认识一脉相承。进而他还指出现实实用教育的合理与偏颇之处在于："今之教育乃埋没于物质生活之中，所谓实用主义者，即其教育之目的在实际应用于生活之谓，非是不得谓之教育。夫学校之中，授人以知识技能，使其得应用此知识技能以自营生活，诚为教育中所应有之事。但吾人既获得生活，则决非于生活以外别无意义者。……故以实用为教育之主义，犹之以生活为主义亦为无主义之主义而已。"[②]两者相较，钱基博击中了实用主义教育的要害，从而肯定了传统教育在锻造人的精神方面优于实用主义。钱基博积极参与以传统教育为特色

---

① 熊贤君：《现代中国国学教育运动形成原因破译》，《华东师范大学学报》，2006 年第 1 期。

② 钱基博：《孟子约纂》，《钱基博学术论著选》，华中师范大学出版社，1997 年版，第 341 页。

的无锡国专教学，培养了大批德能双修的人才，也说明了传统教育实有可取之处。中国教育传统迄今数千年，学制未可沿袭，而精神不可磨没。

## 二、坚持古代教育思想的"人之教育"

1923 年，钱基博先生在辅仁中学第二届毕业演说上明确提出："西洋教育家好侈言国民教育、职业教育，近且盛倡天才教育；而终不言人之教育。易言之：即在使受教者做'国家组织之一民'，做一'职工'；其尤秀杰者，使之做一'人才'；而终未尝教之做'人'。"而在我国"孔子揭一'仁'字，即所以示'人之教育'之鹄的也。'君子'者，'人之教育'之产物也"。[①] 他认为中国的"古学"，并不是前清的"八股学"，而是古时尧、舜、周公、孔子、孟子的学识，也可以说是"仁"的学识。

中国近代的贫弱，固然在于教育的不发达，然而"仁"的学识的缺乏也是不容忽视的。因为，没有"仁"的观念，即便教育发达，人们也会误用知识。最好的例证是当时的不少军阀、官僚、政治家、外交家等都在国外接受过先进的教育，然而他们不仅不有为于国家，反而借助自己所学知识夺地争权，自相残杀，借外债，吸脂膏，祸国殃民。究其原因，当然不是因为他们知识浅陋，而是因为他们没有"仁"的观念，所以误用了知识。

在钱基博先生看来，中国的教育一直在走效仿之路，然而收效甚微。在甲午中日战争以前，中国的教育是仿日本办的。战争以后，就仿美国办，教育虽然发达一些，中国却仍旧像从前一样贫弱，并不富强。所以又有人提倡仿英国、德国的教育，其理由是英、德二国的教育，是从刚强的。而中国的内乱，主要是由于强弱不平均引起的。假如国人都能有刚强不畏人的天性，也就没有那"强凌弱，众暴寡"的事情发生了，国家也就能太平了。但是，钱基博先生认为关于"强凌弱，众暴寡"的问题，最根本的解

---

①  钱基博：《〈论语〉"君子以文会友以友辅仁"解故——在辅仁中学第二届毕业演说》，刊于 1923 年 7 月 16 日《无锡新报·思潮月刊》。

决之道还是在学校之中，提倡"古学"，将"仁"的学识，灌输学生，使人人都有"仁"的观念，都能将己之"仁""辅人以仁"，于是人亦"辅我以仁"；相亲相爱，相退相让，则将来出而为军人，为官僚，为政治家，为外交家，……就无"强凌弱，众暴寡"，阋墙争鬪，祸国殃民等事情发生；外人亦不得乘隙而入，从中作祟了；国家亦能因此富强，不趋于灭亡的道路上去了。所以照中国国势而论："古学"就很足以富强国家！[①] 钱基博先生还敏锐地意识到：西方人讲"爱"，中国人讲"仁"。然而"仁"是高于"爱"的一种做人境界。因为"仁者固无不爱；然爱不必即是仁"。"有所爱者，必有所不爱。"《礼运》以爱为七情之一，而仁与义对举。"盖爱有系恋。仁无执着。爱之所及者狭，而仁之所施者广也。"[②]

钱基博先生不仅认为中国古代的教育精神优于西方的教育精神，而且认为也优于现代的教育精神。具体表现在：我国古代教育之精神，其方法虽或随时而变迁，而其意则在教学者做成一个人，人生八岁入小学，教之以洒扫应对进退之节，礼乐射御书数之艺，盖教之以实践做一人也。至十五岁入大学，而教之以穷理正心修己治人之道，则由实践而渐进于理论。我国现代教育则相反，不重人生之实践，而徒成为高谈空虚之学，学子一入学校，则夜郎自大，骄蹇自足，论其所学，仅得肤浅之学问，而于人生实践之理，则毫不遵行，是故一出校门，则彷徨歧途，莫知适从，因其所学于社会格格不相入。[③] 因此，可以说古代教育是真正的人之教育，是教人如何为人，如何生存的教育，即便是在现代学制下，发挥古代教育的这种精神也是必要的。

---

① 钱基博：《钱基博演讲》，刊于《学生文艺丛刊》，1927 年
② 钱基博：《〈论语〉"君子以文会友以友辅仁"解故——在辅仁中学第二届毕业演说》，刊于 1923 年 7 月 16 日《无锡新报·思潮月刊》。
③ 钱基博：《我国古代教育与今日教育之区别》，刊于 1933 年 5 月《无锡国专季刊》第 1 期。

## 第二节 钱基博教育思想的教育目标

梁启超在《论教育当定宗旨》一文中，明确指出"有志于教育之业者，先不可不认清教育二字之界说，知其为制造国民之具；次不可不具经世之炯眼，抱如伤之热肠，洞察五洲各国之趋势，熟考我国民族之特性，然后全力鼓铸之"。[①]钱基博先生在江苏省立无锡中学演讲"国学在普通教育上之意义，中山学说在国学上之意义"一题时，也明确提出：普遍一般中国人所需要的教育，其目的就在于造成"现代世界之中国国民"，所谓"现代世界之中国国民"者，可分析言之：（一）中国国民；（二）现代世界之中国国民。有为现代世界之一民族，而不得为现代世界之一国民者；如印度、犹太，是也。有可以表示其为中国国民，而不适于生存现世界者；如梦想复辟、迷信神权，是也。须知现代中国，已投入世界旋涡，而非闭关时代可比。[②]不难看出，此处钱基博先生提出的教育目的其实全面地体现着他"自觉"的意识，"现代世界之中国国民"就是一种"自觉之国民"，其中包含着"时间之自觉"与"空间之自觉"[③]。以下将分别进行论述：

### 一、关于"自觉"与"国民"

钱基博先生眼中的"自觉"是与"切己体察"密切联系的，"己"有空间之己和时间之己，因此我们的自觉也必须从两个方面入手，即有空间之自觉和时间之自觉。钱基博先生认为教育的对象是"学生"。何为"学生"呢？"生"是生活，"学"字照古人讲，有两个解释：一是学之为言习也；二是学之为言觉也。所以"学生"二字，第一个意思是学习的生活；第二个意思是自觉的生活。换句话讲，就是要由学习的生活而达到自觉的生活。

---

① 梁启超：《论教育当定宗旨》，载《饮冰室合集·文集之十》，中华书局，1989 年版，第52—61 页。

② 钱基博：《读经问题》，刊于 1935 年 5 月 10 日《教育杂志》第 25 卷第 5 期。

③ 钱基博 1922 年在《无锡严氏私立经正学校廿周纪念录》中提出了"时间共同生活"与"空间共同生活"。

我们依照老师教给我们的去做，这是学习；当学习到一定程度，熟能生巧，就能由当然而明其所以然，这就是觉悟；到了觉悟的地步，一切就顺理成章，毫无勉强了，学问如此，一切生活也如此。为了进一步阐明自己的观点，钱基博先生以孔子的一生为例进行了说明。孔子曾自称："吾十五而志于学，三十而立，四十而不惑，五十而知天命，六十而耳顺，七十而从心所欲，不逾矩。"他认为孔子十五志学，三十而立，四十而不惑，这都还是孔子学习的生活；只有到了五十而知天命，六十而耳顺，七十而从心所欲，不逾矩，才由当然而明其所以然，到达自觉生活的境界。钱基博先生对于孔子颇有研究，他曾将孔子之道概括为一个"仁"字，而将孔子之学概括为十二字，即"转识成智""转智起（成）信""由信生力"。据此，他认为孔子为学的境界，十五到三十，十五年间，是他转识成智的时期，三十到四十，是他转智成信的时期，四十岁以后就是孔子由信生力的时期了。因为所谓立者，仍非内心之自觉，仅因习惯而致之也。只有到达不惑的境界，才实现了内心之自觉。而人生实践则是从学习的生活到达自觉生活的必由之路。钱基博先生自问功夫已做到由"识"转"智"，由"智"起"信"，但缺乏最后一分"力"以贯彻此信念，发挥其智力。原因是现实种种，无不异于其所信，而其又不肯舍弃所信，因此他只得避不与世接。此种无奈使得他心中非常愧恨。然而他的内心依然充满希望，他暗下决心在这"胜利在即，建国方殷"之际，"要栽培一班青年，成功力士，赋予国家以一种复兴的'力'"！①

钱基博先生一生只承认孔学，不承认孔教。因为他认为孔子的学并不像耶教、回教有一种超人生的天国观念。孔学的真诠在于孔子根据现实人生的社会，说明了两个核心观念：一个是"礼"，一个是"易"。②前者讲"规律"，后者讲"变化"，这样既有社会有条不紊之自觉，也有社会变动不

---

① 钱基博：《从读书方法以勘朱陆异同而折中于孔子为大学读者进一解》，刊于 1944 年 7 月 7 日《孔学》第二期。

② 钱基博：《孔学真诠谈》，刊于 1923 年 1 月 16 日《无锡新报·思潮月刊》。

居之自觉。这也可以说是钱基博"自觉"思想的基础。

其实，在那样一个纷繁复杂的时代，可能因为"自觉"之缺乏，所以提倡"自觉"者也比较多。梁启超在广东高等师范学校演讲时曾说"何谓自觉心，老子曰，自知者明，自克者强。《中庸》曰，虽愚必明，虽柔必强。夫能明能强在已则人格成立，在国则国盛强，斯即自觉之谓也。凡人之所以异于禽兽者，全视此一点之自觉心……自觉之义与自省同"。然而他也知道"自觉心"培养之不易，因此他又说"呜呼！未敢骤望吾国四万万人同时自觉，吾惟望中国少数曾受教育为将来社会中坚人物之学生，先行自觉而已，须知世界无论何种政体，其实际支配国家者，要皆为社会中少数曾受教育之优秀人才学生，诸君实其选业，苟能自觉，国家前途赖之"。[①]陈独秀则认为"范围天下人心者，情与智二者而已"。遗憾的是当时的中国人心涣散，感情和智识，两无可言。"惟其无情，故视公共之安危，不关己身之喜戚，是谓之无爱国心。惟其无智，既不知彼，复不知此，是谓之无自觉心。国人无爱国心，其国恒亡。国人无自觉心者，其国亦殆。二者俱无，国必不国。"[②]梁漱溟先生也特别重视人的自觉力，他在山东乡村建设研究院给学生作朝会讲话时，曾说："一个人缺乏了'自觉'的时候，便只像一件东西而不像人，或说只像一个动物而不像人。'自觉'真是人类最可宝贵的东西！只有在我的心里清楚明白的时候，才是我超越对象、涵盖对象的时候；只有在超越涵盖对象的时候，一个人才能够对自己有办法。人类优越的力量是完全从此处来的。所以怎么样让我们心里常常清明，真是一件顶要紧的事情。"[③]虽然他们对"自觉"一词的理解在内涵和外延上略有区别，然而都将其放在相当重要的位置。在当时培养"自觉之学生"进而为"自觉之国民"做准备是教育界当仁不让的责任和目标。

---

① 梁启超：《梁启超在广东高等师范学校的演讲词》，载新会市梁启超研究会编《梁启超研究》第 8 期，1991 年 12 月。

② 马秋帆编：《梁漱溟教育论著选》，人民教育出版社，1994 年版，第 241 页。

③ 戚谢美、邵祖德编：《陈独秀教育论著选》，人民教育出版社，1995 年版，第 13 页。

关于"国民"，前文中已经多有论述，此处不再赘言，然而有两点是需要补充的：其一，钱基博认为教育的目的是为培养国民而非名流。他在《砭名流诏光华大学毕业诸子》的演讲中，明确指出："今世之大患，在吾辈所为士者，罔有安于为民，而日夜骛为名流，不自聊其所以为生，驯致尽壹国之民，亡以自聊其生。"认为"今之为士者，不事其事而逐于名"。他号召广大毕业生要甘于为民，所谓民之道就在于要"勤作苦，啬享乐；少高论，多治事"。① 其二，钱基博先生眼中的国民既与政府有着密不可分的关系，但同时也具有相对的独立性，有自己独立的人格和立场。因为政府毕竟是代表国家机器的，代表的是统治阶级的利益，在不少情况下，政府与最广大国民的立场并不一致，需要区分对待。如钱基博先生在谈论中日国民外交时，就曾指出"凡我国民，须知日本人之对华外交，意见并不一致。有主张支那分割论、支那兼并论者，日本之军阀官僚也。有主张中日亲善论者，日本之国民也。日本国民，无不知中日同文同洲，匪亲善提携不足以有为，顾人民爱和平，而官僚军阀则无不好大喜功以张其威力。然日本帝国政府，犹非不知民意之不可重违者也。于是亲善其名、兼并实用、秘密外交之法，挑起中日国民之恶感以为两国亲善之鸿沟，而于是日本军阀政治家之阴谋遂矣"。认为"中日外交与其藉手政府为鬼蜮利用之资，不如两国国民开诚布公、携手自决之法"。② 为了灌输国民以正当外交智识，钱基博先生还特意编纂了《国民外交常识》一书，此书共分六目：（1）世界外交之趋势；（2）中国外交之现状；（3）外国人居留中国之权利义务；（4）中国人居留外国之权利义务；（5）国民外交之态度；（6）国民外交之武器。钱基博先生希望借此实现国民外交之根本教育。

---

① 钱基博：《砭名流诏光华大学毕业诸子》，刊于 1928 年 7 月 1 日、2 日《锡报》。
② 钱基博：《宣言书》，作于 1919 年，发表时间不详，后收入《师范集》。

### 二、空间之自觉

钱基博先生认为教育的目的就在于造就"现代世界之中国国民",很明显此一语落脚在"中国国民",任何中国教育都离不开这一根本目的。钱基博在晚年《自我检讨书》中的一段话对自己的思想有着真实的写照:"人家说我思想顽固;其实我的思想,多方面接受,从不抗拒任何方面的思想;不过不容许我放弃自己是一中国人的立场,这是无可讳言的,而且我自认为当然的。"①钱基博先生这种对中国人立场的坚守来自作为一位中国国民的"国性之自觉"。

谈到"国性之自觉",首先要求我们必须认识到作为一个中国人,我们生于斯,长于斯。我们有自己独特的文化传统和学术,即"国学"。其次,要认识到"国性之自觉"包含两层含义:一是"必自觉国性之有不可蔑"。"傥一国之人,自上而下,不复自知我国历史久长之难能,文化发扬之可贵;本实已拨,人奋其知,自图私便;则国与民之所恃以抟系于不坏散者,仅法律权力之有强制,生命财产之受保障耳!于精神意志之契合何有!一旦敌国外患之强有力者临之;但使法律权力,足以相制;生命财产,足以相保;而蚩蚩者氓,只如驯羊叩狗,群帖焉趋伏于敌人之足下已耳!古今之亡国者,未或不由是也!"二是"必自觉国性之有不尽适"。因为"树艺积久而必萎。国性积久而有窳。时移势迁,有不适者。故曰:'文久而息。节族久而绝。守法数之有司极礼而褫'。"(见《荀子·非相篇》)又曰:"礼时为大。"(见《礼记·礼器》)"因时制宜,宁容墨守;非有所矫,不能图存;固也。如人性然,变化气质,增美释回;君子道在修身,莫不然。然而不可不知者:国性可助长而不可创造也,可改良而不可蔑弃也。"②

本着空间之自觉,钱基博坚持一切从中国实际出发。对于胡适提倡的"文学革命",他认为欲竟中国文学革命之大业,不能停留于外国文学之介

---

① 钱基博:《自我检讨书》,《天涯》,2003 年第 1 期。
② 钱基博:《今日之国学论》,刊于 1929 年 1 月《国光》第 1 卷第 1 期。

绍，而必须先于中国固有之文学，下一番精密观察功夫。就如同"教育改进社"要企图改进中国教育，必须先以"实际教育调查社"之组织做铺垫。究其原因，橘逾淮尚为枳，迁地不尽为良。何况"文学为一国国性之表现，而可舍己芸人，取非其有耶"？[①]他在《初中中国文学读本写目说明书》中，明确指出：编纂中国文学读本，最重要的就是不要忽略了"中国"二字，要重视"中国因素"。

具体说来，一是要明白中国文学非翻译文学。钱基博在与袁观澜先生商榷《新制中小学国语科学程纲要》的信中指出"高级中学之小说剧本教材皆外国译本，似非所宜。……博以为外国文学译品，似不如留作外国语教学之参考，而整理中国旧有之小说戏曲为国语科文学教材之为名正言顺也"。钱基博先生的这种见解在当时自然不能获得大多数人的赞同。然而，却在著名教育家孟宪承先生这里得到了回应。针对当时出版的《初中国语教科书》和《初级中学国语文读本》过于偏重翻译文学的材料，孟先生在《初中国文教材评议》一文里批评说："在二十世纪的国家中，十三岁学生的国文读物里，居然含有这样热烈丰富的国际化的色彩和分素，其取材兼收并蓄，居然罗列英、法、俄、德等国最新的作品。这种文艺大同的精神的表现，宜可以在万国教育会席上大大的自己夸耀，同时假使有外国教育家，还低回仰慕着中国数千年旧故的文化和学艺而一考察我们初中的国文教材，于自己文学的遗传，乃先已淘汰了洗净到了这个程度，谅也不能不暗暗吃惊，而愈叹东方人的不易了解。无论怎样，我们对于这样以翻译文学的教材，求达阅读古书欣赏中国文学的目的，不能不根本的怀疑、郑重的考虑！"[②]不被人所理解的钱基博先生在读了孟先生的论文后兴奋异常，他这样描写自己的心情"读了孟先生的高论，虽然不敢和孟先生诩'英雄所见略同'，然而想到我一种迂谬的见解竟会得到孟先生这样一位青年有为

---

① 钱基博：《我之中国文学的观察》，刊于《国学必读》，中华书局，1924年版。
② 周谷平、赵卫平编：《孟宪承教育论著选》，人民教育出版社，1997年版，第47页。

的教育家做同调，真觉得要起舞了"！这一方面表现了钱基博先生的自谦，另一方面也确实表达了钱基博先生对于孟宪承这样一位融合中西的青年教育家的认同、尊重和钦慕。为了借重孟宪承先生的论文，一向不怎么做白话文的钱基博先生在理应用文言文写作的《初中中国文学读本写目说明书》中全部应用了白话文，还自谦"依旧毁坏了孟先生文学之修洁明快的美"。可见，孟宪承先生在钱基博先生心中的位置是很高的。

二是要明白中国文学当然是文言文学。关于这个理由，孟宪承先生引用了梁启超先生的话来进行说明，"文言文行用已二千多年，许多精深的思想，优美的文学作品，皆用他来发表，所以学生应该学习他，至少也要能读他，了解他"。而"语体尚在发达幼稚时代，可以充学校教材的作品不很多"。在此基础上，孟宪承先生进一步强调"学校课程的智能，在创新未来，却也在保存过去。决没有因为文艺界盛唱一种思潮，便令全国的学生不能尽量享受固有的粹美的文学遗传之理"。很显然，对此观念，钱基博先生是极为赞同的，他进一步指出，在中国文学读本教材的选择上，一要注重中国文化的共同元素，二要是中国文学中最大多数人传诵的作品。其目的就在于矫正当时血气未定的学生盲从欧化、完全不了解中国文化的心理，尤其是设法给学生提供一些切实能够了解中国文化共同因素的读物，从而帮助他们实现"空间之自觉"。

关于空间上的自觉，钱基博先生不仅有国内外之自觉，而且还有中国境内不同地域之自觉。1925年，五卅惨案爆发，上海学生掀起了爱国风潮，一向不支持学生罢课的钱基博先生也因为圣约翰大学当局对学生爱国运动的压制而参与了离校运动。他认为圣约翰大学虽为外国学校，然而"吾人不能自忘其为中国人，并不能忘却本校所教学生皆为中国人，同国人民有难，见危窥而坐视不救，殊非良心所能安"。但他在返回无锡与当地记者谈话时，又特别郑重地告诉记者说："内地与上海不同，上海为肇事地点且外人居留地，罢学罢工，虽为忍痛牺牲，尚不失为民意之表现，而促外人之觉悟。若内地罢业则为自杀政策，而于事实无补，务使民众了解此义，以免卷入潮流生意外，则于地方有害而无利，且此次与吾人为仇者系英日二国人，而吾锡居留之外人则皆属美利、法兰西人，此点亦不可不使人民注意"。由此可见，钱基博先生的爱国行为是理性而非盲目的，是有着地域之自觉的。

正因为这种地域上的自觉，使得钱基博先生特别重视地域特色，讲究因地施教，重视乡土教育。先生在无锡任教就参与编写了《无锡地方志》，并写成了《江苏省立第三师范学区纪念人物志》；在湖南任教就写成了《近百年湖南学风》，并有《依据湘学先辈之治学方法以说明本院之一年级国文教学》《我记忆中所认识之湖南学者》等篇目留世。值得指出的是，钱基博先生地域上之自觉的着眼点也在于经世致用，正如他在《近百年湖南学风》余论中所写："张皇湖南，而不为湖南为天下；诵说前贤，而不为前贤为今人。"他之所以撰写《近百年湖南学风》是因为任教国师的十年间，他有感于近代以来湖南先贤为中国历史所做的贡献，尤其是感动于他们"独立自由之思想，坚强不磨之志节"和在乱世中力挽狂澜的勇气和意志，而这些也正是当时那个时代所急需的精神力量。为此，他搜集材料，选定了 17 位在中国历史上有着深远影响的湖南籍人物，以学风为中心铺陈出他们的生平际遇和人格魅力。这 17 人既有像曾国藩、左宗棠、郭嵩焘、蔡锷等出将入相的官场人士，也有像章士钊、王闿运这样学识渊博的学者名流。他们虽然际遇不同，"然学不仅占毕，志在于匡俗；通经欲以致用，文章蕲于经国，则固不同而同"。[①] 相对于匡世拂俗、有补于当时的湖南先贤来说，他极不赞赏与自己有乡曲之谊的东林党人及东林学风。国民政府教育部倡议编纂中国教育全书时曾邀请钱基博先生承担其中的东林书院、东林党、顾宪成、高攀龙四个专题，但是他在给教育部长的复函中表示："东林学风，

---

① 钱基博:《近百年湖南学风》,《钱基博学术论著选》, 华中师范大学出版社, 1997 年版, 第 105 页。

声气结纳以为标榜，党同伐异，以持门户，而义理不以躬行，学问不以经世，适承今日学风之极弊，徒以标榜虚夸之习。基博不愿以乡曲之私而徒以张目也。"可见钱基博先生自觉中透着理性和原则，小地域不忘大中国。

由此可见，作为生于斯，长于斯的中国人，我们有渗入血液的东西是不会随时间而改变的，比如传统道德。民国初年是言改变、言破坏的年代。鉴于中国社会当时无处不在的病态，一批激进的有识之士焦急万分、愤慨至极，总想着一切推倒重来，欲翻根柢而改造之。其中，被他们列为头等改造对象的就是旧道德。早在1899年，梁启超作为革新的先驱，也曾认为"中国之旧道德，恐不足以范围今后之人心，而渴望发明一种新道德以补助之"。然而，五年后，也就是1904年，梁启超在《沦私德·私德之必要》一文中明确检讨"此直理想之言，而决非今日可以见诸实际者也"。原因是"道德者行也，而非言也，苟欲言道德也，则其本原出于良心之自由，无古无今无中无外，无不同一，是无有新旧之可云也。苟欲行道德也，则因于社会性质之不同，而各有所受。其先哲之微言，祖宗之芳躅，随此冥然之躯壳，以遗传于我躬，斯乃一社会之所以为养也。一旦突然欲以他社会之所养者养我，谈何容易耶"？[1] 可见，钱基博先生所言的中国人的立场确实是理所当然的。他认为教会学生读书学习，首先贵在教会其能"切己体察"，这个"己"包含两层意思：其中之一便是我们上面所讲的"空间之己"，一般的"西洋化"者，在读了许多西洋著作后，就觉得西洋文物制度，样样比中国好。然而如果硬搬来中国却不会成功，原因就是忘记了自家这个"空间之己"不是"西洋之己"，而是"东洋大海中国之己"。因此办事情既要学习国外先进的东西，又要以一个中国人的视角站在中国人的立场上去考虑问题。

---

① 梁启超:《论私德·私德之必要》，选自《新民说》第18节，载《饮冰室合集·专集之三》，中华书局，1989年版。

### 三、时间之自觉

人类者，历史之动物也。法国哲学家孔德曾总结人道有二属性：即结合性与永续性。《老子》曰："执古之道，以御今之有。"

钱基博先生虽然对国学感情极深，而对于一般国粹老先生，喜欢讲唐虞三代，甚至说"忠君就是爱国"，热衷于复辟活动，他也是不以为然的，他认为"中华民国"的招牌既然竖起，万万没有恢复君主，老店新开之可能。因为这时自家的"时间之己"，已不是"唐虞三代之己"，而是"中华民国纪元以后之己"。存古者，存其宜于今者也。不能明确认识此之"己"不同于彼之"己"，就容易失掉我们国性之自觉，不免"生于其心。害于其政，发于其政，害于其事"！

相对于一味崇古的国粹派而言，新文化运动者却走向了另一个极端。他们重创作而薄因袭，认为人生当向前进，不当向后瞻顾。然而，殊不知新知识者，从旧知识中融化而来。新人生者，从旧人生中脱胎而出。"于旧知识之经验中，汰除不适宜者；选择其适宜者；斯为新人生。人生不能一日离经验；即不能一日离旧文化。盖经验者，日积月累；自古迄今人类思想之结晶体也。"[1] 因此，我们一方面强调创作，另一方面还要因袭；一方面要知新，另一方面还要温旧。这也是我们之所以举行各种纪念活动之意义所在：据怀旧之蓄念，以示未来进化之途径；以从前成绩之不足，再行改良，力求进步；整理过去之旧生活，创造未来之新生活。

作为时间之自觉的重要方面，钱基博先生特别重视历史的演进和用历史的眼光去看待历史人物。

首先，在国学问题上，钱先生不仅重视国学的分科研究，而且对国学的历代演变也很关注。1925 年 2 月，他在江苏省立第三师范学校演讲《国学历代变异的问题》时，明确指出：我们不能把国学看成是一成不变、终

---

[1] 钱基博：《纪念之意义——本校十一周纪念教务主任钱子泉先生演说》刊于 1922 年 10 月 16 日《无锡新报·思潮月刊》。

古如此的古董，而应把它当成是与时俱新，时刻会变花样的活宝贝。他同时认识到：国学的变，也要经过相当时期才能成熟；不是说变就变。因此，我们既要认识到一个时代有一个时代特殊产生的国学，也要认识到不是代代都能够产生出一种特殊的国学。钱先生把国学分做西周之学、东周之学、汉学、魏晋之学、唐学、宋学、清学七种，并称之为"国学的代殊"，又把对"国学的时间性"的考察称为"国学纵断的视察"①（即李学勤先生所谓"纵的历史叙述"），是为国学的"七期"。钱先生指出：上述七种"特殊产生的国学"，并不是每一期都具备永恒的学术价值（即钱先生所谓"国学的时间性"）。他尤其反对时人一谈国学，总说汉学宋学，往往言不及义。他说："如果真正就国学的时间性而论：只有西周之学，东周之学，和宋学三种。汉学不过抱残守缺，把西周之学，掇拾整理一番罢了，并没有多大的时间性；倒不如宋学能把西周之学，和印度之学接合起来，成功一代特殊的国学。"②观点鲜明，让人耳目一新。

不仅如此，钱基博先生还引用孔德的话说："社会之有组织，是由物理上的平衡公例而成为一定的秩序。这种秩序，便是社会的静态。研究这种静态的，便是社会静学。但是这种社会秩序，依着他自然的趋势，常常会得变迁。这种变迁就是社会的动态。研究这种动态的，就是社会动学。"③钱先生认为孔德所说的"社会的静态"，也就是西周之学所讲的"礼者天地之序"，其代表性著作为三部礼书——《周礼》《仪礼》和《礼记》。其所说的"社会的动态"也就是西周之学中的"天下之动""刚柔相推而生变化"，其代表性著作为《周易》。然而，钱基博先生也敏锐地意识到孔德讲的社会动态，是一种进化的观念，西周之学的"易"却作"无泰无否，剥复循环"讲。这些认识一方面说明钱基博先生的时间之自觉来源于对古今中外知识

---

① 钱基博：《国学历代变异的问题》，刊于《南通报·文艺附刊》，1925 年 2 月 17 日—3月 1 日。

② 同上。

③ 同上。

的了解，另一方面也说明钱基博先生的时间之自觉是理性的。

其次，钱基博先生认为"现代文学者，近代文学之所酝酿也。近代文学者，又历代文学之所积渐也。明历古文学，始可与语近代；知近代文学，乃可与语现代。既穷其源，将竟其流，爰述历古文家为编首"。① 所以他在撰写《现代中国文学史》时选择在讲"古文学"与"新文学"之前，"编首"先讲"上古""中古""近古""近代"文学的特点，以便理解"现代"文学。在圣约翰大学任教时，他开文学史一课，讲"近三十年文学的演变"与新文学家们也是不同的，他希望借此反映"中国四千年文学之演变"。在他看来，现实是以历史为根底的，他的"人文主义"既以人为本位，也以现实和历史关怀为坐标。在讲春秋时期时，钱基博先生曾重点介绍了孔子，他认为孔夫子是春秋时期文化之总结、文明之交流、学术之开放的代表人物。他删《诗》《书》，订《礼》《乐》，系《易》，作《春秋》，整理唐虞夏商周的文化而为六经，打破了国家垄断教育的传统。对待这样一个承前启后的伟大历史人物，我们应该把他放到时代中去看，而不应作超时代评价。历史上自戊戌变法始，批判孔子之风渐起，到五四时达到高潮，以后对孔子的评价又略有提高，到了"文化大革命"时，孔夫子成了被彻底打倒的对象。改革开放后，才又逐渐恢复了对孔子的正确评价和充分肯定。这些都是源于缺乏时间之自觉。

面对日军侵华所带给国人刻骨铭心的痛，"抗战"成为钱基博教育生涯中另一重要的时间自觉。

首先，钱基博先生在兵荒马乱的年代，选择受聘于极其闭塞的湖南蓝田国立师范学院本身就是对抗战的一种响应和支持。因为该学院正是为了配合抗战建国国策，培养中学师资，依据全国临时代表大会通过的"战时各级教育实施方案纲要"而设立的。

其次，面对民族的危亡，钱基博先生重拾幼年喜好，开始关注军事。

---

① 钱基博:《现代中国文学史》, 岳麓书社, 1986 年版, 第 38 页。

具体表现在：一是给学生们开设兵学课。在课程设置上，钱基博先生切中时需，在国文系开先河地增设了《孙子》和《韩非子》两门课，并亲自讲授；二是给士兵们讲授《孙子兵法》。1939年，应国民党抗日干部培训班教育长李默庵的邀请，赴南岳为士兵们讲授《孙子兵法》。他通过诵说孙子之书，分析敌我态势，料定日本必败，原因有四：一为"日本之胜不贵久，不免于力屈货殚之患"。二为"我军之强而知避，可以收敌竭我盈之效"。三为"日本之威加于敌，必以成众叛亲离之祸。"四为"多行不义必自毙"。① 关于这次讲习的情况，钱基博先生曾回忆说："七十三军彭位仁军长、韩仲景副军长，亦以所部来驻，收拾散亡，励戎讲武，因抬余赴军演讲，余据孙子以说明当前大战之战略类型……韩副军长及徐亚雄参谋长颇许余精博，自前线抽调来听者五百人。尤以余援古证今，现实指点，不徒空谈，足以发人深省。"② 三是根据现实需要著译兵书。钱基博认为日本的兵学源于德国，而中国的兵学首推《孙子》。为此，他一方面与顾谷宜教授合作翻译德国兵学大师克劳山维兹兵法，以成《德国兵家克劳山维兹兵法精义》，另一方面广泛收集资料，对《孙子》进行注解。其根本目的都在于借助古今中外的优秀军事观点和思想，结合我国当时的抗战实际，服务于抗战。四是为报纸撰文，鼓士气，定人心。钱基博先后在《湖南日报》和《力行日报》上发表军事评论文章，分析战争形势，提出用兵建议，帮助军民树立中国必胜的信心。

再次，钱基博先生坚守大义，锐意献身。早在1938年10月，就有日本人来拜见钱基博先生，并有劝诱之说，但是钱基博先生不为所动，并责以民族大义，表明其爱国立场。谓"士见危致命，见利思义，次中国文化，亦亚洲文化也"。"国之不存，何有地方，枉己直人，孟子不许。"③ 之后，

① 谢祥皓、刘申宁辑：《孙子集成》第23卷，齐鲁书社，1993年，第205—210页。
② 钱基博：《当前大战之孙子说明书》，华中师范大学档案馆，案卷号：238，第207页。
③ 钱基博：《张仲仁先生轶事状》，卞孝萱等编：《辛亥人物碑传集》卷八，团结出版社，1991年版，第404页。

1944 年，日军发动了豫湘桂战役，长沙、湘潭等地相继失守，国立师范学院由安化西迁至溆浦。然而，钱基博先生本着"神州能有振，何爱不訾躯"的信念，不顾师生亲朋的劝阻，执意留守安化，欲以身殉国。虽然后来危机解除，然而钱基博先生的这种视死如归的精神还是感染了不少师生。

不难看出，钱基博先生的时间之自觉来源于他强烈的民族自尊心和自信心，自民国二十年"九·一八"之后，许多悲观主义者时刻担心中国速亡，也担心自己所授的是"最后一课"。然而钱基博先生却在上海光华大学、无锡国学专门学校，以最前一课，申儆诸生，因为他认为"我们中华民国的人，如何甘愿去受日语课？那么怎样可以把今天的国文一课，当作最后一课呢！所以与其说最后一课，不如说最前一课。最后一课是法国人民战败的纪念；最前一课是中国民族复兴的基础"。[①]

值得注意的是，我们在前文重点论述了钱基博先生以学术为中心，强调"国家神圣，学术尤神圣"。然而在 1944 年，钱基博先生在《敬告知识青年诸君》中却疾呼："凡在青年，义必从军……国家至上，青年及龄当服兵役，卫国有责，人所同然；何独以厚望于智识青年！亦既寇深国危，苟我智识青年，不剑及履及以起从军，而袖手雍容，文史自娱，则是遗国家以危而自居于安，凡有血气之伦，同心能不自疚耶！或者以读书不忘爱国，养士之用，不在一朝。然国而不保，士孰为养！身为人奴，何用读书！"[②]看似前后"学术至上"和"国家至上"有矛盾，然而在笔者看来，钱基博此时的选择正源于一种时间之自觉，因为当时的抗日战争到了关键时刻，战场上的伤亡人数巨大，急需补充兵员，钱基博先生希望这个时候的有识有力之知识青年，能以国家大局为重，积极响应当时政府的号召，踊跃参军，支援抗日战争取得最后胜利。当然，他理想中的军人应该是打仗学习两不误的，就像他反复提及的曾国藩那样，为治事更要勤于学习。

---

① 钱基博：《切记体察》，刊于 1939 年 12 月 21 日《国立师范学院旬刊》第 3 期。

② 钱基博：《敬告知识青年诸君》，刊于《力行日报》，1944 年 11 月 15 日。

　　此外，中国古代教育从总体上来讲，只教育学生做人，很少教育学生做事；只教育学生从善，不教育学生求真。钱基博先生有着时间之自觉，他不仅教学生做人，也主张教学生做事，让学生既求善也求真。且古代所谓"善"的德行，是以符合封建伦常为标准的。而钱基博先生所追求的善的内涵发生了很大的变化，由以符合封建伦常为标准转而以服务大众为标准，迈出了由封建教育向现代教育转化的关键一步。

　　总之，人类最大特征在于群居，在于共同生活。而共同生活横讲则为空间，纵讲则为时间，中国人常云"纵横九万里"，即空间之共同生活；"上下五千年"，即时间之共同生活。教育是人类文化的一部分，因此具有与文化同样的特性，即民族性和时代性。教育传统总是带着民族文化的烙印，从而形成民族教育的特质。教育又具有时代性，或者叫作变异性，是随着时代的发展而变迁的。

# 第六章　钱基博教育思想与实践的特征与启示

钱基博先生认为纪念的意义在于整理过去之旧生活，创造未来之新生活。我们今天研究教育史的意义其实也就在于整理过去之旧教育，创造未来之新教育。那么，钱基博先生的教育思想与实践具有哪些特征？我们又能从中得到哪些启示呢？

## 第一节　钱基博教育思想与实践的特征

钱基博先生作为一名接受中国传统文化熏陶，并终生致力于传承中国传统文化的教育实干家，他的教育思想与实践，具有以下明显特征：

### 一、永不满足的学术追求，是钱基博教育思想与实践的不竭源泉

首先，钱基博先生的一生是教学相长的一生。他深深地热爱着祖国的传统文化，长期从事对中国学术的研究，具有深厚的国学根柢。早年钱先生的学术追求曾为他的仕途打开了大门，但是自从他选择弃政从教后，在他的生命中，学术与教育就融为了一体，他永不满足的学术追求成为他教育思想与实践的不竭源泉，这就使得他无论在何种环境下始终能够做到教学相长。

1926 年—1937 年，中国社会动荡不安，钱基博先生同时任教于光华大

学和无锡国专，这个时期是钱基博教学最为繁忙的时期，但也是其著作最为丰富的时期。据不完全统计钱先生在这个时期的著作有二十多部，具体如下：

表 6.1　钱基博先生 1926-1937 年间出版著作情况表

| 时间 | 书名 | 出版与保存情况 |
|---|---|---|
| 1926 年 | 《钱祖耆先生行状》 | 铅印本，1926 年出版 |
| 1927 年 | 《上海倪王家乘》（首编三卷本编六卷） | 铅印本，王树增主修、钱基博纂修，1927 年印行 |
| 1929 年 | 《〈文史通义〉解题及其读法》 | 中山书局，1929 年 11 月出版 |
| 1930 年 | 《光华大学五周年纪念书》 | |
| | 《读〈庄子·天下篇〉疏记》 | （商务"万有文库"），商务印书馆，1930 年出版 |
| 1931 年 | 《国学文选类纂》（上、下册） | 商务印书馆，1931 年 5 月出版 |
| | 《〈名家五种〉校读记》 | 无锡国学专修学校，1931 年出版 |
| | 《〈文心雕龙〉校读记》 | 无锡国学专修学校，1931 年出版 |
| | 《古籍举要》（又名《后东塾读书记》） | 上海世界书局，1931 年出版 |
| 1932 年 | 《现代中国文学史长编》 | 无锡国专学生会铅印，1932 年 12 月出版 |
| 1933 年 | 《明代文学》 | 商务印书馆，1933 年 6 月出版；后又收入商务"百科小丛书" |
| | 《现代中国文学史》 | 上海世界书局，1933 年 9 月出版，销路极佳，三年之中曾三次再版，1936 年又出了修订版 |
| | 《版本通义》 | （收入商务"万有文库"），商务印书馆，1933 年出版 |
| | 《〈周易〉解题及其读法》 | （曾连载于 1928 年 3 月《南通报》），商务印书馆，1933 年出版 |
| | 《〈古文辞类纂〉解题及其读法》 | 中山书局，1933 年出版 |
| | 《骈文通义》 | 大华书局，1933 年出版 |

| 时间 | 书名 | 出版与保存情况 |
|---|---|---|
| 1934年 | 《〈四书〉解题及其读法》 | （收入商务"万有文库"），商务印书馆，1934年1月出版 |
| | 《〈老子·道德经〉解题及其读法》 | 大华书局，1934年10月出版 |
| | 《韩愈文读》（两卷本） | 商务印书馆，1934年12月出版 |
| 1935年 | 《韩愈志》 | 商务印书馆，1935年1月出版 |
| | 《模范文选》（上、下册） | 商务印书馆，1935年4月出版 |
| 1936年 | 《经学通志》 | 中华书局，1936年4月出版 |

从表中我们不难看出，这些著作中，以讲论古籍、指导研究方法的撰述所占比重最大。如《〈文史通义〉解题及其读法》、《读〈庄子·天下篇〉疏记》、《国学文选类纂》（上、下册）、《〈名家五种〉校读记》、《〈文心雕龙〉校读记》、《古籍举要》、《〈周易〉解题及其读法》、《〈古文辞类纂〉解题及其读法》、《〈四书〉解题及其读法》、《〈老子·道德经〉解题及其读法》等皆属此类。这些著作多是就古代某一本基本典籍，介绍其作者、内容、版本、学术渊源、文章流别以及后人的考订、校勘、评议等情况，综理钩稽，寻蹑要眇，考述尤为详备。而钱基博先生在为光华、国专学生授课时，在指导学生们深入研读原著的同时，通常把这些撰著作为学生们的参考读物，使得学生能够在最短的时间内领会原著的精神，往往能够取得事半功倍的效果。

不仅如此，在这10年中，钱基博先生还在《工商日报》《国光》《南通报》《教育杂志》《青鹤》《江苏教育》《新无锡》《无锡国专季刊》《光华大学半月刊》《光华大学半月刊》等刊物上发表文章近200篇，这些文章无论是就某一学术问题展开讨论，还是发表自己在教育方面的见解，皆能做到教研相长。

其次，钱基博的教育人生以国学教育为主要阵地。钱基博先生首先是一位国学家，其次才是一位教育实干家。他的国学家背景决定了他的教育人生是以国学教育为主要阵地。

钱基博一生研究国学，并以传递国学知识，传承国学精神为己任。他著述颇多，其中相当大一部分是关于国学的论述。他通过对国学源流、定义、内容等方面的论述，构建起了自己的国学框架。钱基博是一位学贯四部的大学者，在经史子集方面，他均有重要建树，其中在集部和经部方面用力更多。这也使得他的国学教育主要以"国文科"和"读经科"为基础。

什么叫国文？钱基博的回答是"就是一国有一国之文学"。他认为"无论哪一国的人，总须对那一国的文学有相当的教学与造诣。我们做了中国人，就该对于中国的文学有相当之教学与造诣"。[①]至于造诣的深浅自然各各不同，然而最低的限度，至少应该"四会"，即会看、会读、会写、会作，钱基博的国文教学主要就是围绕这"四会"展开。在他看来"文学为通国学之邮"，经学为瞭澈国学基本思想与基本书艺的最有效途径。"中国人之基本思想是和平的，不是奋斗的。中国人之基本书艺，是含蓄的，不是刺激的。而《四书》《五经》，则蕴蓄此种思想与文艺之宝库。"因此"《五经》未易精贯，《四书》必当熟览"。[②]虽然，钱基博在教学中也涉及了史学与子学，然而，他的主要教学阵地还是集中于"国文科"与"读经科"。

不过，当时的那个年代，国文并不像今天的语文，在很多时候它的外延会扩展至以儒家经典为主的整个传统文化。而且，当时的国文教学面临一个很重要的问题就是"文言与白话"之争的问题。作为不得不面对的问题，钱基博一方面顺应时势编辑了《语体文范》，另一方面逆潮流而上用文言文写成了《现代中国文学史》，可见，在当时的历史情势下，钱基博先生心中的矛盾，他一方面极力寻求一种照顾新旧言文的学术规范，一面从骨子里割舍不下对文言文的钟爱。因为从根本上讲，钱基博并不认为白话文

---

① 钱基博：《依据湘学先辈之治学方法以说明本院之一年级国文教学——新生学习指导讲话》，《国师季刊》第九期。

② 钱基博：《读经问题》，刊于 1935 年 5 月 10 日《教育杂志》第 25 卷第 5 期。

与文言文相较，有什么特别的优越性存在。在与裘廷梁的文、白之争的信中，钱基博虽然声明自己对白话文并未采取"深闭固拒"的态度，但他一再强调白话文和文言文的区别只是句式和词头的变换，除此之外，若要讲到写文章时层次有先后的安排，词气要有抑扬顿挫，写文章"言有物""言有序"，这些要求对文言和语体都是一样的，这实际上就消解了白话文代替文言文的意义。然而，他的这种暧昧的态度却使自己陷入了尴尬的处境：求新者不以为是，求旧者亦以为非。

## 二、中国固有的士人精神，是钱基博教育思想与实践的真正动力

钱基博先生是一位书生，但他不是两耳不闻窗外事的"冬烘先生"，他时刻关心着国家的兴衰存亡，把个人命运与国家命运紧密地联系在一起，致力于中国传统文化的传承，他是一个有民族情操的士人。

钱基博先生 44 年的教育实践，初看起来纷繁复杂、略显无序。然而，如果我们结合当时的历史史实和钱先生转战各校背后的心路历程，就可以在无序中清晰地体察出钱先生忧国忧民的士人精神，这种精神是他教育思想与实践的真正动力。

（一）弃军政从教育

"学而优则仕"，儒家传统的"出世"思想使得饱读诗书的中国文人在选择自己人生道路时往往优先考虑从政。近代中国面临内忧外患，从军政似乎是最直接的"救世难"路径。

钱基博先生从 1909 年入幕陶大均行署，到 1913 年谢绝直隶都督赵秉钧的聘任，决意委身教育这 4 年中，历任师爷、少校参谋、中校参谋。亲身经历了江南光复、中华民国成立、宋教仁被刺以及二次革命失败等历史事件。所见所闻让钱基博先生逐步认识到"革命并没有像理想一般美妙；革命仍是以大众的痛苦，造就少数人的地位和煊赫"。[①] 尤其是他在研究了

_____
① 钱基博:《自我检讨书》,《天涯》,2003 年第 1 期。

法国革命史和《美国平民政治》之后，愈发对政治失望。加之他目睹革命军人嫖赌腐化，不问军政，只为混饭吃，更加愤恨。其后，二次革命如先生所预言的那样爆发也如先生所预言的那样失败，袁世凯成了一世之雄。不愿服输，不愿在军政场混饭吃的钱基博最终决定"选择一环境，限制我的用脑，没有机会打歹主意；还是教书"。①

（二）挽国人重英文轻国文之风气

钱基博先生何以去了上海圣约翰大学，他在《自我检讨书》中也有明确说明。当时江苏省教育会黄任之先生，参观南京、上海各教会大学，认为学生读英文认真，而不把国文课当回事，几乎忘掉自己是哪一国的人，国文教员，也有若无；于是向各教会大学校长提议整顿国文课。时任圣约翰校长的卜舫济，邀孟宪承去当国文主任。孟宪承与钱基博并不相识，只因在中学时代读过先生写的辛亥革命军人《吴禄贞传》，又闻先生在江苏省立第三师范学校教国文极其认真，便来看望钱先生，并诚邀钱先生这样一位于国文有坚强自信心，又不怕和学生麻烦者同去，以挽转学生重英文轻国文之风气。钱先生一听认为此问题严重，当即应允同去。②钱基博先生在执教圣约翰大学期间以满腔的爱国情怀和灵活的方法，成功挽转轻国文之风气，为该校学生其后爱国心的迸发做了有效地铺垫。

（三）讲"仁义"，反压制，怒走圣约翰而建光华

民国十四年（1925年），五卅惨案起，英国工部局开枪打死了许多手无寸铁的中国人。这时的钱基博先生虽然于政治毫无兴趣，然而心中的爱国情怀没有丝毫减弱。在其后的第一节课上，钱先生提议为死难者静默十分钟，并说："我们中国人讲孔孟之道，不过'仁''义'二字！现在我眼看着自己人无缘无故被打死了；我自管自读书，心里没有一些同情；不得算做'仁'！我们眼看着外国人打死自家人，不开一句口，不伸一伸手；

---

① 钱基博：《自我检讨书》，《天涯》，2003年第1期。
② 同上。

'义'气何在！"之后的教授会上，一向反对学生罢课的钱先生极力向校长申请罢课。然而，圣约翰大学当局对中国师生的爱国行为进行了压制。最后，义愤填膺的钱基博先生毅然随原圣约翰大学华籍教师十九人及学生共五百余人一起离开了圣约翰大学，并在上海各界人士的支持下，在沪西创建了私立光华大学，之后钱先生曾在该校国文系任教十年有余，这里也成为钱基博先生"教育救国"的重要阵地。

（四）为国学，兼课无锡国专

无锡国学专修学校（以下简称无锡国专）创办于1920年。这是一所继承中国文化，保持国粹的国学专修学校，比北大国学门还早近两年，曾被誉为"传统书院现代转型"的典范。现代著名教育家唐文治先生任馆长，唐先生以"正人心、救民命"为办学宗旨，认为当时世风日下，政治腐败、经济凋敝，道德沦丧，民不聊生。欲拯救这一切，必须以儒家思想"正人心"始，人心正方能社会风气正，民命方可救。早在其开馆之初，钱基博先生就曾撰两联以贺，其一云："荀卿守正，大论是宏，自顾高讲学以来，此为东林嗣响；朱子诂经，群流所仰，绍周孔不传之绪，仅见鲁国灵光。"其二云："国于天地必有立，尽己之谓忠，博爱之谓仁，慕义向风，还与诸君子以此交勖；学问途辙不一端，知新以温故，通经以致用，抱残守缺，我知唐先生之意不然。"[①]这两副对联充分表现了钱先生对无锡国专国学教育功能的认同和对唐文治先生个人治校方略的认同。正是因为有了这种认同做基础，当1927年唐文治先生邀请钱基博先生去无锡国专兼课时，先生慨然应允。如果说这其中起初有"沪锡交通受阻，无法回光华授课"的原因，那么交通恢复后，钱先生在近十年里照例奔波于沪锡两地，并且做到风雨无阻，即便旅途劳顿，但只要一站在讲台上依然声如洪钟，这就是一种精神的支撑了。这种精神就是一个国学教师强烈的爱国情怀和历史使命感，培养读书种子，以求中华民族之复兴，成了这一代爱国知识分子的心

---

① 傅宏星：《钱基博年谱》，华中师范大学出版社，2007年版，第54页。

理力量。

（五）树立师范以矫一世之枉

钱基博先生认为中国近代之所以被世界列强蹂躏是因为中国人普遍丧失了有耻、有节、勇武的民族精神，而这与国民教育的缺失是密切相关的。因此，1938 年当老友廖世承先生邀请钱基博先生前去国师任教时，虽然先生正病痛日深，且国师地处偏僻的湘中小镇，生活、学习、工作条件都极为艰苦，但是先生还是毅然由弟子吴忠匡陪侍，自上海渡海至温州，再穿浙赣辗转入湘，最终到达国立师范学院的所在地蓝田。对此，先生曾在后来的《国立师范学院成立记》中有这样的心理表白："尚其明耻教战，罔攸馁于厥衷！惟师有学，用诞启民暝。亦惟师克范，用式四方。""独念我不自亡，谁则亡我；人不自强，何能强国！国者，人之积也。而蹙蹙靡聘，何所荐有；纵无日本，亦何能国；人而失其所以为人，斯国而丧其所以为国。诚窃以为此一役也，非造人，何以善后！胜，则惟造人可以奠复兴之基；败，则惟造人乃能图报吴之举。而造人之大任，微师范学院谁与归。"[①]

纵观钱基博先生的一生，身负一个中国人的"骨气"和"责任"，以"爱国以学""教育救国"为己任，将个人的命运与民族的命运结合在一起，虽因战乱等原因而不得不辗转大江南北，但是其教育的热情和宗旨不因时间地点的转变而转变。抗日战争胜利后，时局依然诡谲，身体每况愈下的钱基博先生为躲避复杂的关系而专心学术，最终选择了有亲人的武汉作为自己的归宿。因为身体原因，他在华中大学上讲台授课的时间并不长，但是其无私捐赠的几万册珍贵藏书，亲自创建的历史博物馆，以及其倾注全部心血写成的《华中师院历史博物馆陈列品研究报告》，都给后人留下了珍贵的教育和学习资料，也为中国固有的士人精神作了最好的诠释。

---

① 钱基博：《国立师范学院成立记》，原载《国师季刊》，1939 年第 1 期。转载自《华中师范大学学报——纪念钱基博诞生百周年纪念》（专辑），1987 年，第 106 页。

## 第二节　钱基博教育思想与实践对课程思政的启示

目前，大家普遍认为"课程思政"最早是由上海市委、市政府在 2014 年提出来的一种教育理念。然而，笔者在梳理钱基博教育思想与实践的过程中发现："课程思政"虽然作为一个概念是近些年才出现并为大家熟知，然而作为一种行动，"课程思政"早已被钱基博、梁启超、蔡元培等有识之士贯彻在自己的教学生涯中，践行在三尺讲台上。或许正是这一大批耕耘在教学前线的爱国教师的课程思政为中华民族的伟大复兴培养了济济人才。他们通过润物细无声的方式为中国的崛起不仅保留了读书的种子，而且也培育了爱国的种子。这一批种子现在已经成长为参天大树，成为建设国家的中流砥柱。回望过去，钱基博先生作为读经科和国文科的老师，始终坚持将国学教育与立德树人相结合，心系国家、关注国事，让国家和国学一起进入学生的耳、脑、心。给我们当今的课程思政留下来诸多启示。

### 一、以精神教育为先导

钱基博先生历来重视精神教育，国魂教育，所谓国之无魂，魄将安依？他在整个教学生涯中始终向学生传达中国儒家传统的价值观念：人，首先要"立德"，即拥有崇高的道德修养；其次要"立功"，即尽己之能建功立业；再次为"立言"，即留下能启发后人之智的言论、著作。钱先生相信道德教育能帮助人类保存善根。因此，他非常重视古代教育思想的"人之教育"。1923 年，钱基博先生在辅仁中学第二届毕业演说上明确提出："西洋教育家好侈言国民教育、职业教育，近且盛倡天才教育；而终不言人之教育。易言之：即在使受教者做'国家组织之一民'，做一'职工'；其尤秀杰者，使之做一'人才'；而终未尝教之做'人'。"而在我国"孔子揭一'仁'字，即所以示'人之教育'之鹄的也。'君子'者，'人之教育'之产物也"。① 由此可见，钱基博先生认为教育应该培养"君子"。君子重"仁"，钱先生将孔子之学概括为十二字，即"转识成智""转智起（成）信""由信生力"。所以他认为教育的最终目的就是"要栽培一班青年，成功力士，赋予国家以一种复兴的'力'"！② 这些青年要有饱满的爱国热情、扎实的知识功底和高尚的道德情操。历史证明，这一批接受过中国传统文化精神教育的人，因为其爱国的底色，无论选择了何种专业，身处何种战线，都立志于为国家的复兴出力。

司马光在《资治通鉴》中认为："才者，德之资也。德者，才之帅也。""君子挟才以为善，小人挟才以为恶。"学术巨匠梁启超曾有这样的体会："学问所以能救世者，以其有精神也，苟无精神，则愈博学而心术愈以腐败，志气愈以衰颓，品行愈以诐邪，将安取之？"③ 德国教育家斯贝尔斯曾说："教育是人的灵魂的教育，而非理智知识和认识的堆积。"德国教育家赫尔巴特认为："教学如果没有进行道德教育，只是一种没有目的的手段，道德教育，如果没有教学，就是一种失去手段的目的。"④ 可见，立德树人应是高校工作的根本任务。教育，不只是知识教育，更重要的应该是精神教育。而且在某种程度上说，精神教育应该是教育的先导。教育缺失了精神，是残缺的、苍白的和没有灵魂的。任何专业教学如果只有专业目标，而没有精神和价值追求，往往不仅不能造福祖国和社会，而且还可能助纣为虐，酿成灾祸。

然而，在之前相当长一段时间内，高校的专业教师重教书轻育人，重知识传授和能力培养，而轻精神引领和价值塑造。究其原因，一方面是因为不少专业教师认为大学生的精神教育主要是思政课教师和辅导员的责任；

---

① 钱基博：《〈论语〉"君子以文会友以友辅仁"解故——在辅仁中学第二届毕业演说》，刊于 1923 年 7 月 16 日《无锡新报·思潮月刊》。
② 钱基博：《从读书方法以勘朱陆异同而折中于孔子为大学读者进一解》，刊于 1944 年 7 月 7 日《孔学》第二期。
③ 梁启超：《东籍月旦》，载《饮冰室合集·文集之四》，中华书局，1989 年版，第 88 页。
④ 张焕庭：《西方资产阶级教育论著选》，人民教育出版社，1964 年版，第 257 页。

另一方面，高校普遍实现了绩效改革，高校教师的收入主要与绩效有关，而绩效主要由教学和科研两大板块组成。其中，教学的考核指标主要包括教学工作量、教学竞赛、学生评教、督导评教等；科研的考核指标主要有项目、论文、科研经费等。这些指标均较为容易量化，而精神教育属于一种隐性教育，很难取得可量化成果。长此以往，专任教师很容易将精神教育职能让渡给思政课程教师和辅导员。由此，形成了专业课程和思政课程"两张皮"。很显然，各高校的辅导员和思政课程老师无法挑起所有学生的精神教育大任，大学生们出现了有工作没理想、有知识没精神、有青春没热血，有个性没品行等不良现象。大学生担负着国家、民族的前途和希望，他们人文精神的缺失是危险的，因为"没有充分的人文教育的民族是愚昧的民族，而愚昧的民族虽然可能掌握最先进的技术，却不能避免最终走向毁灭的命运"。①

为了弥补专业教师在思政教育中的缺位，打破思政教育的边界，高校积极推行课程思政。课程思政明确以立德树人作为中心环节，坚持全员、全流程、全方位的育人。在这个过程中我们应该以精神教育为先导，密切关注以下倾向。一是教育目的功利化。高校目前主要以就业率、考研率、获奖等可量化指标考核教育效果；而精神效应往往没有可量化标准，呈现隐性特征，因此当今教育明显呈现功利化特征。二是教育过程科学化。首先表现在内容知识化。为了响应国家关于加强人文素质教育的号召，不少大学增加了中国近代史等人文学科课程，加强了文史哲知识的介绍，然而知识不等于精神，掌握了人文知识未必就能内化为人文精神。其次表现在教育过程科学化。当前的课程教学过于关注概括、记忆、理解、模仿等智力因素，重视逻辑思维能力，重视学科知识的系统性、理论性，而忽视情感、意志、性格、态度、兴趣等非智力因素；从而使得课程教学过程出现了程式化、序列化、层次化和标准化等明显的科学化倾向。教师的教学缺

---

① 黄白兰：《盲点，中国教育危机报告》，中国城市出版社，1998年版，第81页。

乏真情实感，缺乏感染力。学生的学习流于表象，没有引发精神的共鸣，自然达不到体验和感悟的效果。这些都是值得我们重点关注和尽快调整的问题。

精神教育在微观层面关系着个人的追求、信念、道德、气质和修养等各个方面；在宏观层面关系价值引领，关系着高校培养出什么人的问题。因此，在整个课程思政建设中理应占据先导地位。

## 二、以文化自信为底气

钱基博先生在晚年的《自我检讨书》中，曾深情地写道："我觉得我中国，好比一条四千年的神蛇，现在正在蜕壳，当然周身不适；他身上组成细胞，哪是老废细胞，跟着壳蜕去以致死亡；哪些是新生细胞，扩展神蛇的生命，将来发扬威力；这须看我们各个人的努力。"[①] 这与梁漱溟先生的"老根发新芽"理论有异曲同工之妙。虽然中国传统文化这棵老树本身出现了一些问题，产生了一些病虫害，有些枝蔓或许挡住了新的阳光，有些枝蔓或许已经枯萎，需要修剪。然而，其树根始终是饱含精华的，蕴藏着很深厚的力量，只要我们给她施加一些新的养料，她就一定能长出新芽，重新焕发生机和活力。同时，也只有保留"老根子"，从这树根上长出来的才是中国人自己的东西。这是那个年代的知识分子对本民族文化生命力的坚定信念，也是扎根于骨子里的文化自信，他们始终坚信中华优秀传统文化提供的丰富文化滋养能够帮助我们实现中华民族的伟大复兴。因此他们开始积极在新式教育中寻找能够"安置"传统文化的位置和方法，以培育学生的文化自信和爱国情怀。在某种程度上说，这何尝不是课程思政的一种表现。

习近平总书记在十九大报告中指出："文化自信是一个国家、一个民族发展中更基本、更深沉、更持久的力量。"这告诉我们，文化自信既是高校

---

① 钱基博:《自我检讨书》,《天涯》, 2003 年第 1 期。

课程思政的重要内容和目的，也是其最深层次的底气。文化学者范周是这样界定文化自信的，他认为"文化自信是一个民族、一个国家及一个政党对自身禀赋和拥有的文化价值的充分肯定和积极践行，并对其文化的生命力保持坚定的信心，满怀发展的期望"。[1]此外，还有不少学者对于文化自信有着不同的表述，然而大家对文化自信的理解却有着如下共通之处：一是文化自信是对自身文化的充分肯定；二是文化自信是对自身优秀传统文化的继承和创新；三是文化自信是对自身文化的未来发展充满信心和期待；四是文化自信对于一个国家、一个民族的发展有着十分重要的意义。[2]由此，不难看出，文化自信大致包含三个指向：

一是指向历史的文化自信。这种自信源于中华民族五千多年文明历史所孕育的中华优秀传统文化。从物质层面来讲，古代人民不仅创造了烟、酒、茶、糖等丰富多彩的饮食，而且还创造了兼具美学价值与功能价值的建筑、家具、服装及交通工具等；不仅发明了保家卫国的武器，而且还有陶冶情操的玉器、漆器、瓷器、文具、乐器等。从精神层面来讲，中华传统文化饱含丰富的优秀道德精神、伦理价值和哲学思想。如"天人合一"的宇宙观、"舍生取义"的义利观、"知行合一"的实践观，以及自强不息、厚德载物、刚健有为的道德追求和讲仁爱、重民本、爱家国、守诚信、崇正义、尚和合、求大同、济天下等思想理念都是值得我们认同和发扬的优秀传统文化。这些优秀传统文化所留下的器物是我国宝贵的物质文化遗产，是中华民族聪明智慧的历史见证。而这些精神文化所蕴含的哲理和智慧，对当代中国治国理政以及解决人类面临的共同难题具有重要的价值，构成了我们坚定文化自信的"力量"之源。[3]

---

① 范周：《中国文化产业研究丛书/文化发展研究札记》，商务印书馆，2019年版，第453—454页。

② 谭毅、沈成飞主编：《中国特色社会主义理论与实践研究》，中山大学出版社，2019年版，第166—167页。

③ 刘从德、王晓：《"文化自信"的"力量"之源与提升路径——学习习近平总书记文化自信思想的重要论述》，《中南民族大学学报（人文社会科学版）》，2018年第2期。

二是指向现实的文化自信。文化自信不仅需要深厚的文化底蕴，也需要牢固的现实基础。自中国共产党成立以来，领导中国人民一方面取得了中国革命的胜利，形成了坚定信念、不畏困难、百折不挠、甘于奉献的革命精神，其中包括伟大的红船精神、长征精神、沂蒙精神、延安精神、井冈山精神、西柏坡精神等，这些革命精神是党和国家的宝贵精神财富，也是革命文化的重要组成部分，是当代文化自信的源泉。另一方面中国共产党取得了中国建设和发展的胜利，生产力快速发展，人民生活水平空前提高，综合国力大幅提升，中国特色社会主义文化发展欣欣向荣，文学艺术日益繁荣，文化事业蒸蒸日上，文化产业不断升级，形成了面向现代化、面向世界、面向未来的，民族的科学的大众的社会主义先进文化。这些成就是我们建设社会主义文化强国、增强文化自信的最大底气。

三是指向未来的文化自信。中华民族的优秀文化是"现时代"的、"正在进行时"的，能作用于当代中国发展的重要举措。同时，又是"超时代"的、"未来进行时"的，作用于一个民族子孙万代未来灵魂建设的长远精神资源。[①]而且，近年来，随着中国的迅速崛起，越来越多的国家和人民将目光聚焦在了中国。中国智慧和中国方案越来越受重视。被誉为近代以来"最伟大的历史学家"的汤因比认为，中国人完整守护了一个超级文明，世界的希望在中国，中华文明才是人类的归宿。我们完全有理由相信，随着我国国际话语权的逐步增大，中国文化不仅会帮助中国人民实现中国梦，而且在构建人类命运共同体，解决当前世界的诸多矛盾，共建美好世界中做出更大贡献。

文化自信为高校思想政治教育的底气提供了理论支撑、实践支撑和历史支撑。[②]同样，文化自信也为高校教师进行课程思政提供了强大的心理动力和不竭的精神源泉，有助促使课程思政的理念形成广泛共识，提高广

---

① 毛时安:《攀登者》，上海人民出版社，2019年版，第401页。
② 杨落娃:《文化自信：高校思想政治教育的底气》，《红旗文稿》，2019年第21期。

大教师开展课程思政建设的意识和能力；有助于深度挖掘和提炼专业知识体系中所蕴含的思想价值和精神内涵，并结合专业知识教育引导学生深刻理解社会主义核心价值观，科学合理拓展专业课程的广度、深度和温度，从而在潜移默化中让学生丰富学识，增长见识，塑造品格，努力成为德智体美劳全面发展的社会主义建设者和接班人。

### 三、以国性自觉为基础

"国性"一词，虽然在当代中国学术界的论说中比较少见。但是，在20世纪上半叶，则经常为一些思考"救亡图存"问题的著名思想家所使用，如严复、梁启超、章太炎等都曾有关于国性的探讨。虽然他们对于国性的具体表述略有差异，但是无不认为国性是一个国家自立于世界的特质、特性或本性。国性是一个国家和民族漫长生命发展中形成的立国之基，是一个国家的民族个性，是一个民族从古至今世代相传的文化精神，是民族的文化属性，是此民族区别于彼民族的根本标志，也是中华民族共同体独立于世界民族之林的最重要依据。20世纪上半叶，虽然我国经历了动荡和苦难，但是因为有像钱基博先生一样的一大批具有国性自觉的教师队伍，始终以自身的爱国热情和学识修养，感染和熏陶学生，使其保持国性自觉。所以虽然历经各种曲折，但是依旧为国家的复兴保留了爱国的种子，并在新中国的成立及建设过程中爆发出了蓬勃的生命力。钱基博先生在《自我检讨书》中曾说："人家说我思想顽固；其实我的思想，多方面接受，从不抗拒任何方面的思想；不过不容许我放弃自己是一中国人的立场，这是无可讳言的，而且自认为当然的。"[①] 国性自觉方能明确自己作为中国人应有的立场，并且始终坚持这种立场，这是我们课程思政的基础。

教育，是培养人的活动，作为教育的重要参与者，教师首先要明确的应该是为谁培养人、培养什么人的问题，然后再思考怎样培养的问题。很

---

① 钱基博:《自我检讨书》,《天涯》, 2003 年第 1 期。

明显，我们的教育是为国家培养人。培养什么样的人呢？钱基博先生明确提出：普遍一般中国人所需要的教育，其目的就在于造就"现代世界之中国国民"。所谓"现代世界之中国国民"，简单来说，就是既有国际视野，又有爱国情怀；既了解当今世情，又了解当今国情；既努力学习现代科技文化知识，又不忘传承自身的传统文脉；既认同现代普世价值，也坚守中国传统人文精神。而这与我们的课程思政目标高度一致。

钱基博先生认为，国性自觉包含时间之自觉和空间之自觉。这说明对待国性，我们也需要抱有与时俱进的态度。从时间来看，目前世界正处于百年未有之大变局的深度调整期，我国正处于"两个一百年"奋斗目标的历史交汇期。同时，中美竞争加剧，美国对中国的遏制正逐渐升级。在此背景下，中国必将面临政治、经济、军事、外交、舆论等多方面压力。从空间来看，国与国之间的较量不仅表现在线下现实空间，也表现在线上网络空间。网络已经成为一个关乎国家安全和文化主权的重要空间。在此背景下，国性自觉就显得尤为重要。正如习近平总书记所指出的那样"一个民族、一个人能不能把握自己，很大程度上取决于道德价值。如果我们的人民不能坚持在我国大地上形成和发展起来的道德价值，而不加区分、盲目地成为西方道德价值的应声虫，那就真正要提出我们的国家和民族会不会失去自己的精神独立性的问题了。如果没有自己的精神独立性，那政治、思想、文化、制度等方面的独立性就会被釜底抽薪"。① 国性自觉有利于激发学生的家国情怀，使其富有中国心、饱含中国情、充满中国味；有利于引导学生传承中华文脉，理解中华优秀传统文化中讲仁爱、重民本、守诚信、崇正义、尚和合、求大同等思想精华和时代价值；有利于引导学生了解世情国情党情民情，增强对党的创新理论的政治认同、思想认同和情感认同，坚定中国特色社会主义道路自信、理论自信、制度自信和文化自信。

---

① 中共中央文献研究室编《习近平关于全面深化改革论述摘编》，中央文献出版社，2014年版，第88页。

从而，将社会主义核心价值观内化为精神追求、外化为自觉行动，为实现中国梦贡献自己的青春和热血。在学校为"自觉之学生"，出社会为"自觉之国民"。

不难看出，尽管现今的学术界已经不太使用国性这个概念，但是"国性"问题不仅存在，而且仍然具有事关"国运"的安定或动乱、繁荣或衰落的重大意义。①21世纪的国际竞争不仅包括物质资源、军事、经济、科技等有形硬实力的竞争，而且包括国家凝聚力、文化吸引力等无形软实力的竞争。软实力的核心是人文精神和价值观念。中国现代化最终意义上是文化的现代化，中华民族的伟大复兴是包含物质文明、政治文明、精神文明在内的全面复兴。课程思政必须以国性为基础，高度警惕国家虚无主义和民族虚无主义思潮对国家前进动力的侵蚀，警惕部分大学生被西方社会思潮中错误价值观念同化的风险，引导学生始终站在中国人的立场上，站在历史正确的一边，站在人类进步的一边。这对于实现中华民族伟大复兴的中国梦具有根本性的重要意义。

### 四、以师道自觉为前提

钱基博先生在教育一线耕耘40余年，始终坚持以"为天地立心，为生民立命，为往圣继绝学，为万世开太平"为使命，以德立身、以德立学、以德施教，始终坚持学为人师、行为世范，把对家国的爱、对教育的爱、对学生的爱融为一体，兢兢业业地传道、授业、解惑，是名副其实的有理想信念、有道德情操、有扎实学识和有仁爱之心的"四有"好老师。钱基博先生认为研究与教学是教师的两大本分，且治事，且读书，则体验愈切，而见理益，因此他注重学术实效，反对学术玄谈。他将思政教育内化到了自己的教学和研究中，鼓励学生以"学问为生活"，也以"生活为学问"。

---

① 陈泽环：《儒学伦理与现代中国——中外思想家中华文化观初探》，上海人民出版社，2020年版，第101页。

在学习和生活中，钱先生利用自身丰富的专业知识储备，用教师的人格魅力与渊博学识感染学生，使其在国文和读经课程的听说读写中感受传统文化和国家命运，在情感体验中产生共鸣，在潜移默化中实现课程思政润物细无声的效果，从而引导学生在国家命运和个人前途的交汇点上规划人生。

教师是教书育人的主力军，是课程思政的主要践行者，也是全面推进课程思政建设的关键。要想所有高校的所有教师在所有课程中都能承担好育人责任，守好一段渠、种好责任田，必须以师道自觉为前提。

提到师道自觉，有人认为其内涵可以从教师的自知、自肯、自任与自行四个方面加以阐释。也有人认为应该从处理师与人、师与道、师与生三大关系去实现。笔者以为师道自觉就是教师立德树人之自觉。事实上，很多专业课程中原本就包含有诸多思政元素，只不过没有引起我们的重视，它就"蛰伏"在那里。课程思政需要通过唤醒老师的师道自觉来进一步激活这些专业课程中的思政元素，从而实现专业课与思政教育的有机结合。唤醒教师的师道自觉需要具备以下条件：

首先，教师应该有德行自觉。习近平总书记指出："合格的老师首先应该是道德上的合格者，好老师首先应该是以德施教、以德立身的楷模。师者为师亦为范，学高为师，德高为范。老师是学生道德修养的镜子。"[①] 作为新时代的高校教师，应该以君子的标准和高校教师准则要求自己。具体包括：一要尚"诚"，不自欺，不妄为。要积极践行社会主义核心价值观，弘扬真善美，传递正能量，不得通过课堂、论坛、讲座、信息网络及其他渠道发表、转发错误观点，或编造散布虚假信息、不良信息。二要尚"敬"，敬畏教师这个职业，敬畏真理，敬畏规则，敬畏法律，敬畏别人，也敬畏自己。遵守教师职业准则，恪守宪法原则，遵守法律法规，依法履行教师职责；不得损害国家利益、社会公共利益，或违背社会公序良俗。

---

① 习近平：做党和人民满意的好老师——同北京师范大学师生代表座谈时的讲话（2014年9月9日），http://cpc.people.com.cn/n/2014/0910/c64094-25629946.html。

三要守礼，教师在处理师生关系时要遵守师生之礼。教师既要真心关爱学生，又应保持自尊、自爱和自重，坚持言行雅正，举止文明，作风正派。四要重义，要明白作为教师什么能做，什么不能做。一方面要坚守民族和国家大义，坚定政治方向，履行社会责任，贡献聪明才智，树立正确义利观；另一方面要坚守自我之义，不能因为一念之差就由教授变"禽兽"。五要奉廉，秉持公平诚信，坚守廉洁自律。严于律己，清廉从教；不得索要、收受学生及家长财物，不得利用家长资源谋取私利。六要知耻，作为教师除了要坚持"八荣八耻"，而且还要有更高层面的荣辱观，如以敷衍教学为耻、以学术不端为耻，以怠慢学生为耻等。

其次，教师应该有德育意识。当前，中国特色社会主义进入新时代，为祖国培养大量能够担当民族复兴大任的时代新人是高校教师义不容辞的责任。从大学走出的时代新人必须要能够践行好社会主义核心价值观，有知识、有能力、有信念、有梦想、有道德、守纪律。这要求教师在传道、授业、解惑的过程中必须提高德育意识。自觉挖掘课程教学中的德育元素，把握道德教育时机，主动培养学生道德品质和意识。专业教师要自觉摒弃思政教育是思政课部或者学工部门责任而与己无关的错误思想。要把"教书"和"育人"放在同等重要的地位，坚持"智育"和"德育"两手抓、两手都要硬；坚持用崇高的理想信仰引领学生，用深厚渊博的学识滋润学生，用身体力行的自觉带动学生。

再次，教师应该有德育能力。作为一名教师不仅需要有德育的意识，还需要有德育的能力。不仅能解决专业问题，也要能够解决学生的德育问题，既要有知识的学问，也要有德行的学问。德育关乎灵魂、品行和人格的塑造。当前随着移动互联网和自媒体的发展，大学生获取信息的渠道更加多元和复杂，面临的诱惑也更多，同时新时代的大学生思想更为独立和成熟。这使得思政教育更加重要，对教师的德育能力要求也更高。依靠简单的灌输、空洞的说教显然不能取得较好的效果。因此，需要确实采取措施，提高教师的德育能力。一是做好教师的课程思政培训。一方面搭建线上线下两个平台，邀请思政专家、德育模范为教师们做讲座，提供优秀思政案例。增强教师对于"课程思政"理念的理解和认同，提高专业课教师课程思政资源的挖掘和转化能力，帮助教师利用各自的学科特点及岗位优势积极开展个性化的思政教育工作，努力拓展思政教育的新视野、新方法、新空间和新载体。另一方面鼓励教师不断学习和借鉴古今中外的教育理论家和实干家的优秀德育思想和德育经验，引导教师在兼容并蓄的交流与反省中不断提高德育的境界和能力。二是教师应该重视德育的教学相长。《学记》早在两千多年前就提出了"教学相长"的原则，"学然后知不足，教然后知困。知不足，然后能自反也；知困，然后能自强也。故曰：教学相长也"。德育并不是教师对学生单方面的监督和引导，而是教师和学生灵魂的交流与互动。教师和学生应该互为明镜，在教学过程中，教师在引导学生的同时也应该接受学生的监督和激励，不断反省自身德行和德育方法，不断学习、共同提高。

关于教育之主义，钱基博先生在《孟子约纂》里曾有一段颇富哲理的论述：

古代教育皆注重于精神生活，故贤哲之士，其所以招告吾人者，务在守其己之所信，行其心之所安，而置死生穷达于度外。而今之教育乃埋没于物质生活之中。所谓实用主义者，即其教育之目的在实际应用于生活之谓，非是不得谓之教育。夫学校之中，授人以知识技能，使其得应用此知识技能以自营生活，诚为教育中应有之事。但吾人既获得生活，则决非于生活之外别无意义者。吾人生而为人，固不能不谋衣食以图饱暖。然饱食暖衣不过藉以维持生活。试问，吾人具此生活而又维持之者固何为？若谓人之为人，仅在求得饱食暖衣而止，是无异谓生活之意义在生活也。故以实用为教育之主义，犹之以生活为主义亦为无主义之主义而已。[①]

这段话或许是钱基博先生教育思想的最好总结，教育绝不能仅限于传授知识和技能本身，教育的意义也绝非教学本身。关注生活之外的意义，关注知识教学背后的精神教育，提高国人的"自觉"意识，尊重传统，关照现在，用古代之教育精神填充现代之教育框架，这是他一生的追求，也是他留给我们的珍贵文化遗产。

虽然钱基博先生的有些教育思想可能存在一定的历史局限性。如：他认为照中国国势而论："古学"就很足以富强国家！[②] 笔者认为这种说法可能过于绝对，古学或许可以填充人们的部分精神世界，但是虽然精神文明能够推动物质文明的发展，然而物质世界的丰裕确实也需要借助现代科技来推动生产力的发展。此外，钱基博先生在教学过程中过于强调以教师为中心，不太关注学生自主性的调动。然而，特殊的时代，不同的个体，必然会有不同的思想，我们不能苛求历史，也不能苛求个人。我们要做的，是用客观的态度去审视历史，用辩证的态度去评价个人，从而探寻到能给予我们启示的东西。

钱基博先生是教育系统中的一位实干家，但是他不是循着别人的足迹盲目地实干，他是一位有思想的实干家。你或许可以质疑他的教育家身份，但是你却不能无视他的教育思想。他的一生是学术与教育相融合的一生，是锲而不舍，高度"自觉"的一生。在民国那个人才济济的年代，他或许只是一位平凡的教师，他的有些教育思想或许尚不成熟。然而，不容否认的是，钱基博先生是在社会转型中、艰难时世中持之以恒、卓尔不群的探索者，他是鲁迅先生称之为中华民族脊梁的那种人。正是钱基博先生这样的深烙着历史印痕、具有丰厚人文价值的中国知识分子，明白无误地印刻

---

① 曹毓英选编：《钱基博学术论著选》，华中师范大学出版社，1997年版，第345页。

② 钱基博：《钱基博演讲》，刊于《学生文艺丛刊》，1927年。

着我们国家特有的文化命脉。如果我们忘记了像钱基博先生这样的人文痕迹，那剩下的历史或许会少了些许真实，多出几分苍白。让我们记住钱基博先生，做好课程思政，落实好立德树人的根本任务，在教学中自觉将价值塑造、知识传授和能力培养融为一体，引导学生塑造正确的世界观、人生观、价值观，为国家的长治久安和民族的伟大复兴做出自己应有的贡献。

# 参考文献

一、钱基博本人著作（含后人选编的钱基博著作选）

1. 刘梦溪主编：《中国现代学术经典·钱基博卷》，河北教育出版社，1996年。

2. 曹毓英选编：《钱基博学术论著选》，华中师范大学出版社，1997年。

3. 钱基博：《近百年湖南学风》（含《经学通志》），中国人民大学出版社，2004年。

4. 钱基博：《现代中国文学史》，中国人民大学出版社，2004年。

5. 钱基博：《版本通义》，上海古籍出版社，2007年。

6. 钱基博：《大家国学·钱基博》，天津人民大学出版社，2008年。

7. 钱基博：《经史子集入门——钱基博谈治国学》，黄山书社，2009年。

8. 钱基博：《古籍举要》，广西师范大学出版社，2009年。

9. 钱基博等著：《戊午暑期国文讲义汇刊》，广西师范大学出版社，2010年。

10. 钱基博：《周易解题及其读法》，广西师范大学出版社，2010年。

11. 钱基博：《经学通志》，岳麓书社，2010年。

12. 钱基博：《国学必读》，广西师范大学出版社，2010年。

13. 钱基博：《韩愈志》，华夏出版社，2010年。

14. 钱基博:《钱基博儒学论集》,四川大学出版社,2010年。

二、相关书籍

1. 张枏、王忍之编:《辛亥革命前十年间时论选集》,生活·读书·新知三联书店,1977年。

2. 鲁迅:《鲁迅全集》,人民文学出版社,1981年。

3. 王桐荪等编:《唐文治教育文选》,西安交通大学出版社,1985年。

4. 陈学恂主编:《中国近代教育史教学参考资料》,人民教育出版社,1987年。

5. 杨绛:《将饮茶》,生活·读书·新知三联书店,1987年。

6. 林毓生:《中国意识的危机——五四时期激烈的反传统主义》,贵州人民出版社,1988年。

7. 张岱年:《文化与哲学》,教育科学出版社,1988年。

8. 梁启超:《饮冰室合集》,中华书局,1989年。

9. 王道俊、王汉澜主编:《教育学》,人民教育出版社,1989年。

10. 陈崧编:《五四前后东西文化问题论战文选》(增订本),中国社会科学出版社,1989年。

11. 田惠兰等选编:《钱钟书杨绛研究资料集》,华中师范大学出版社1990年。

12. 陶行知:《陶行知教育论著选》,人民教育出版社,1991年。

13. 蔡元培:《蔡元培教育论著选》,人民教育出版社,1991年。

14. 吴学昭:《吴宓与陈寅恪》,清华大学出版社,1992年。

15. 潘懋元、刘海峰编:《中国近代教育史料汇编·高等教育》,上海教育出版社,1993年。

16. 郑师渠:《晚清国粹派——文化思想研究》,北京师范大学出版社,1993年。

17. 张文江：《钱钟书传》，上海文艺出版社，1993 年。

18. 梁漱溟：《梁漱溟教育论著选》，人民教育出版社，1994 年。

19. 胡适：《胡适教育论著选》，人民教育出版社，1994 年。

20. 申晓云主编：《动荡转型中的民国教育》，河南人民出版社，1994 年。

21. 张岱年等著：《中国知识分子的人文精神》，河南人民出版社，1994 年。

22. 余英时：《钱穆与中国文化》，上海远东出版社，1994 年。

23. 李洪岩：《智者的心路历程——钱锺书的生平与学术》，河北教育出版社，1995 年。

24. 陈独秀：《陈独秀教育论著选》，人民教育出版社，1995 年。

25. 范旭仑、李洪岩编：《钱钟书评论》，社会科学文献出版社，1996 年。

26. ［美］余英时：《中国知识分子论》，河南人民出版社，1997 年。

27. 钱穆：《国学概论》，商务印书馆，1997 年。

28. 何晓明：《百年忧患——知识分子命运与中国现代化进程》，上海东方出版社，1997 年。

29. 陈平原：《中国现代学术之建立——以章太炎、胡适之为中心》，北京大学出版社，1998 年。

30. 胡道静：《国学大师论国学》，上海东方出版中心，1998 年。

31. 钟叔河编：《千百年眼国史·国粹·国民》，湖南文艺出版社，1998 年。

32. 李洪岩：《钱锺书与近代学人》，百花文艺出版社，1998 年。

33. [美] 邓尔麟：《钱穆与七房桥世界》，社会科学文献出版社，1998 年。

34. 黄白兰：《盲点，中国教育危机报告》，中国城市出版社，1998 年

35. 吴宓著，吴学昭整理注释：《吴宓日记》，生活·读书·新知三联书店，1998年。

36. 梁启超：《梁启超全集》，北京出版社，1999年。

37. 萧功秦：《危机中的变革——清末现代化进程中的激进与保守》，生活·读书·新知三联书店，1999年。

38. 江庆柏：《明清苏南望族文化研究》，南京师范大学出版社，1999年。

39. 罗志田：《权势转移：近代中国的思想、社会与学术》，湖北人民出版社，1999年。

40. 刘克敌：《陈寅恪与中国文化》，上海人民出版社，1999年。

41. 牛润珍：《陈垣学术思想评传》，北京图书馆出版社，1999年。

42. 孔庆茂：《丹桂堂前——钱钟书家族文化史》，长江文艺出版社，2000年。

43. 高昌海、刘克敌等著：《国民素质与教育》，山东教育出版社，2000年。

44. 桑兵：《晚清民国的国学研究》，上海古籍出版社，2001年。

45. 周国林选编：《张舜徽学术文化随笔》，中国青年出版社，2001年。

46. 肖建彬主编：《中国教育思想史》，高等教育出版社，2001年。

47. 罗志田：《国家与学术：清季民初关于"国学"的思想论争》生活·读书·新知三联出版社，2003年。

48. 美国《人文》杂志社、三联书店编辑部编：《人文主义：全盘反思》，生活·读书·新知三联书店，2003年。

49. 钱穆：《文化与教育》，广西师范大学出版社，2004年。

50. 杨绛：《我们仨》，生活·读书·新知三联书店，2004年。

51. 刘桂秋：《无锡时期的钱基博与钱钟书》，上海社会科学院出版社，2004年。

52. 袁刚、孙家祥、任丙强：《杜威在华讲演集》，北京大学出版社，2004 年

53. 张岂之主编：《民国学案》，湖南教育出版社，2005 年。

54. 汪林茂：《晚清文化史》，人民出版社，2005 年。

55. 郑师渠：《思潮与学派 中国近代思想文化研究》，北京师范大学出版社，2005 年。

56. 钱穆：《八十忆双亲 师友杂忆》，生活·读书·新知三联书店，2005 年。

57.《桂苑师林》编委会：《桂苑师林——投身于"太阳底下最光辉的职业"》，华中师范大学出版社，2005 年。

58. 胡显章、曹莉主编：《大学理念与人文精神》，清华大学出版社，2006 年。

29. 陈平原：《大学何为》，北京大学出版社，2006 年。

60. 陈来：《传统与现代——人文主义的视界》，北京大学出版社，2006 年。

61. 郑大华：《民国思想史论》，社会科学文献出版社，2006 年。

62. 傅宏星编撰：《钱基博年谱》，华中师范大学出版社，2007 年。

63. 董方奎、陈夫义主编：《梁启超论教育》，海南出版社，2007 年。

64. 苏云峰：《中国新教育的萌芽与成长（1860—1928）》，北京大学出版社，2007 年。

65. 王玉德主编：《钱基博学术研究》，华中师范大学出版社，2008 年。

66. 顾明远：《中国教育的文化基础》，山西教育出版社，2008 年。

67. 梁枢主编《国学访谈 光明日报国学专刊精选》，光明日报出版社，2008 年。

68. 张源著：《从"人文主义"到"保守主义"——〈学衡〉中的白璧德》，生活·读书·新知三联书店，2009 年。

69.陈思和主编：《实用主义之我见——杜威在中国》，江西高校出版社，2009年。

70.张舜徽：《张舜徽壮议轩日记》，国家图书馆出版社，2010年。

71.王玉德主编：《钱基博评传》，湖北人民出版社，2018年。

三、报刊

（一）新中国成立前主要报刊

《教育杂志》《妇女杂志》《新无锡》《南通报》《无锡新报》《无锡县教育会年刊》《清华周刊》《〈甲寅〉周刊》《光华大学期刊》《光华大学半月刊》《国立师范学院季刊》《国立师范学院旬刊》《江苏民报》《青鹤》《锡报》《申报》《大公报》《武汉日报》等。

（二）新中国成立后主要报刊

1.彭祖年编：《纪念钱基博先生诞生百周年专辑》，《华中师范大学学报》（哲学社会科学版），1987年。

2.陈涵韬：《钱基博先生二三事》，《无锡史志》，1987年第2期。

3.吴忠匡：《毕生勤奋读书著述的钱基博教授》，《文献》，1987年第3期。

4.吴雨苍：《文采传希白，雄风劲射潮——纪念钱子泉老师》，《无锡文史资料》第22辑，1990年6月。

5.吴忠匡：《吾师钱基博教授传略》，《中国文化》，1991年第4期。

6.伍大希：《国师硕儒——回忆国师在蓝田》，《文史拾遗》，1992年第1期。

7.李清怡：《向钱基博先生问学的点滴回忆》，《文史知识》，1992年第3期。

8.娄章胜、李勤：《教书育人为人师表——记国学大师、教育家钱基博教授》，《洪山文史》第4辑。

9. 李洪岩：《林纾倾轧钱基博》，《今晚报》，1993 年 10 月 28 日。

10. 顾育豹：《国学大师钱基博其人其事》，《党建与人才》，1994 年第 1 期。

11. 姜德明：《油印小册——钱基博藏品说明书》，《书屋》，1995 年第 1 期。

12. 孙伯亮：《钱子泉客串数学先生》，《无锡文史资料》第 30 辑，1995 年 6 月。

13. 顾毓琇：《回忆竢实学堂兼及无锡两位钱大师》，《清华校友通讯》，1996 年 7 月。

14. 傅道彬：《一副清凉散——读〈谕儿锺书札两通〉》，《北方论丛》，1999 年第 3 期。

15. 陈宜平：《忆钱钟书和他的父亲钱基博》，《传记文学》（台），1999 年第 10 期。

16. 鲁远军：《从〈版本通义〉看版本研究思想》，《新疆师范大学学报》（哲社版），2000 年第 1 期。

17. 顾一群：《国学大师钱基博》，《无锡文史资料》第 44 辑，2000 年。

18. 群忠：《慷慨赠书图书馆的大学者钱基博》，《图书馆界》，2000 年第 3 期。

19. 曾仲珊：《记钱子泉（基博）在国师教陶诗杜诗》，《文史拾遗》，2000 年第 4 期。

20. 刘桂秋：《钱基博与〈无锡风俗志〉》，《无锡史志》，2001 年第 3 期。

21. 杨跃：《挑战与回应：理工科院校人文教育的反思与构建》，《南京化工大学学报》，2001 年第 4 期。

22. 刘桂秋：《徐彦宽与钱基博、钱锺书父子》，《无锡教育学院学报》，2002 年第 2 期。

23. 刘桂秋：《关于钱基博、钱钟书父子生平的一组史料之考论》，《江南大学学报》，2002 年第 4 期。

24. 子明：《无私的奉献——钱基博致沈维钧札》，《收藏界》，2002 年第 5 期。

25. 钱建中：《钱基博方志翰墨拾零》，《江苏地方志》，2003 年第 2 期。

26. 周洪宇：《肝胆相照两昆仑——钱基博与钱钟书》，《武汉文史资料》，2003 年第 3 期。

27. 李廷华：《吴宓与钱基博》，《人物》，2003 年 5 月 11 日。

28. 姚曙光：《树之坊表，立懦廉顽》，《光明日报》，2003 年 6 月 10 日。

29. 周洪宇：《钱基博与钱钟书——文化两"昆仑"》，《梅州日报》，2003 年 8 月 30 日。

30. 刘桂秋：《八十多年前的"教改实验"——钱基博在丽则女校的作文教学及其启示》，《无锡教育学院学报》，2003 年第 4 期。

31. 周洪宇：《钱基博的使命感和责任心》，《武汉文史资料》，2003 年第 8 期。

32. 刘桂秋：《八十多年前的作文训练》，《写作》2003 年第 10 期。

33. 刘谦定：《钱基博与华师》，《长江日报》，2003 年 11 月 17 日。

34. 刘桂秋：《洋学堂里的中国先生——钱基博在圣约翰大学》，《无锡导刊》，2004 年第 2 期。

35. 吴继平、刘中兴：《钱基博：治学育人的楷模》，《光明日报》，2003 年 7 月 24 日。

36. 陈岸峰：《发愤以抒情——论钱基博的〈现代中国文学史〉》，台湾《汉学研究》第 22 卷第 1 期，2004 年 6 月。

37. 樊洪业：《竺可桢记"至钱锺书家"》，《中华读书报》，2004 年 9 月。

38. 张金福、薛天祥：《我国大学人文教育的反思与重构》，《北京大学教育评论》，2004 年第 4 期。

39. 吴阳熙：《关于加强人文教育的思考》，《社科纵横》，2004 年第 4

期。

    40.钱之俊:《钱基博为人取名及其他》,《书屋》,2004 年第 12 期。

    41.薛中卿、曹樱瑛:《珍贵史料再现无锡"辛亥光复"》,《无锡日报》,2004 年 12 月 22 日。

    42.刘桂秋:《钱基博致张乃燕、梅光迪的三封信》,《温故》第 3 期,2005 年 1 月。

    43.任嘉尧:《国学大师钱基博论兵法》,《世纪》,2005 年第 2 期。

    44.香山:《钱基博自成一家之言——〈现代中国文学史〉七十年后新版有感》,《文汇读书周报》,2005 年 3 月 4 日。

    45.刘桂秋:《新发现的钱穆佚文〈与子泉宗长书〉》,《江南论坛》2005 年第 4 期。

    46.佚名:《叩响国学大师钱基博的房门》,《楚天都市报》,2005 年 4 月 8 日。

    47.马建强:《国学大师钱基博与小学语文教育》,《小学青年教师》,2005 年第 5 期。

    48.曾赤梅:《在"朴园"怀想钱钟书的父亲钱基博》,《今日湖北》,2005 年第 5 期。

    49.傅宏星:《"道高犹许后生闻"——为编辑出版〈钱基博全集〉进一言》,《无锡文史资料》第 49 期,2005 年 11 月出版。

    50.傅宏星:《钱基博先生论著编年目录》,《无锡文史资料》第 49 期,2005 年 11 月出版。

    51.涂耀威:《钱基博文献学成就三论》,《华中师范大学研究生学报》,2006 年第 1 期。

    52.黎华标:《新旧文学之间(四之一)——两部文学史在对垒》,《新亚生活》,第 33 卷第 5 期,2006 年 1 月 15 日。

    53.任民:《从〈弟子规〉看国学教育的情感向度》,《河南教育学院学报》(哲学社会科学版)，2006 年第 4 期。

54. 郭齐勇：《浅谈大学人文教育、国学教育的课程设置》，《读书》，2006 年第 4 期。

55. 高松寿：《基础教育阶段的国学教育》，《成都教育学院学报》，2006 年第 6 期。

56. 周国清：《语文课应承担国学传播与教育的重任》，《湖南教育》，2006 年第 35 期。

57. 蔡耀得：《以国学为载体进行日常生活道德教育探析》，《教育探索》，2006 年第 6 期。

58. 雨辰、乃森、顾黄初：《影响中国 20 世纪的语文教育大家——钱基博（1887—1957）》，《中学语文教学通讯》，2006 年第 12 期。

59. 范军：《诂经谭史、学贯四部——荐〈钱基博年谱〉》，《华中师范大学出版社简报》，2006 年第 6 期。

60. 李迎春：《论国学教育的文化向度》，《河南教育学院学报》（哲学社会科学版），2007 年第 1 期。

61. 伍大福：《钱基博文史教育述论》，《江南大学学报》（人文社会科学版），2007 年第 2 期。

62. 涂耀威：《颇具资料价值的〈钱基博年谱〉》，《中华读书报》，2007 年 5 月 16 日。

63. 周远斌：《钱基博与〈现代中国文学史〉》，《光明日报》，2007 年 5 月 17 日。

64. 涂耀威：《读〈钱基博年谱〉》，《书品》，2007 年第 3 辑。

65. 黄明明：《钱基博〈无锡风俗志〉记载的无锡方言》，《江南论坛》，2007 年第 3 期。

66. 出版人：《一代国学大师钱基博》，《图书馆与阅读》，2007 年第 4 期。

67. 裴毅然：《由钱基博批五十九分想到的》，《杂文选刊》( 上半月版 )，2007 年第 8 期。

68. 王玉德、许刚：《"钱基博与国学"学术研讨会综述》，《华中师范大学学报》( 人文社会科学版 )，2007 年第 3 期。

69. 赵淑梅：《振兴大学国学教育的必要与可能》，《现代教育科学》，2007 年第 6 期。

70. 陈卫平：《"国学热"与当代学校传统文化教育的缺失》，《学术界》，2007 年第 6 期。

71. 陈燕红：《浅论国学与教育现代化的若干问题》，《福建论坛·人文社会科学版》，2007 年专刊。

72. 徐艳芳：《考镜源流、辨章学术——钱基博的目录观》，《图书情报工作》，2007 年第 9 期。

73. 钱基博著，傅宏星主编：《方志汇编 钱基博集》，华中师范大学出版社，2013 年。

74. 张筱南、程翔章：《钱基博与中国近代文学》，《文学教育》，2007 年第 9 期。

75. 莫聂：《治心之学与技击——读钱基博〈技击余闻补〉》，《中国教育导刊》，2007 年第 22 期。

76. 姜弘：《综贯百家，洞流索源——重读钱基博先生的〈现代中国文学史〉》，《书屋》，2007 年第 12 期。

77. 张筱南、程翔章：《钱基博的〈技击余闻补〉简论》，《高等函授学报》( 哲学社会科学版 )，2007 年第 10 期。

78. 涂耀威：《文学史的权力——钱基博〈现代中国文学史〉阅读》，《中国文学研究》，2008 年第 1 期。

79. 孔春辉：《开诚宏道 立教育人——钱基博先生在国师的学与行》，《湖南师范大学社会科学学报》，2008 年第 1 期。

80. 留白:《专家之学，通人之书——评钱基博〈现代中国文学史〉》，《文景》，2008 年 1—2 期合刊。

81. 王文军:《钱基博的士绅行为》，《太湖》，2008 年第 2 期。

82. 涂耀威:《钱基博经典要籍解题著述发微》，《华中师范大学研究生学报》，2008 年第 2 期。

83. 范旭仑:《〈现代中国文学史〉率取近人成说》，《书品》，2008 年第 3 期。

84. 周远斌:《钱基博的文学史建构理论及其实践》，《文学评论》，2008 年第 3 期。

85. 郑春汛:《〈版本通义〉学术特色浅议》，《图书馆理论与实践》，2008 年第 3 期。

86. 王殿卿:《国学启蒙教育的实践与思考》，《中国德育》，2008 年第 5 期。

87. 赵淑梅:《大学国学教育的现实解读》，《现代教育科学》，2008 年第 6 期。

88. 吴勇前:《"人师"钱基博》，《对联》（民间对联故事），2008 年第 9 期。

89. 范旭仑:《知兵法而能治军事》，《万象》，2008 年第 10 期。

90. 姜晓云:《为现代化的民族教育找出精神的新泉:钱基博先生教育教学思想综述》，《黑龙江高教研究》，2008 年第 10 期。


四、未刊

（一）未刊硕博士论文

1. 成特立:《论当今国学教育的系统化及其在中小学语文教学中的应用》（硕士学位论文），湖南师范大学，2007 年。

2. 姜晓云:《钱基博和他的〈现代中国文学史〉——对现代文学史一种

写作途径的检讨》（博士学位论文），南京师范大学，2007年。

3.吴湉南：《无锡国专与现代国学教育》（博士学位论文），华东师范大学，2006年。

4.朱俊瑞：《梁启超国学教育思想研究》（博士后研究工作报告），浙江大学，2006年。

（二）其他未刊资料

1.钱基博：《堠山钱氏丹桂堂家谱》，现藏于华中师范大学图书馆。

2.钱基博：《华中师范学院历史博物馆陈列品研究报告》，现藏于华中师范大学历史博物馆。

3.崔曙庭：《听钱基博讲中国古代史的笔记》，现藏于华中师范大学崔曙庭教授家中。

# 附　录

## 钱基博主要教育论著目录

| 编号 | 篇名 / 书名 | 刊名 / 出版机构 | 发表 / 出版时间 | 备注 |
|---|---|---|---|---|
| 1 | 《竞志女学杂志》序 | 竞志女学杂志（第 1 期） | 1911 年 7 月 | |
| 2 | 论学校作文之文题 | 教育杂志（第 7 卷第 3 期） | 1915 年 3 月 15 日 | |
| 3 | 国文教授私议 | 教育杂志（第 6 卷第 4 期） | 1915 年 3 月 25 日 | |
| 4 | 学校文题之讨论 | 教育杂志（第 7 卷第 7 号） | 1915 年 7 月 15 日 | |
| 5 | 吴江丽则女子中学国文教授宣言书 | 妇女杂志（第 1 卷第 11 号） | 1915 年 11 月 5 日 | |
| 6 | 师范学生宜练习批改文字 | 教育杂志（第 8 卷第 3 期） | 1916 年 3 月 15 日 | |
| 7 | 《无锡竞志女学十周年纪念录烬存》序 | 潜庐集 | 1916 年 3 月 | 又收入侯鸿鉴编著《无锡竞志女学十周年纪念册》，1916 年 4 月出版 |
| 8 | 中学教授文法议 | 民权素（第 17 集） | 1916 年 4 月 15 日 | |
| 9 | 文字圈识则例 | 同上 | 同上 | |

续表

| 编号 | 篇名 / 书名 | 刊名 / 出版机构 | 发表 / 出版时间 | 备注 |
|---|---|---|---|---|
| 10 | 吴江县立第一女子高等小学三年级预定二三学期国文读法教材说明书 | 妇女杂志（第2卷第7号） | 1916年7月 | |
| 11 | 中学校国文教授文法之商榷 | 教育杂志（第8卷第12期） | 1916年12月20日 | |
| 12 | 作新吴江县立第一女子高等小学校校宇记 | 妇女杂志（第3卷第1期） | 1917年1月5日 | |
| 13 | 中学校教授中国文学史之商榷 | 教育杂志（第9卷第2号） | 1917年2月20日 | |
| 14 | 师范学校修地方志议 | 无锡县教育会年刊 | 1918年11月 | 后又收入《师范集》 |
| 15 | 无锡风俗志 | 无锡县教育会年刊 | 1918年11月 | |
| 16 | 戊午暑期国文讲义汇刊 | 省立第三师范学校 | 1919年 | 与薛凤昌等人合编 |
| 17 | 无锡县立图书馆刊刻锡山先贤丛书计划书 | 新无锡 | 1919年3月15日—24日 | |
| 18 | 抵制日货评议示同学诸君 | 新无锡 | 1919年5月13日 | 后收入《师范集》 |
| 19 | 民国八年无锡县高等小学联合运动会箴言 | 新无锡 | 1919年11月11日 | 后收入《师范集》 |
| 20 | 致省教育会书 | | 1919年 | 后收入《师范集》 |
| 21 | 致省教育会及地方法团书 | | 同上 | 同上 |
| 22 | 国民外交常识 | 商务印书馆 | 1919年12月 | 曾连载于1920年《南通报》 |

| 编号 | 篇名／书名 | 刊名／出版机构 | 发表／出版时间 | 备注 |
|---|---|---|---|---|
| 23 | 论语约纂 | 无锡辅仁中学 | 1919 年 | |
| 24 | 孟子约纂 | 同上 | 同上 | |
| 25 | 我听杜威博士演讲之讨论 | 新无锡 | 1920 年 12 月 11 日—25 日、30 日、31 日，1921 年 1 月 5 日—10 日 | 又刊于《无锡县教育会年刊》，1921 年出版；后又收入《师范集》 |
| 26 | 题画谕先儿 | 南通报 | 1920 年 12 月 12 日 | 后收入《文言高等小学国文教材（江苏第三师范学校国文讲义）》 |
| 27 | 无锡县立第一高等小学校二十周纪念碑铭 | 无锡县立第一高等小学校杂志（二） | 1920 年 12 月 | |
| 28 | 语体文范 | 无锡县公署三科 | 1920 年 7 月 | 白话文教材，曾连载于 1920 年《南通报》 |
| 29 | 我听刘伯明博士演讲之讨论 | 南通报 | 不详 | 又刊于《无锡县教育会年刊》，1921 年 3 月出版；后又收入《师范集》 |
| 30 | 我听刘伯明博士演讲之第二次讨论 | 同上 | 不详 | 同上 |
| 31 | 江苏省立第三师范学区人物志 | | 1921 年 | 油印本 |
| 32 | 时间共同生活与空间共同生活 | 无锡严氏私立经正学校廿周纪念录 | 1922 年 4 月 | 演讲辞 |
| 33 | 书报介绍 | 弘毅（第 1 卷第 2 期） | 1922 年 5 月 | 推荐书目提要，江苏省立第三师范学校学生会编辑 |
| 34 | 三师学生常会钱子泉师演说 | 无锡新报·思潮月刊 | 1922 年 11 月 16 日 | |
| 35 | 《论语》"士不可以不宏毅"章今诂——诰入校新生 | 无锡新报·思潮月刊 | 1922 年 12 月 16 日 | |

续表

| 编号 | 篇名/书名 | 刊名/出版机构 | 发表/出版时间 | 备注 |
|---|---|---|---|---|
| 36 | 三师国文课余自修文钞指导书 | 同上 | 同上 | |
| 37 | 江苏省立第三师范学校国文科教授进程之说明书 | 无锡县教育会年刊 | 1922年 | |
| 38 | 复滁县教育会询省立第三师范学校国文教授报告书 | 同上 | 同上 | |
| 39 | 我之中国文学的观察 | 无锡新报·文学月刊 | 1923年2月1日、3月1日、4月1日 | 后收入钱基博编著《国学必读》，中华书局，1924年4月出版 |
| 40 | 孔学直诠谈 | 无锡新报·思潮月刊 | 1923年1月16日 | |
| 41 | 我之读经教学之旨趣及学程 | 无锡新报·思潮月刊 | 1923年2月16日、3月16日、4月16日、5月16日 | 又名《师范学校读经科教授进程说明书》 |
| 42 | 与袁观澜先生商榷新制中小学国语科学程纲要书 | 无锡新报·思潮月刊 | 1923年3月16日 | |
| 43 | 癸亥春季修学旅行指导书 | 无锡新报·文学月刊 | 1923年5月1日 | |
| 44 | 年师范讲习所国文科读作教学纲要草案说明书 | 无锡新报·思潮月刊 | 1923年5月16日、6月16日 | |
| 45 | 《论语》"君子以文会友以友辅仁"解故——在辅仁中学第二届毕业演说 | 无锡新报·思潮月刊 | 1923年7月16日 | |

续表

| 编号 | 篇名／书名 | 刊名／出版机构 | 发表／出版时间 | 备注 |
|---|---|---|---|---|
| 46 | 读书稽古法 | 无锡新报·思潮月刊 | 1923 年 8 月 16 日、9 月 16 日、10 月 16 日、11 月 16 日、12 月 16 日、1924 年 1 月 16 日 | |
| 47 | 《中国历史问题研究》序 | 无锡新报·思潮月刊 | 1923 年 8 月 16 日 | |
| 48 | 孔子圣诞演说 | 无锡新报·思潮月刊 | 1923 年 10 月 16 日 | |
| 49 | "阿弥陀佛"之教育观为潘生进一解 | 无锡新报·思潮月刊 | 1923 年 11 月 16 日 | |
| 50 | 三师群书治要叙目 | 无锡新报·思潮月刊 | 1923 年 12 月 16 日 | |
| 51 | 国学分科研究的问题 | 南通报·文艺附刊 | 1924 年 | 江苏省立第三师范学校第一次国学演讲稿 |
| 52 | 国学必读 | 中华书局 | 1924 年 4 月 | 新中学教科书 |
| 53 | 国文 | 中华书局 | 1924 年 | 新师范讲习用书，先生编著、顾倬校订 |
| 54 | 国学历代变异的问题 | 南通报·文艺附刊（第 1 号、第 2 号、第 3 号、第 4 号、第 5 号、第 6 号、第 7 号） | 1925 年 2 月 17 日、19 日、21 日、23 日、25 日、27 日，3 月 1 日 | 江苏省立第三师范学校第二次国学演讲稿 |
| 55 | 中国古代学者治学的方法 | 南通报·文艺附刊（第 8 号、第 9 号、第 10 号、第 11 号、第 12 号） | 1925 年 3 月 3 日、5 日、7 日、9 日、11 日 | 江苏省立第三师范学校第三次国学演讲稿 |
| 56 | "古书治要"之教材举例 | 新教育（第 10 卷第 3 期） | 1925 年 4 月 | |

续表

| 编号 | 篇名/书名 | 刊名/出版机构 | 发表/出版时间 | 备注 |
|---|---|---|---|---|
| 57 | 江苏省第三师范学校附属小学作文成绩审查意见 | 教育杂志（第11卷第10期） | 1925年5月 | |
| 58 | 无锡县立高等小学国文试验成绩报告书 | 同上 | 同上 | |
| 59 | 国民教学自觉之一幕 | 无锡新闻 | 1925年9月6日 | |
| 60 | 《论语》解题及其读法 | 南通报 | 1925年10月27日—31日、11月1日—6日 | |
| 61 | 治学篇（上、下） | 清华周刊（第24卷第4、5期） | 1925年10月2日、9日 | |
| 62 | 记《史记》后 | | 1925年10月 | 选自《潜庐集》 |
| 63 | 近五十年许慎《说文》学流别考论 | 清华周刊（第24卷第11期） | 1925年11月20日 | |
| 64 | 克己复礼为仁荀故 | 甲寅（第1卷第26期） | 1926年1月9日 | |
| 65 | 寒假期内改造清华运动述略：钱基博先生为此次学潮致学生会书 | 清华周刊（第25卷第1期） | 1926年2月27日 | |
| 66 | 罪言——教育救国与教育自救 | 清华周刊（第25卷第2期） | 1926年3月5日 | |
| 67 | 庄子闲谈 | 清华周刊（第25卷第4期） | 1926年3月19日 | |
| 68 | 国学之意义及治国学方法之评判 | 清华周刊（第25卷第7期） | 1926年4月9日 | |

| 编号 | 篇名/书名 | 刊名/出版机构 | 发表/出版时间 | 备注 |
|---|---|---|---|---|
| 69 | 读太史公谈《论六家要指》考论 | 清华周刊（第25卷第10期） | 1926年4月30日 | 又刊于《光华期刊》第2期，1928年1月1日 |
| 70 | 读《庄子·天下篇》疏记叙目 | 清华周刊（第25卷第11期） | 1926年5月7日 | |
| 71 | 国学文选甲集叙目 | 南通报 | 1926年7月12日—18日 | |
| 72 | 国学文选乙集叙目 | 南通报 | 1926年7月20日—24日 | |
| 73 | 〈孟子〉解题及其读法 | 南通报 | 1926年7月26日—31日、8月1日—11日 | |
| 74 | 小学教育博物馆佐金题名之碑铭 | 南通报·文艺附刊（第4号） | 1927年2月13日 | |
| 75 | 致教育厅长书 | 锡报 | 1927年6月23日、24日 | 又名《致江苏省教育厅长张乃燕函》 |
| 76 | 致第四中山大学张校长 | 工商日报 | 1927年9月14日、15日 | |
| 77 | 复于生书——论左传国语檀弓国策楚辞之读法 | 工商日报 | 1927年9月26日、27日 | |
| 78 | 初中中国文学读本写目说明书 | 中学国文教学论丛 | 1927年9月出版 | |
| 79 | 三年师范讲习科国文教学纲要 | 同上 | 同上 | |
| 80 | 砭名流诏光华大学毕业诸子 | 锡报 | 1928年7月1日、2日 | |
| 81 | 《孝经》解题及其读法 | 南通报 | 1928年10月7日—11月12日 | |

| 编号 | 篇名／书名 | 刊名／出版机构 | 发表／出版时间 | 备注 |
|---|---|---|---|---|
| 82 | 《古文辞类纂》解题及其读法 | 南通报 | 1928 年 11 月 16 日—1929 年 3 月 3 日 | |
| 83 | 今日之国学论 | 国光（第 1 卷第 1 期） | 1929 年 1 月 | |
| 84 | 《文史通义》解题及其读法 | 同上 | 同上 | |
| 85 | 《四书》解题及其读法叙目 | 南通报 | 1930 年 2 月 9 日—28 日、3 月 1—16 日 | |
| 86 | 光华大学五周纪念书叙目 | 南通报·文艺附刊（第 24 号） | 1930 年 6 月 1 日 | |
| 87 | 光华大学五周纪念书 | | 1930 年 6 月 3 日 | 分载记、组织、文征三卷 |
| 88 | 国学文选类纂 | 商务印书馆 | 1931 年 5 月 | |
| 89 | 古籍举要 | 上海世界书局 | 1931 年 | 又名《后东塾读书记》 |
| 90 | 复教育部朱部长书 | 光华大学半月刊（第 1 卷第 1 期） | 1932 年 10 月 10 日 | |
| 91 | 谕儿锺书札两通 | 光华大学半月刊（第 1 卷第 4 期） | 1932 年 12 月 5 日 | |
| 92 | 现代中国文学史长编 | 无锡国专学生会铅印 | 1932 年 12 月出版 | |
| 93 | 我国古代教育与今日教育之区别 | 无锡国专季刊（第 1 期） | 1933 年 5 月 | |
| 94 | 六三之意义 | 光华大学半月刊（第 10 期） | 1933 年 6 月 3 日 | |
| 95 | 现代中国文学史 | 上海世界书局 | 1933 年 9 月 | |
| 96 | 拟国文系毕业论文题 | 光华大学半月刊（第 3 卷第 3 期） | 1934 年 11 月 | |

| 编号 | 篇名／书名 | 刊名／出版机构 | 发表／出版时间 | 备注 |
|---|---|---|---|---|
| 97 | 《老子·道德经》解题及其读法 | 大华书局 | 1934 年 10 月 | |
| 98 | 韩愈文读 | 商务印书馆 | 1934 年 12 月 | |
| 99 | 读经问题 | 教育杂志（第 25 卷第 5 期） | 1935 年 5 月 10 日 | |
| 100 | 十年来国学之商兑 | 光华大学半月刊（第 3 卷第 9 期、第 10 期合刊） | 1935 年 6 月 3 日 | |
| 101 | 光华大学成立记 | 光华大学十周纪念册 | 1935 年 6 月 | |
| 102 | 《史记》之分析与综合 | 光华大学半月刊（第 4 卷第 3 期） | 1935 年 11 月 10 日 | |
| 103 | 韩愈志 | 商务印书馆 | 1935 年 1 月 | |
| 104 | 模范文选（上、下册） | 商务印书馆 | 1935 年 4 月 | |
| 105 | 赠别的几句话 | 光华年刊 | 1936 年 10 月 | |
| 106 | 本年度文学院之概况 | 同上 | 同上 | |
| 107 | 经学通志 | 中华书局 | 1936 年 4 月 | |
| 108 | 光华文学院长招叶思昆训话纪录 | 光华大学半月刊（第 5 卷第 7 期） | 1937 年 3 月 30 日 | |
| 109 | 怎样做一个光华学生——送毕业同学 | 光华大学半月刊（第 5 卷第 10 期） | 1937 年 6 月 3 日 | |
| 110 | 吾人何以自处 | 国命旬刊（第 2 期） | 1937 年 10 月 20 日 | 又名《为人师者何以处国难》 |
| 111 | 国立浙江大学举行国文作文会考报告书 | | 1938 年 4 月 | 后刊于《国师文范》 |
| 112 | 国立师范学院院歌 | 国立师范学院季刊（第 1 期） | 1939 年 1 月 14 日 | |

| 编号 | 篇名/书名 | 刊名/出版机构 | 发表/出版时间 | 备注 |
|---|---|---|---|---|
| 113 | 国立师范学院成立记 | 同上 | 同上 | |
| 114 | 我记忆中所认识之湖南学者 | 同上 | 同上 | |
| 115 | 修正师范学院国文系必修选修学程草案意见 | 国立师范学院季刊（第2期） | 1939年3月25日 | |
| 116 | 切己体察 | 国立师范学院旬刊（第3期） | 1939年12月21日 | |
| 117 | 孙子章句训义 | | 1939年5月 | 1942年4月《孙子章句训义》（增订新战史例）增订本出版；1947年11月增订本又由商务印书馆再版 |
| 118 | 国师文范 | 铅印线装教材 | 约编于1939年初 | |
| 119 | 国文系暑期学生读书指导办法 | 国立师范学院旬刊（第23期） | 1940年10月21日 | |
| 120 | 本院两周年纪念钱子泉先生讲词 | 国立师范学院旬刊（第28期） | 1940年12月21日 | |
| 121 | 略论读书 | 读书通讯（第15期） | 1940年12月 | |
| 122 | 依据湘学先辈之治学方法以说明本院一年级之国文教学 | 国立师范学院季刊（第9期） | 1941年1月31日 | |
| 123 | 历史上焚书坑儒之理论与其实现 | 国立师范学院季刊（第11期、第12期合刊） | 1941年9月15日 | |
| 124 | 五十年之文章做到老学到老 | 国师附中校刊（第7期） | 1942年12月20日 | |

| 编号 | 篇名／书名 | 刊名／出版机构 | 发表／出版时间 | 备注 |
|---|---|---|---|---|
| 125 | 中国文学史（宋辽金之部） | 湖南蓝田公益书局 | 1942 年 5 月 | |
| 126 | 近百年湖南学风·导言 | 国力月刊（第 3 卷第 5 期） | 1943 年 5 月 20 日 | |
| 127 | 本院五周年纪念庆祝致词 | 国立师范学院旬刊（第 103 期） | 1943 年 12 月 1 日 | |
| 128 | 《中国文学史》（元之部） | 湖南蓝田新中国书局 | 1943 年 | |
| 129 | 从读书方法以勘朱陆异同而折衷于孔子为大学读者进一解 | 孔学（第 2 期） | 1944 年 7 月 7 日 | |
| 130 | 敬告知识青年诸君 | 力行日报 | 1944 年 11 月 15 日 | |
| 131 | 何谓学生 | 力行日报 | 1944 年 12 月 12、13 日 | |
| 132 | 近百年湖南学风 | 湖南蓝田袖珍书店 | 1944 年 | 此书又由求知书店，1945 年 1 月出版。后又连载于《武汉日报·文史副刊》，1946 年 12 月 19 日、26 日，1947 年 1 月 2 日、9 日、16 日，2 月 14 日、21 日、27 日 |
| 133 | 最前一课之本院 | 国立师范学院旬刊（第 122 期） | 1945 年 12 月 11 日 | |
| 134 | 树立师范以安定民生——省锡师纪念周钱基博先生演讲词 | 江苏民报 | 1946 年 5 月 28 日 | |
| 135 | 教育之新女祸——县立女中纪念周钱子泉先生演讲词 | 江苏民报 | 1946 年 6 月 4 日、5 日 | |

| 编号 | 篇名/书名 | 刊名/出版机构 | 发表/出版时间 | 备注 |
|---|---|---|---|---|
| 136 | 中学生之就业与升学——钱子泉先生在县立中学演词 | 江苏民报 | 1946年6月18日 | |
| 137 | 吾人何以接受胜利——钱子泉先生在辅仁中学演讲 | 江苏民报 | 1946年6月24日 | |
| 138 | 唐文治先生创设国学专门学校之宗旨 | 江苏民报 | 1946年6月29日 | |
| 139 | 唐文治、钱基博函县长请拨义租修东林 | 锡报 | 1946年8月26日 | 又刊于《江苏民报》，1946年8月26日；再刊于《人报》，1946年8月26日 |
| 140 | 孔子之"道"与"学"——孔子诞辰纪念钱子泉先生讲辞 | 锡报 | 1946年8月28日 | 又刊于《江苏民报》，1946年8月28日；再刊于《人报》，1946年8月28日 |
| 141 | 《国语》之古史今读 | 武汉日报·文史副刊（第10期） | 1946年12月5日 | |
| 142 | 钱子潜函徐县长研讨修志体例 | 人报 | 1947年7月19日、20日 | |
| 143 | 历史人物的新估价——钱基博向无锡师范区学员演词 | 江苏民报 | 1948年8月2日、3日 | |
| 144 | 答诸生论今日之大学 | 华中通讯（第3卷第4期） | 1948年12月25日 | |
| 145 | 致韦卓民校长函 | | 1950年12月27日 | |
| 146 | 文物研究 | | 1951年 | 油印本，华中大学讲义 |
| 147 | 华中师院历史博物馆陈列品研究报告 | | 1955年 | 油印本 |

注：以上附录以时间为序

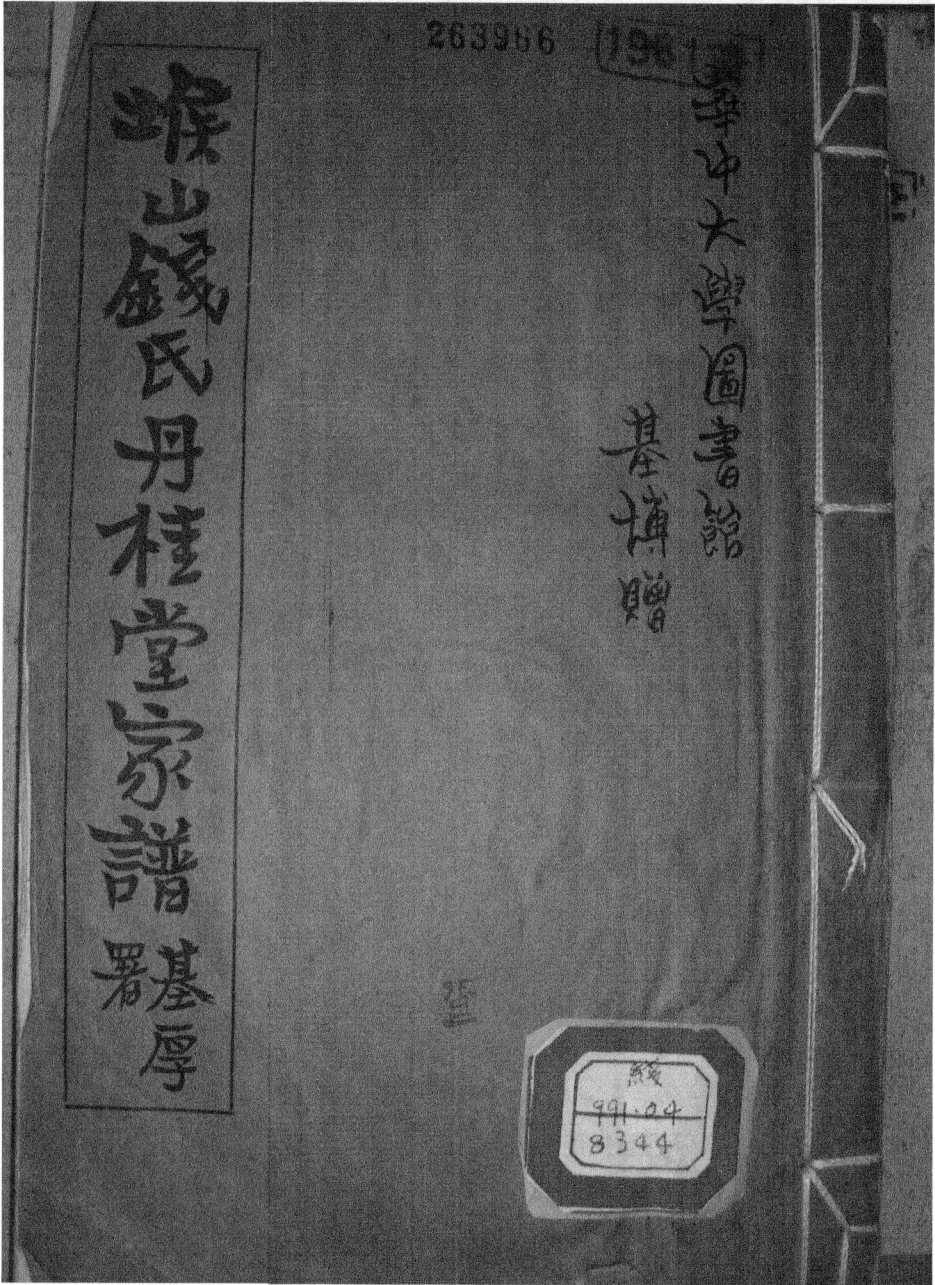

图一　《堠山钱氏丹桂堂家谱》

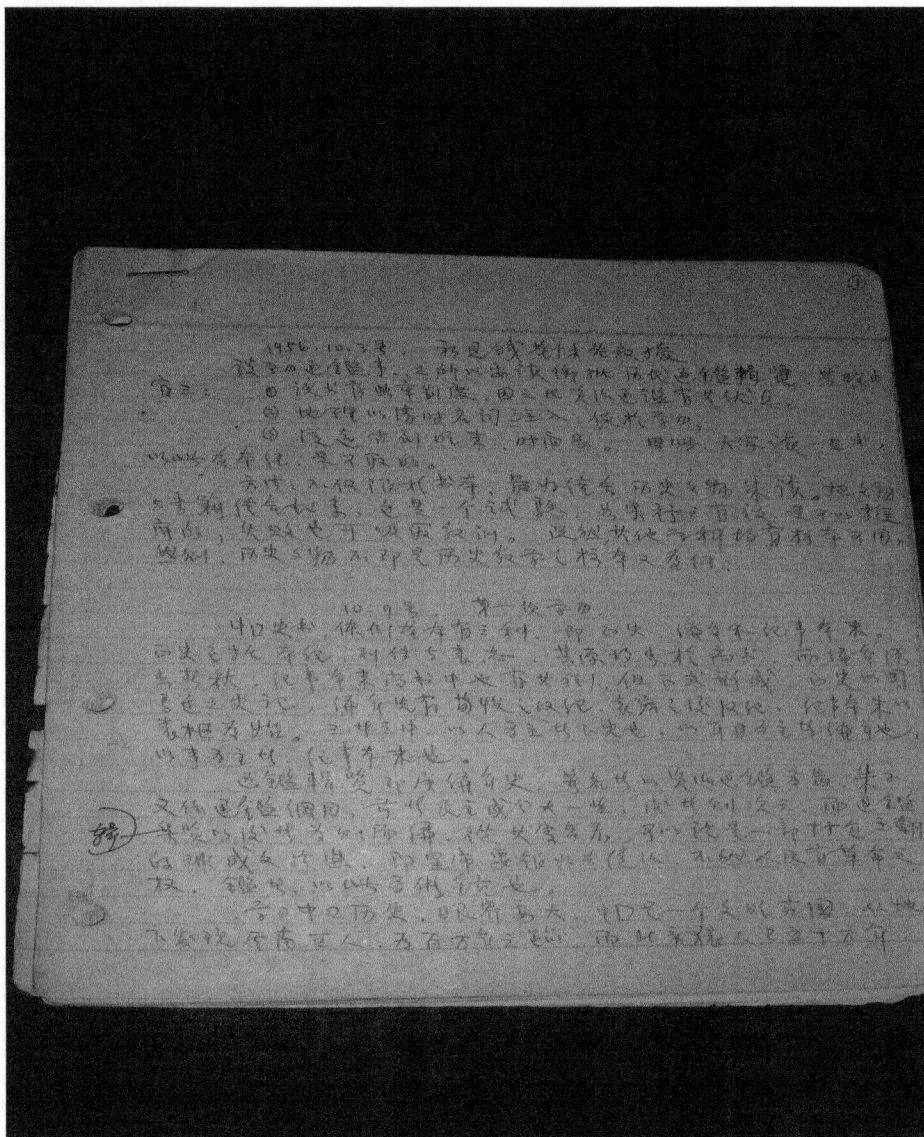

图二　崔曙庭教授所记《听钱基博讲中国古代史的笔记》

# 后　记

本书是在我的博士论文基础上修改完成的。

博士三年的酸甜苦辣并没有随着时间的流逝而淡忘，反而随着年龄的增长而愈加感受深刻。博士三年，我得到了太多人的关心和帮助。因为有恩师王玉德老师极具人性化的鼓励和帮助才使我克服了孕期焦虑并坚持完成了毕业论文；并坚持完成了毕业论文；因为有傅宏星老师和刘桂秋老师的无私帮助，我的论文才得以如期完成。尤其是傅宏星老师，他在得知我的情况后，无私地将自己长期以来搜集和整理，准备出版《钱基博集》的材料提供给了我，这对于当时的我来说，无疑是雪中送炭；因为有热心的熊铁基老师不顾自身年事已高，带领我去采访了当时已年过八旬的崔曙庭老师（钱基博老师的学生），使得我的研究材料更加丰富；因为有丈夫、公婆和父母的理解和支持，我才得以顺利度过妊娠期，并完成论文。此外，我还得到了很多老师、同学以及同门兄弟姐妹的帮助，人数太多，恕我不在此一一列举，但是所有人给我的帮助和关爱我都铭记在心。

博士论文虽然顺利通过盲审和答辩，我也按期毕业了，但是因为期间经历了坐月子和孩子的百日闹，论文草草收尾的遗憾一直让我心怀愧意。然而，毕业后工作上的转型和生二胎的经历让我一直无暇顾及论文的修改。

当孩子慢慢长大，工作逐步走上正轨，当我参加了学校的文化遗产保护与利用的研究团队，当课程思政在高校全面铺开的时候，我总感觉穿着布衫的钱基博先生在提醒我他的教育思想也是可贵的文化遗产，他一生都在国学教育中践行着课程思政。尤其是当我发现华中师大出版社已于2011年至2016年先后推出了包含5辑23部（24册）的《钱基博集》，这套钱基博先生著作集，几乎囊括了这位诂经谭史、学贯四部的学术大家一生的著述，不仅包括《经学论稿》《中国文学史》《现代中国文学史》《子部论稿》《集部论稿初编》等四部之学，亦涉及兵学、方志、碑传、版本目录、博物学、教育学等多方面内容。然而学界对于钱基博先生的研究尤其是钱基博先生教育思想与实践的研究进展依然缓慢。我决定将博士论文的启示重写，并修改出版。在此，我要感谢院系领导、教研室同事的支持和鼓励。

本研究主要采用文献法、访谈法、比较法，致力于把钱基博个人的教育思想和实践作为微观研究对象，以当时的整个社会变革为宏观研究背景，探讨微观对宏观的适应，以及宏观对微观的影响。尽量地还原历史，在充分考虑时空等因素的基础上探讨钱基博个人的教育思想及其实践。在选题上，本书虽然属于教育史的人物个案研究，但是没有选取众所周知的教育思想家或教育运动家作为研究对象，而是选取了钱基博这样一个在教育界长期被人忽视的教育实干家作为研究对象。在史料上，本书尽可能穷尽了目前所能看到的钱基博先生的教育资料，并对相关的史料进行了梳理和考证。其中，有部分史料是首次被用于研究和写作。在内容上，本书首次对钱基博教育思想的价值取向进行了探讨，对他的教育宗旨和目标进行了归纳，对其教育思想与实践的特征进行了总结。在结论上，一般人们只注意到钱基博先生是一位国学大家，但是本书通过对史料的分析和解读，指出钱基博先生不仅是一位国学家，也是一位有思想的教育实干家。

钱基博先生没有专门的教育论著，也没有执掌过任何一所学校，他的教育思想散落在其许多著述中，不系统、不明显，这给笔者的研究带来了相当大的困难。笔者虽然对这些资料进行了把梳和解读，然而因为自身学识和精力所限，有些材料难免存在疏漏，有些解读难免不够成熟。但是，笔者希望本研究能抛砖引玉，今后能有更多的学者关注到钱基博先生的教育思想和实践，并做出更为深入的研究。

彭桂芳

2022 年 3 月 28 日于武汉